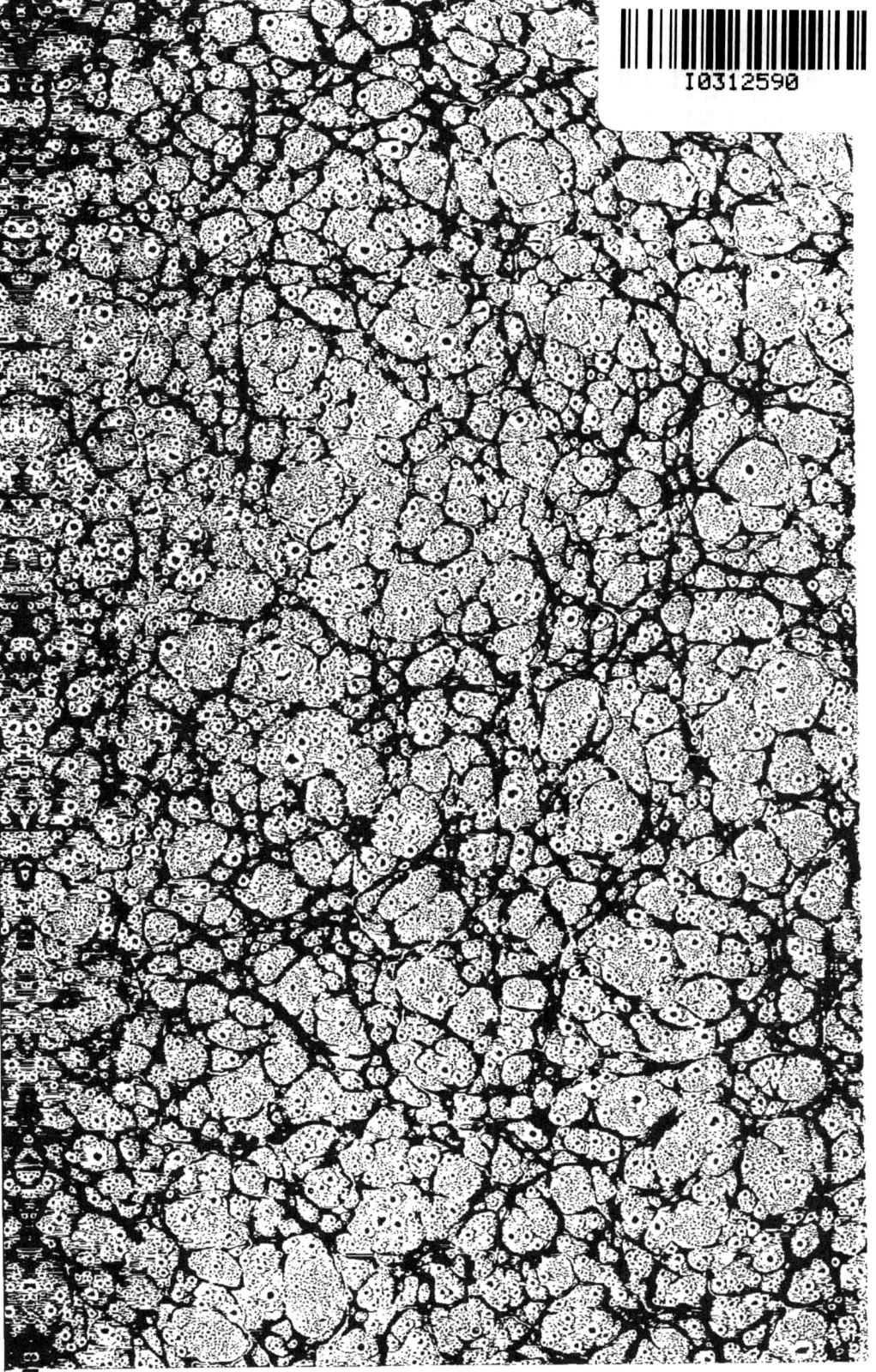

MÉMOIRES

DE M. GISQUET.

PARIS. — IMPRIMERIE DE Ve DONDEY-DUPRÉ,
Rue Saint-Louis, 46, au Marais.

MÉMOIRES
DE M. GISQUET

ANCIEN PRÉFET DE POLICE

ÉCRITS PAR LUI-MÊME.

IV

PARIS.

MARCHANT, ÉDITEUR DU MAGASIN THÉATRAL,
12, BOULEVART SAINT-MARTIN.

—

1840

CHAPITRE PREMIER.

I

Réflexions générales. — Mesures de précautions pour la sûreté du roi. — Répugnance du roi à les adopter. — Revue de la garde nationale le 28 juillet 1835. — Bruits tendant à faire craindre une révolte. — Lettre de Dyonnet sur la révélation Suireau ; discussion. — *Crime de Fieschi.* — Mon arrivée au boulevard du Temple. — Premier interrogatoire de *Fieschi*. — Boireau arrêté est confronté avec *Fieschi*. — *Morey* arrêté, relaxé, et arrêté de nouveau. — Conduite antérieure de *Fieschi*. — Ses concubines. — *Pepin* arrêté et évadé. — Seconde arrestation de *Pepin*. — Aveux de *Fieschi*. — Débats devant la cour des pairs. — Condamnation. — Exécution. — — Pièce saisie au domicile d'un républicain. — Lettre de *Fieschi*.

Les journées d'avril avaient dompté les républicains ; la loi contre les associations brisait le lien qui les unissait ; les incidens du procès suivi au Luxembourg achevaient de paralyser l'influence des chefs, et mettaient le pays en garde contre leurs pernicieuses doctrines. Ils dévoilaient les ressorts qu'avait fait mouvoir le génie du mal : c'était le moyen de le réduire à l'impuissance. Cette situation rendait le parti démagogique peu redoutable dans une collision à force ouverte.

Mais si la masse était comprimée et dispersée, si le calme avait remplacé l'exaltation dans la plupart des têtes effervescentes, si le découragement s'était emparé du plus grand nombre des agitateurs, et les disposait à rentrer inoffensifs au sein de la grande famille, les échecs de leur parti donnaient à quelques imaginations incurables le courage du désespoir. Nous ne pouvions plus craindre l'insurrection générale : le temps des émeutes, celui des batailles était passé; mais nous entrions dans une troisième période, celle des crimes isolés.

La haine, refoulée dans l'âme de quelques séides, ne pouvait plus se produire que par des assassinats politiques.

Telle est la destinée ordinaire des factions : elles commencent par manifester leurs mauvais desseins, par organiser leurs phalanges sans commettre d'attentat : c'est ce que nous avons vu pendant la phase des émeutes qui dura deux ans; puis, lorsqu'elles se croient en force pour combattre au grand jour, elles attaquent les armes à la main : c'est aussi ce qui s'est passé dans le cours de deux autres années, où les révoltes ont ensanglanté nos rues. C'était la progression naturelle; c'était la seconde phase. La troisième commençait nécessairement là où la masse des conjurés, vaincue, désespérait de pouvoir continuer ou renouveler la lutte. Alors la fureur qui les animait sembla passer toute entière dans l'âme de quelques Ravaillacs; ils s'attribuèrent l'affreuse mission de venger leur parti, et comme ils ne pouvaient assouvir leur passion que sur un petit nombre de victimes, leur instinct sanguinaire les conduisit à choisir la plus noble, la plus élevée.

L'espoir d'une récompense entre pour peu de chose dans la détermination des scélérats parvenus à ce degré de frénésie; ils veulent satisfaire leur animosité, ils veulent tuer un ennemi puissant. Nouveaux Érostrates, ils font le sacrifice de leur vie pour acquérir une épouvantable célébrité. Mucius Scœvola et Brutus deviennent leurs modèles. La superstition qui dirigea le poignard de Jacques Clément et de Ravaillac n'agit plus sur l'esprit des fanatiques; mais une passion non moins aveugle, l'amour effréné d'une liberté sauvage, joint au désir de placer son nom dans le martyrologe républicain, les pousse à tous les forfaits.

Il était impossible que tant de fiel et de poison, distillé par les factieux, n'eût pas ulcéré des cœurs inaccessibles aux douceurs d'une réconciliation; il était impossible, pour arriver à un état normal de calme et de confiance, de ne pas traverser cette troisième période, où le paroxisme de la rage pousserait des misérables à des crimes individuels contre le chef de l'État. La vie du roi était donc plus menacée après la défaite des anarchistes que pendant la durée des troubles.

Sous ce rapport, Louis-Philippe se trouvait placé dans une condition analogue à celle de

Henri IV et de Napoléon lorsqu'ils arrivèrent au pouvoir suprême : comme eux il avait pour ennemis tous les hommes que son élévation froissait dans leurs intérêts matériels ou dans leurs principes. Eh bien ! l'on sait que le bon roi avait échappé treize fois aux assassins avant de succomber sous le poignard de Ravaillac, et que des tentatives presque aussi nombreuses ont menacé les jours du vainqueur de Marengo et d'Austerlitz[1].

---

[1] Je ne relaterai point tous les attentats qui ont mis en péril les jours de Henri IV et de Napoléon, seulement je dirai ce qui a rapport à un fanatique nommé La Salha.

Pendant les six dernières années de l'empire, un grand nombre d'étudians des universités d'Allemagne, imbus jusqu'à l'exaltation de principes libéraux, avaient voué une haine implacable à Napoléon, qu'ils regardaient comme l'oppresseur des peuples. Personne n'a encore oublié qu'il faillit être assassiné à Schœnbrunn, en 1809, par Staaps, l'un de ces espèces d'illuminés allemands dont les affiliations avaient pour but l'affranchissement de la domination française et la mise en vigueur dans leur pays de doctrines démagogiques.

Afin de prévenir les tentatives de ceux qui voudraient marcher sur les traces d'Arena, de Topino-Lebrun, de Ceracchi et de Staaps, la police exerçait une surveillance toute particulière sur les jeunes étrangers que l'on voyait s'approcher de la personne de l'empereur.

En l'année 1811, La Salha étant venu à Paris avec le dessein de frapper le chef de l'Etat, la police eut connaissance de son projet, et le fit arrêter. Peu de jours après son incarcération, on lui annonça que, s'il consentait à donner sa parole d'honneur de renoncer à ses coupables intentions, il serait rendu immédiatement à sa famille. Après vingt-quatre heures de réflexion, il déclara que ses sentimens s'opposaient à ce qu'on lui demandait; qu'au contraire, s'il était libre, son devoir et sa volonté l'obligeraient à poursuivre l'exécution de son plan. Il resta détenu, et ne fut mis en liberté que par les alliés en 1814.

Lors du retour de Napoléon en 1815, La Salha revint à Paris, tou-

Qu'on ne soit donc pas surpris de la multiplicité des projets régicides dont je vais rappeler les incidens. Arrêtons d'abord l'attention sur une remarque de nature à démontrer la justesse des réflexions qu'on vient de lire : c'est qu'à l'exception de l'attentat du pont Royal, en novembre 1832, aucun complot n'a été formé contre la vie du roi avant l'époque où les journées d'avril 1834 et le procès devant la Chambre des pairs ont terrassé le parti républicain, détruit les espérances et les illusions des ennemis de la royauté. Jusqu'à ce moment, les enfans perdus de la faction comptaient sur le triomphe de leur opinion par des mouvemens d'ensemble auxquels ils associaient leurs efforts, et s'abstenaient d'actes isolés où leurs vœux criminels devaient les entraîner à un dévouement plus criminel encore. Leur passion farouche se reposant sur la masse du soin d'anéantir les choses et les hommes, objets de leur antipathie, ils n'ont pris la détermination de mettre leur tête en jeu, pour amener le dénouement du drame, qu'après avoir reconnu l'impuissance de la masse.

jours guidé par le même désir ; mais, n'ayant pu encore cette fois le réaliser, il se jeta dans la Seine de désespoir. Il en fut retiré vivant, et mourut peu de temps après. Cette longue persévérance n'est-elle pas propre à fortifier l'opinion qui nous présente certaines imaginations tellement frappées d'une grande pensée, qu'elle s'identifie avec leur être, devient le mobile de toutes leurs actions, domine leur intelligence au point qu'il leur devient impossible d'échapper au joug despotique de cette idée fixe? Ne serait-ce point là cette monomanie qui a fait croire à la fatalité ?

Le pouvoir avait compris les dangers de la situation ; nous avions le pressentiment des actes détestables qu'une nouvelle période allait voir éclore. Il nous semblait malheureusement probable que toutes les haines se dirigeraient vers un seul but, que le chef de l'État serait voué aux coups des assassins enfantés par les dernières convulsions de l'anarchie.

Sous l'empire de ces préoccupations, le ministre de l'intérieur et moi nous multipliâmes les mesures de sûreté destinées à garantir la personne du roi. Les routes parcourues habituellement par la famille royale furent surveillées d'une manière plus active ; l'administration prit toutes les précautions qui dépendaient de ses moyens et de sa volonté. L'on comprendra quel sentiment de haute convenance et quel grave intérêt s'opposent à ce que je donne aucun renseignement sur la nature de ces précautions.

Nous eussions vivement désiré en faire adopter plusieurs autres encore plus efficaces ; j'ai demandé notamment que la voiture de sa majesté eût toujours une escorte de cavalerie, ce qui me semble préférable à tout ; je désirais aussi que l'on fît, dans certains cas, quelques dispositions militaires, et je n'insistais pas moins pour qu'on renonçât à l'usage de passer les revues de la garde nationale sur les boulevards. Ces revues périodiques, obligeant le roi à traverser Paris dans sa plus grande étendue, n'étaient-elles pas une sorte de rendez-vous pour les conspirateurs? Ceux-ci ne savaient-ils pas longtemps d'avance l'heure, le jour, le lieu où ils pourraient essayer de commettre un régicide? N'était-ce pas leur en offrir une occasion facile, et la possibilité de préparer tout à leur aise les moyens d'exécution?

Quelle que soit la vigilance de la police, elle ne saurait pénétrer dans la pensée des malfaiteurs, elle n'a pas la prescience de tout ce qu'ils peuvent machiner, de toutes les formes qu'ils peuvent donner à leurs combinaisons; l'instinct du mal, si ingénieux dans ses conceptions, ne déroute-t-il pas toutes les prévisions humaines? Combien de ressources ne devaient-ils point trouver dans la distribution et la nature des nombreuses localités qui bordent cette longue ligne des boulevards!

Le roi, accoutumé dès sa jeunesse à une existence active et orageuse, et méprisant peut-être un peu trop le danger, ne voulait pas renoncer à des habitudes simples, conformes à ses goûts; il lui en coûtait de ne pouvoir circuler seul et librement dans les rues de la capitale comme il le faisait depuis son retour en France, et il montrait une répugnance invincible à se voir entouré d'une garde civile ou militaire chargée spécialement de veiller sur ses jours. Les mesures préservatrices, commandées par une patriotique sollicitude, semblaient à Louis-Philippe ne pas être en harmonie avec le beau nom de roi populaire, de premier citoyen de la France, qu'il croyait à juste titre n'avoir pas cessé de mériter.

L'on se souvient que dans une de ses courses pédestres il faillit être écrasé par le cabriolet de M. Albert Berthier, au commencement de 1832. Ce fait, que d'après la décision de la justice je dois regarder comme involontaire, permit d'insister auprès du roi pour qu'il ne s'exposât plus ainsi à des accidens causés par la maladresse ou par de mauvais desseins. Depuis lors le roi n'a fait que rarement des promenades à pied dans Paris.

Il fallut aussi qu'un événement grave, l'attentat du pont Royal, fît connaître au chef du gouvernement le malheur qui pouvait résulter de l'ordre dans lequel il se présentait à cheval en avant de son état-major dans les grandes solennités. On obtint alors, non sans peine, le consentement du roi, et il fut décidé que désormais sa majesté, pour l'ouverture des chambres, ferait en voiture le trajet des Tuileries au palais Bourbon.

Quant à l'escorte dont j'ai parlé et à la nécessité de prendre d'autres dispositions pour les revues de la garde nationale, l'utilité n'en parut pas suffisamment démontrée, malgré les observations que j'ai moi-même hasardées dans mainte circonstance.

Ce ne fut qu'après la catastrophe de juillet 1835 qu'on adopta enfin les modifications jugées indispensables. C'est donc dans la perversité des ennemis du trône qu'on a puisé un cruel enseignement, c'est le délire des factions qui seul a contraint Louis-Philippe à faire revivre quelques-uns des usages dont l'étiquette entourait nos ancien rois et Napoléon lui-même. Sans la fréquente reproduction des tentatives contre sa vie, le roi eût conservé, n'en doutons point, ce caractère patriarcal, cette confiance, cet abandon qui le disposaient à se mêler chaque jour à la foule, comme il le faisait aux premiers jours de son avénement, et qui donnaient accès dans la demeure royale aux plus humbles des citoyens. Louis-Philippe dut faire de grands efforts sur lui-même et s'imposer de douloureux sacrifices pour se résigner à vivre dans une sorte d'isolement de la population, au milieu d'un groupe d'hommes privilégiés que la tradition qualifie du nom de courtisans. J'ai entendu exprimer à cet égard des regrets sincères; et l'on n'a pas oublié que, dans une occasion où l'on suppliait le roi de ne point s'exposer aux balles des anarchistes, il répondit : « Je » ne crains pas les assassins ; *pour moi la meilleure* » *des cuirasses ce sont mes enfans.* » Ces paroles, qui peignent si bien une haute philosophie et un admirable dévouement, confirment tout ce que je viens de dire sur la répugnance du roi à permettre les mesures capables d'inspirer une entière sécurité pour sa conservation.

Malheureusement, la pensée qu'elles expriment était moins juste que profonde. Les actes frénétiques de quelques hommes ont trop bien démontré les dangers d'une confiance trop généreuse, trop chevaleresque.

Déjà la tentative du mois de février 1832, si toutefois elle a le caractère que les apparences lui prêtaient, et le crime du 19 novembre, avaient donné la mesure des excès que pouvaient produire les passions politiques. D'autres scènes encore plus dramatiques portèrent l'effroi dans le cœur des honnêtes gens, et vinrent prouver la nécessité des précautions conseillées par une respectueuse sollicitude. Fieschi et ses complices ne laissèrent plus de doute à cet égard.

Aux approches des grandes solennités publiques, telles que l'ouverture des chambres, l'anniversaire des trois jours, les revues de la garde nationale, et toutes les cérémonies où l'on savait d'avance que le chef de l'État devait se mettre en évidence, des rumeurs ne manquaient jamais de se répandre au sujet d'événemens sérieux que chacun, dans le désir d'expliquer ce qu'ils avaient de vague et d'incertain, formulait à sa manière, selon son intelligence, son opinion ou ses intérêts; on ne tardait pas à faire admettre comme vraies une foule de versions souvent contradictoires, qui me revenaient immédiatement de tous côtés, avec l'accompagnement obligé des commentaires et des additions dus à l'imagination des narrateurs officiels et officieux.

Ces bruits, qui, la plupart du temps, ne reposent

sur aucune base réelle, ont l'inconvénient, je l'ai précédemment expliqué, de semer l'inquiétude dans la population, de nuire aux transactions commerciales, de paralyser les travaux, et d'occuper activement à des recherches sans résultat utile une bonne partie des agens de la police. Cependant on a vu par mes réflexions antérieures que le préfet ne saurait se dispenser de remonter à la source de tous les renseignemens et d'agir dans beaucoup de cas, quelle que soit sa pensée sur l'inexactitude d'un avertissement, comme il devrait le faire pour une chose dont la réalité ne serait pas douteuse.

A aucune époque ces rumeurs n'avaient été plus générales, plus variées, que durant le procès d'avril, et surtout pendant le mois de juillet de 1835. Non seulement les motifs ordinaires de leur reproduction périodique les faisaient naître, mais encore d'autres incidens : la découverte du complot de Neuilly, auquel je consacrerai bientôt un chapitre, et l'évasion des républicains notables de la prison de Sainte-Pélagie, venaient les compliquer. Malgré les affirmations contraires, le public croyait à la présence des évadés au sein de la capitale, et leur supposait à tort ou à raison des projets de soulèvement lors de la célébration des fêtes de juillet. Quant au complot de Neuilly, le fait principal était connu ; mais les détails, n'ayant encore reçu aucune publicité, le champ restait libre aux conjectures.

Ce serait abuser de la patience du lecteur que d'énumérer les fables mises en circulation, ainsi que les démarches et les soucis qui en résultèrent pour l'autorité. Arrivons à l'affaire Fieschi.

Dans la nuit du 27 au 28 juillet, vers deux heures du matin, je venais, à la suite d'une journée très-laborieuse, de quitter mon cabinet, lorsque l'un des secrétaires qui restaient toutes les nuits en permanence pour les besoins imprévus m'apporta la dépêche qu'on va lire :

« Monsieur le préfet, un honnête fabricant qui
» désire ne pas être nommé... m'a dit que des con-
» jurés avaient préparé une machine infernale pla-
» cée à la hauteur de l'Ambigu.

» On croit qu'il s'agit d'un souterrain pratiqué
» dans quelque cave avancée sous le boulevard, et
» où des tonneaux de poudre ont été introduits.

» Un ouvrier en bronze, travaillant dans un ate-
» lier rue Neuve-des-Petits-Champs, n° 31, et où
» il est seul, ou bien avec un second seulement pour
» travailler, a reçu pendant la journée la visite de
» plusieurs conjurés richement vêtus. Cet ouvrier
» est abondamment pourvu d'argent depuis quel-
» que temps. Comme il s'est vu presque surpris
» par l'un des commis, il lui a dit : «Prenez garde
» à vous; vous êtes mort si vous dites un mot. Je
» veux bien vous dire d'engager votre père à ne
» pas aller à la revue. Vous êtes le seul en dehors
» de la conjuration qui en ayez eu vent; s'il m'ar-

» rive quelque chose, vous périrez de la main des
» conjurés.

» Cet ouvrier ni aucun autre ne couche au n° 31.
» Cet atelier et celui du n° 27, même rue, appar-
» tiennent à M. Vernert, fabricant de bronze, rue
» du Faubourg-Poissonnière... Personne ne couche
» la nuit dans les deux ateliers, si ce n'est peut-être
» un homme de peine.

» L'homme qui a travaillé à la machine infernale
» y a mis beaucoup de temps; c'est un évadé des
» bagnes ou un libéré. On le dit très-ingénieux.

» L'ouvrier est un républicain qui a déjà été ar-
» rêté et qui a subi quelques mois de prison; il est
» petit et blond, bien vêtu; mais on n'a pas pu nous
» dire son nom, ni sa demeure, ni même le numéro
» de M. Vernert.

» Le forçat a beaucoup d'argent; mais nous n'a-
» vons pu en savoir davantage.

» Ces renseignemens nous paraissent impor-
» tans; nous nous empressons de les transmettre
» à M. le préfet, en ajoutant que demain, à sept
» heures, les conjurés doivent se réunir dans un
» lieu qui n'est connu que d'eux.

» Nous avons prié le déclarant d'aller chez lui,
» et de nous obtenir de plus amples renseignemens.
» Il craint beaucoup pour son fils, qui est le commis
» de la maison n°s 31 et 27.

» Nous avons envoyé notre inspecteur à sa porte
» pour attendre en dehors qu'il vînt remettre un

» billet contenant ce que nous lui demandions. Il
» nous répond, à onze heures et demi, que, son fils
» n'étant pas rentré, il n'a pu obtenir ce que nous
» désirions. *Signé* : DYONNET, commissaire de
» police. »

Cette lettre, remise aux huissiers de la Préfecture sans aucune remarque ni recommandation particulière, et confondue avec toutes les autres dépêches arrivées à la même heure, aurait fort bien pu n'éveiller aucune attention, et rester comme pièce sans importance, jusqu'au lendemain matin, au nombre de celles qu'on ne jugeait pas utile de mettre immédiatement sous mes yeux. Ceci eût été d'autant plus naturel, que depuis trois semaines une immense quantité de prétendues révélations graves, en provoquant une multitude de recherches infructueuses, auraient pu décourager des hommes moins zélés, naturellement refroidis par ces déceptions répétées.

Mais, ce qui par-dessus tout devait disposer à croire à l'insignifiance de ce rapport, c'était l'envoi qui m'en avait été fait. En pareil cas, lorsqu'un commissaire de police croit à la réalité d'un avis de cette portée, il se hâte de venir en personne le communiquer au préfet, prendre ses instructions, réclamer les agens dont il peut avoir besoin, au lieu de perdre un temps précieux à écrire une longue lettre. Cette marche devenait d'autant plus indispensable relativement au fait qui nous occupe, que l'administration ne pouvait faire aucune investigation sans M. Dyonnet : lui seul savait le nom et la demeure de la personne dont il avait reçu cette confidence; lui seul même semblait, par la contexture de son rapport, inspirer assez de confiance au révélateur pour en obtenir de nouveaux renseignemens. Ajoutons à ces réflexions l'impérieuse nécessité d'agir sans perdre une minute, puisque, disait-on, les conjurés devaient se réunir le 28 juillet, à sept heures du matin. Or, pour arriver jusqu'à eux, il fallait d'abord découvrir le domicile de M. Vernert, pour qui travaillait le complice auquel on faisait allusion ; il fallait ensuite obtenir de ce fabricant le nom et la demeure de son ouvrier, et enfin parvenir jusqu'à ce dernier, l'arrêter ou le surveiller avant le moment de la réunion.

Il est évident que dans un pareil état de choses le commissaire de police, s'il avait ajouté foi à l'avertissement donné, ne se fût pas exposé aux dangers d'un retard et même à la chance de voir négliger complètement ses indications ; il eût, au contraire, fait tout de suite les démarches commandées par l'urgence et par un si puissant intérêt.

Ce sont là les considérations d'ensemble qui devaient saisir l'esprit de mes employés, réagir sur le mien à la lecture de cette pièce, et autoriser une espèce d'indifférence pour son contenu. Examinons maintenant si la dépêche en elle-même était assez explicite pour détruire ces premières impressions.

Qu'y voit-on? on y voit qu'une personne non désignée a parlé d'une machine infernale placée à la hauteur de l'Ambigu, ce qui évidemment fixait au *boulevard Saint-Martin* le lieu choisi par les conjurés. De quelle machine infernale était-il question? on croyait qu'il s'agissait d'un *souterrain pratiqué dans une cave avancée sous le boulevard*, et dans lequel on aurait introduit des *tonneaux de poudre*. On ajoutait qu'un forçat évadé, ou libéré, avait mis beaucoup de temps à confectionner la machine; circonstance qui rendait probable la version relative à un souterrain, c'est-à-dire à un travail de longue haleine.

Par quelle voie ces renseignemens étaient-ils parvenus jusqu'à M. Dyonnet? Il dit que le fils du *déclarant* ayant surpris quelques mots échangés entre les conjurés et un ouvrier en bronze, ce dernier aurait fait la confidence qu'on vient de lire.

On laisse ignorer le nom et la demeure du révélateur et de son fils, le nom et la demeure de l'ouvrier en bronze, et même l'adresse de M. Vernert, pour lequel il travaille. Les seules indications fournies ne m'apprenaient donc que : 1° Le numéro de la maison, rue Neuve-des-Petits-Champs, où l'atelier de M. Vernert était situé; mais on faisait observer que personne n'y couchait, sauf peut-être un homme de peine, d'où résultait l'impossibilité d'y recueillir entre deux heures et six heures du matin les éclaircissemens désirés; 2° le nom du fabricant par qui l'ouvrier en bronze était employé; je savais donc que ce négociant s'appelait Vernert et qu'il habitait le faubourg Poissonnière. Mais le faubourg Poisonnière est bien grand, et ce n'était pas chose facile que d'apprendre avec promptitude la demeure de l'un de ses habitans, à une heure où les maisons et boutiques sont fermées et où l'on ne rencontre personne dans les rues. 3° Je savais que le fils du révélateur était le commis de M. Vernert, et conséquemment le dépositaire de la semi-confidence faite par l'ouvrier inconnu. Mais on a vu que ce jeune homme, seul en position de faciliter les recherches, n'était pas encore rentré à onze heures et demie du soir chez son père; ce dernier, malgré sa bonne volonté, se trouvait dans l'impuissance d'éclairer l'autorité.

Voilà à quoi se réduisent les indices du complot tels qu'ils m'étaient parvenus à deux heures du matin.

L'on avouera, sans aucun doute, que ces premières notions étaient aussi vagues qu'elles furent reconnues inexactes après l'événement. En effet, au lieu de la localité désignée près de l'Ambigu-Comique, boulevard Saint-Martin, c'était à l'extrémité du boulevard du Temple, touchant au boulevard des Filles-du-Calvaire, que la machine était placée; au lieu d'être dans un souterrain, elle s'établissait à l'étage le plus élevé d'une maison ; au lieu d'une conception qui exigeât un long travail, peu d'heures ont suffi pour confectionner l'instrument du crime; au lieu de rencontrer dans les conjurés des hommes opulens, richement vêtus, et prodiguant l'or à pleines mains, on n'a trouvé que des individus sans fortune, et d'une tenue plus que modeste !

Ainsi, tous les détails de la lettre de M. Dyonnet étaient à une grande distance de la vérité. Il est clair que la confidence de l'ouvrier de M. Vernert, faite dans un moment d'embarras, et parce qu'il craignait qu'on eût surpris le sens d'une conversation avec ses complices, avait pour objet de dérouter les investigations, et d'empêcher qu'on arrivât sur les traces réelles du complot. Cette ruse, qui prouve dans son auteur de l'habileté, de l'astuce, et une résolution énergique, obtint tout le succès qu'il pouvait en attendre, puisqu'elle a attiré l'attention des agens de la force publique sur une combinaison et sur des points où le danger n'existait pas. L'on verra plus tard, dans les aveux du sieur Boireau, car il est temps de le nommer, que tels ont été en effet sa volonté et le but de son stratagème.

Il résulte de tout ceci que les prétendus avertissemens donnés à la police, en faisant même abstraction de tout ce qui se rapporte à leur transmission insolite et tardive, ne pouvaient être d'aucun secours dans la recherche du fait principal ; et, si l'on prétendait y voir à toute force un fil conducteur, il faudrait convenir, du moins, que ce fil pouvait bien être imperceptible aux regards les plus exercés.

Cependant, résolu à ne rien négliger dans les avis, quelque vagues, quelque incertains qu'ils fussent, sachant par expérience qu'une donnée futile peut conduire quelquefois à une importante découverte, je pris à l'instant les dispositions suivantes :

Je fis réunir à la hâte tous les agens et sergens de ville présens à la préfecture, et ceux dont le domicile était peu éloigné ; je fis envoyer sans délai plusieurs escouades auprès de M. Dyonnet, en requérant ce commissaire de procéder avec eux aux recherches les plus actives ; d'autres agens eurent pour mission de surveiller les ateliers rue Neuve-des-Petits-Champs ; d'autres encore allèrent chercher la demeure du fabricant Vernert, avec injonction de réclamer de sa part les noms et les adresses de ses ouvriers, et d'employer tous les moyens possibles d'assurer l'arrestation, avant sept heures du matin, de l'ouvrier signalé et de ses complices.

Conformément à mes ordres, les agens se trouvaient avant le jour, accompagnés de M. Dyonnet, chez le sieur Suireau, dont les communications avaient donné l'éveil ; ce commerçant ne savait rien que par son fils, *lequel, malheureusement, ne rentra chez lui que vers huit heures d matin*, et ce fut alors seulement qu'on obtint de celui-ci de nouveaux éclaircissemens; mais à ce moment je n'en avais plus besoin, car j'avais appris, par une autre voie, le nom et la demeure de l'ouvrier inculpé (Boireau); déjà un mandat était lancé contre lui, et une surveillance s'exerçait aux abords de son logement.

Boireau en était sorti avant sept heures; l'on prit son signalement complet, et je le fis connaître à mes agens chargés d'un service pendant la revue sur toute la ligne des boulevards, en recommandant d'arrêter cet homme partout où il serait rencontré. Je le fis en outre rechercher dans Paris, et avant la fin du jour Boireau était sous la main de la justice.

Indépendamment de ces dispositions, plusieurs commissaires de police, appelés auprès de moi avant trois heures du matin, auxquels je fis adjoindre un nombre considérable d'inspecteurs et de sergens de ville, fouillèrent, en vertu de mandats signés par moi, toutes les habitations voisines de l'Ambigu, depuis la Porte-Saint-Martin jusqu'au Château-d'Eau. La perquisition s'étendit aux localités de toute nature; les terrains, jardins, magasins, boutiques, hangars, ateliers, toutes les dépendances des maisons, même les greniers, les caves et les puits, furent visités avec un soin minutieux.

Ces mesures que la circonstance excusait, et qui n'en étaient pas moins fort désagréables pour beaucoup d'honnêtes habitans dont elles troublaient le repos, ont donné la conviction qu'il n'existait rien de contraire au bon ordre dans ces diverses localités.

C'est ici le cas de rappeler que pendant la même nuit un sieur Piéron, dont j'ai parlé au chapitre des agens secrets, m'avait forcé d'occuper une partie de mes subordonnés à une surveillance inutile, par suite d'une fable inventée par lui.

Je me suis longuement étendu sur ces détails préliminaires relatifs à Boireau, parce que, après l'explosion de la machine infernale, M. Suireau ne manqua pas de dire qu'il avait prévenu la police de ce qui devait se passer; et les feuilles publiques ne manquèrent pas non plus de recueillir les bruits accrédités par les déclarations du révélateur, de les commenter, de les amplifier, et de les altérer à tel point que mon administration se voyait accusée de négligence dans une affaire où elle a déployé une vigilance extrême, du moins en ce qui pouvait dépendre de moi. Quant à M. Dyonnet, s'il est vrai qu'il aurait pu à la rigueur procéder d'une manière plus active, plus efficace, j'ai franchement exposé les motifs capables de justifier quelques reproches à son égard. Mais on allait plus loin, on prétendait qu'il avait mal reproduit les indications de Suireau, et que par sa faute la police avait porté son attention sur un point inoffensif, au lieu de la fixer sur celui où existait le danger. S'il en était ainsi, il en résulterait un tort personnel à M. Dyonnet ; mais je ne vois pas comment on pourrait le rendre commun au préfet de police. Au surplus, M. Dyonnet a énergiquement repoussé, dans une lettre écrite aux journaux et dans ses dépositions devant la Cour des pairs, les fausses interprétations données aux déclarations de M. Suireau, et les a réduites à leur juste valeur ; il a de plus rendu justice complète à la promptitude et à la multiplicité des démarches faites d'après mes ordres ; il en a fait un éloge mérité ; et cependant M. Dyonnet n'avait plus alors aucun intérêt à ménager l'administration, ni moi personnellement, car à l'occasion de cet incident je l'avais fait mettre à la retraite.

Quoique le gouvernement fût instruit par moi de tout ce qu'on vient de lire, et que le roi lui-même en eût été informé par les ministres, on ne crut pas devoir changer les dispositions faites pour la revue ; je n'étais pas juge de cette question, elle se décidait dans une région plus élevée. Mais j'avais pris une foule de précautions inusitées : indépendamment de celles adoptées en pareille circonstance pour la sûreté du roi et le maintien du bon ordre, toutes les forces dont la police pouvait disposer, sergens de ville, inspecteurs, agens des rondes de nuit, agens de la brigade de sûreté, agens secrets, et la presque totalité des gardes municipaux, étaient échelonnés d'un bout à l'autre des boulevards sous la direction des commissaires de police et des officiers de paix. Toutes les recommandations faites pour les cas analogues avaient été reproduites dans leur consigne, et j'y avais ajouté l'injonction formelle d'observer les démarches de toute personne connue par l'exaltation de ses idées politiques, de surveiller les maisons, de fouiller celles disposées de manière à pouvoir servir de refuge ou d'embuscade à des malfaiteurs, de se porter sur les points où quelque mouvement, quelque trouble se manifesterait, de regarder avec soin aux croisées et à toutes les baies s'ouvrant sur les boulevards, de visiter tous les endroits qui éveilleraient le moindre soupçon; et, par une disposition toute exceptionnelle, j'avais même fait placer cent cinquante sapeurs pompiers sur la ligne des boulevards pour seconder les gardes municipaux. Tout était prévu dans mes instructions; si on les eût ponctuellement suivies, le crime de Fieschi ne se fût pas consommé, car la croisée de sa chambre était restée couverte d'une jalousie; cette circonstance était bien de nature à causer des inquiétudes, d'autant plus que ce logement dépendait d'une maison où existait un café souvent signalé comme un lieu de réunion de plusieurs républicains.

Je ne comprends pas comment il n'est point venu à la pensée d'un agent ou d'un commissaire de police de chercher à savoir pourquoi cette jalousie était constamment baissée. La moindre réflexion aurait fait remonter à la cause, et l'on eût découvert l'infernale machine long-temps avant le passage du roi.

Toutes choses ainsi disposées ou prévues autant que possible, et quoique pendant la durée de semblables solennités le pouvoir soit toujours sur le qui-vive, il m'était permis d'espérer qu'aucun événement fâcheux ne viendrait nous affliger.

La revue étant commencée, je recevais de minute en minute un rapport tranquillisant sur la marche du roi. La garde nationale, sans être aussi nombreuse ni tout-à-fait aussi démonstrative qu'aux époques rapprochées des révoltes de juin et d'avril, n'en manifestait pas moins ses bons sentimens à la vue de sa majesté et lorsque je fus informé que le cortége avait franchi les boulevards Saint-Martin et du Château-d'Eau, j'en éprouvai une vive satisfaction, puisque le seul espace présenté comme suspect dans l'itinéraire se trouvait dépassé.

Mon contentement fut de bien courte durée : peu d'instans après, un de mes agens, dans un état d'agitation extraordinaire, vient me dire : « On a » tiré sur le roi au boulevard du Temple ; mais ni » le roi ni les princes n'ont été blessés ; il y a eu » pourtant des victimes, car c'est une machine in- » fernale qui a fait explosion. » Cet homme, accouru en toute hâte, n'en savait pas davantage. D'ailleurs je ne pris pas le temps de l'interroger ; je me fis conduire rapidement sur le lieu du crime ; l'essieu de ma voiture se rompit à moitié chemin, et j'arrivai à pied au boulevard du Temple, où mon costume officiel m'ayant fait promptement reconnaître, une foule de personnes me donnèrent sommairement les détails de la catastrophe, et m'apprirent l'arrestation du criminel.

Je ne décrirai pas la scène de désolation dont le douloureux spectacle s'offrit à mes yeux : l'illustre maréchal Mortier, le général Lachasse de Vérigny, le colonel Raffé, le lieutenant-colonel Rieussec de la 8e légion, le comte Vilatte, atteints mortellement, ainsi que treize autres victimes, et plus de vingt personnes blessées, parmi lesquelles figuraient les généraux Colbert, Brayer, Heymès, Blein et Pelet, présentaient là un tableau déchirant que je ne me sens pas la force de reproduire.

Parvenu à la maison n° 50, qu'habitait l'auteur de l'attentat, je fis mettre sur-le-champ en état d'arrestation provisoire tous les individus qu'elle renfermait, notamment les maîtres du café Périnet et leurs domestiques, en un mot tous ceux dont il était naturel de scruter les actions pour savoir s'il n'y avait pas eu connivence entre eux et le principal coupable.

Je montai au logement de ce dernier, situé au deuxième étage. La fatale machine frappa d'abord mes regards : elle se composait de vingt-quatre canons de fusil, placés en jeu d'orgue sur un fort châssis en bois formant un plan incliné ; elle occupait toute la largeur de la croisée donnant sur le boulevart.

Trois de ces canons n'avaient pas fait feu ; leur charge énorme les remplissait à plus de moitié de leur longueur ; quatre autres avaient crevé près du tonnerre, les débris en étaient encore épars sur le carreau ; les murs portaient de profondes empreintes de leurs éclats, et des traces de sang ne permettaient pas de douter que le coupable eût été lui-même grièvement blessé. Une lithographie représentant Henri V se trouvait sur la cheminée, dans l'âtre de laquelle fumait encore le tison qui avait servi à mettre le feu à la poudre.

On me raconta que les gardes nationaux et les agens de la police avaient dû briser, pour s'y introduire, la porte d'entrée, barricadée à l'intérieur, et que déjà l'homme avait disparu. Sa fuite avait eu lieu par la croisée d'une pièce sur le derrière de la maison, au moyen d'une corde mince, mais d'une grande force, que je trouvai attachée aux ferremens du châssis. L'assassin s'était laissé glisser le long du mur pour descendre dans une petite cour qui séparait la maison n° 50, boulevart du Temple, d'une autre maison située rue des Fossés-du-Temple. Mais cette cour n'était séparée elle-même que par un mur d'environ huit pieds de hauteur d'un couloir qui faisait partie de la maison voisine n° 52. Le fugitif, descendu au niveau de ce mur et entendant crier : *A l'assassin ! voilà l'assassin, qui se sauve !*

donna un élan à la corde, afin d'échapper à mes agens qui le cherchaient dans la maison n° 50, et se trouva sur un petit toit, d'où il s'introduisit dans une cuisine dépendante de celle n° 52; c'est là qu'il fut arrêté par d'autres agens qui, au moment de l'explosion, s'étaient précités simultanément dans toutes les localités environnantes.

On l'avait déposé au poste du Château-d'Eau, occupé par la garde nationale. Je le fis ramener dans une chambre au premier étage de la maison n° 50. On l'y introduisit au milieu des imprécations, et l'on eut besoin de le protéger contre l'exaspération de la foule. Quand je l'aperçus, ce malheureux avait un aspect horrible : on ne pouvait distinguer aucun de ses traits sous le masque de sang qui lui couvrait le visage; sa lèvre inférieure, presque entièrement coupée et pendante, laissait à nu les os de la mâchoire; une blessure profonde au crâne avait détaché une partie des chairs; la peau du front retombait sur son œil gauche et cachait la moitié de sa joue; ses mains étaient meurtries, ses habits souillés de fange et tout ensanglantés.

On l'étendit sur un matelas, et je commençais à l'interroger lorsque le procureur du roi survint. Nous lui fîmes conjointement plusieurs questions, auxquelles il répondit par signes. Nous lui demandâmes notamment s'ils reconnaissait être l'auteur du crime; s'il avait eu l'intention de tuer le roi? il fit comprendre que oui; combien d'hommes y avaient pris part? il leva un seul doigt. Nous cherchâmes à savoir comment lui était venue la pensée de ce forfait : il se frappa la poitrine, indiquant avec une sorte d'orgueil qu'il s'en attribuait le mérite. Plusieurs autres questions inutiles à répéter, tendant à connaître son nom, son origine, sa profession, ses relations politiques, n'amenèrent aucun résultat. Son état de faiblesse ne nous permit pas de prolonger cet interrogatoire. Nous confiâmes le prévenu aux soins de quelques hommes de l'art, sous la garde d'une force militaire imposante, et j'ordonnai de le transférer, dès que sa situation le permettrait, à la Conciergerie.

Les premiers renseignemens, obtenus dans la maison où le crime s'était commis, m'apprirent que l'individu arrêté se nommait Girard ; c'est le nom sous lequel Fieschi avait loué son logement, et pour éloigner toute espèce de doute à cet égard, il l'avait fait inscrire en grosses lettres sur son matelas. Ils m'apprirent aussi que Girard recevait assez fréquemment un homme âgé qui se faisait passer pour son oncle, et que trois femmes venaient le voir de temps en temps.

Je me fis donner le signalement de ces diverses personnes, et, comme on le pense bien, je mis en œuvre tous mes moyens pour les faire rechercher.

Boireau, qu'on avait arrêté ce même jour vers huit heures du soir, fut également écroué à la Conciergerie. Confronté avec Fieschi, ils feignirent l'un et l'autre de ne pas se connaître.

M. Thiers, alors ministre de l'intérieur, étant venu à la Préfecture de police à neuf heures, désira voir Boireau et le faire interroger en sa présence. Nous nous rendîmes ensemble dans le cabinet du juge d'instruction; Boireau y fut amené, et répondit avec une sorte de fanfaronnade impertinente à toutes les questions du magistrat. Il ressortit à nos yeux de sa manière de se défendre la conviction de sa culpabilité; ses réticences et l'ambiguité de ses réponses nous donnèrent enfin la clef des semi-révélations de M. Suireau; et dès lors nous demeurâmes persuadés que le crime n'était pas un acte isolé; que plusieurs complices y avaient participé, et que Boireau avait été nécessairement en rapport avec le principal acteur de ce drame.

Bientôt un renseignement, futile en apparence, ajouta un nouveau poids à cette opinion : on m'apprit qu'au moment de l'explosion de la machine, un homme avait été vu rôdant dans la rue des Fossés-du-Temple; quelques indications sur la physionomie et le costume de cet inconnu se rapportaient au signalement du prétendu oncle de Girard.

Le 31 juillet, un de mes amis me parla d'un homme connu dans son quartier par le fanatisme de ses opinions radicales et par son humeur taciturne, ajoutant qu'il couvait une haine profonde contre les rois; qu'il trouvait une belle page de notre histoire dans les saturnales de 93 ; qu'il avait laissé échapper ces mots en parlant de Louis-Philippe : *Ah ! s'il était au bout de mon fusil, je ne le manquerais pas !* et que la sauvage énergie de son caractère le rendait capable de réaliser une telle menace. Cet homme, c'était Morey.

Les éclaircissemens que j'obtins sur ses démarches pendant la journée du 28 juillet, et les rapports frappans que je remarquai entre ce que l'on me disait de lui et les traits du vieillard qui passait pour l'oncle de Fieschi, me donnèrent la presque certitude que ce soi-disant oncle et le rôdeur aperçu rue des Fossés-du-Temple n'étaient autre que Morey. Je le fis arrêter. Il parut devant le juge d'instruction, et ce qui prouve la légèreté avec laquelle la justice procède quelquefois, sur un simple interrogatoire, Morey fut mis en liberté.

Étonné d'une pareille décision dans une affaire aussi grave, je pris sur moi d'ordonner de nouveau l'arrestation de cet homme, et j'invitai les magistrats de l'ordre judiciaire à examiner avec une plus sévère attention les circonstances qui, dans ma pensée, démontraient évidemment sa complicité avec Fieschi. Dès lors aussi je savais une partie des relations qu'avait eues Pepin avec les trois autres prévenus en état d'arrestation ; je délivrai un mandat contre lui ; mais il avait disparu de son domicile depuis le 28 juillet, ce qui ne pouvait que fortifier encore mes soupçons.

Le véritable nom de Fieschi, désigné jusque là

sous le pseudonyme de Girard, dont on avait inutilement recherché les précédens, me fut révélé le 1er août. M. Olivier Dufresne, inspecteur général des prisons de la Seine, visitant la Conciergerie, entendit accidentellement quelques mots articulés par Fieschi. Malgré le soin qu'il prenait de cacher sa figure, M. Dufresne, qui l'avait vu plusieurs fois depuis 1830, le reconnut et se hâta de m'en faire part. Il m'indiqua quelques personnes, notamment M. Lavocat, député, comme pouvant me confirmer son assertion. Je fis prier M. Lavocat, avec lequel j'avais l'honneur d'être lié d'amitié, de passer dans mon cabinet. Le lendemain, 2 août, il était auprès de moi. Je l'invitai, sans lui en faire connaître le motif, à vouloir bien se rendre à la Conciergerie pour y voir l'auteur du crime; ce qu'il fit pour m'obliger, non sans quelque répugnance, parce que je lui laissais ignorer le motif de cette démarche. Une heure après, M. Lavocat, tout ému, vint me dire : « Je sais maintenant pourquoi vous m'avez envoyé » là; je le connais ce malheureux! il s'appelle » Fieschi. J'ai eu des bontés pour lui, et malgré » ses efforts pour cacher la vérité en ma présence, » il n'a pu retenir ses larmes ni persister long- » temps à nier son identité. »

Dès ce moment la position se dessine, et mon administration se voit en mesure de saisir tous les fils de cette trame épouvantable dénouée le 28 juillet; mais je ne crois pas utile de raconter les détails secondaires qui pendant quinze jours ont offert un grand intérêt, quand il s'agissait de rechercher tout ce qui alors était inconnu. A la distance où nous sommes de l'événement, de tels faits accessoires ont perdu toute leur importance. Je ne dirai donc pas comment j'ai découvert, au bout de trente-six heures, le marchand auquel Fieschi avait acheté les vingt-cinq canons de fusil; comment et avec quelles précautions il les avait fait porter à son logement, boulevart du Temple; comment le *foret* de Boireau avait servi à percer quatre de ces canons; comment Fieschi, après les avoir achetés à raison de 6 fr. pièce, les fit facturer au prix de 7 fr. 50 c.; circonstance remarquable qui démontrait la connivence entre plusieurs individus, car l'acteur principal du complot n'aurait pas eu besoin d'une facture frauduleuse s'il eût agi pour lui seul; remarquable aussi en ce qu'elle prouvait que le crime n'avait pas été commis dans la vue d'une forte rétribution : on n'aurait pas spéculé sur une misérable fraude pour gagner 37 fr. 50 c., si l'on avait dû recevoir une forte récompense.

J'omettrai également ce qui a trait aux papiers brûlés par Morey chez Fieschi le 27 juillet au soir; ce qui a trait à la malle de ce dernier, qui, dans l'espace de cinq jours, avait été transportée neuf fois, par des commissionnaires différens, pour échapper aux recherches de la police, et qui néanmoins fut trouvée et saisie le 3 août. J'omettrai ce qui a rapport au carnet de Fieschi, emporté et jeté par Morey dans la fosse d'aisances de sa maison, où il fut retrouvé quelques jours après. Ce carnet devint une des pièces essentielles du procès et l'une des preuves les plus accablantes contre Morey et Pepin. J'omettrai encore les incidens relatifs à la fille Nina Lassave, à sa mère, la femme Petit, qui s'était liée avec Fieschi dans la maison centrale d'Embrun, et aux filles Bocquin et Agarithe, qui cohabitèrent momentanément avec lui dans son logement, boulevart du Temple. Enfin je ne crois pas nécessaire de m'étendre sur les arrestations faites dans les premiers jours qui suivirent l'attentat; l'on doit comprendre qu'il était du devoir de l'autorité de placer provisoirement sous la main de la justice, pour qu'elle pût scruter leur conduite, toutes les personnes qu'une foule de causes, un propos équivoque, une démarche imprudente, des accointances politiques, un stationnement accidentel sur le théâtre de la catastrophe, avaient fait signaler comme des complices présumés.

Mais, en m'abstenant de ces explications parasites, je désire attirer l'attention sur les choses propres à faire connaître l'homme qui, dans cette malheureuse affaire, a joué le rôle prédominant.

Fieschi fut baptisé à Murato (Corse) le 3 décembre 1790, sous les noms de Joseph-Marie; il était fils de Louis Petusecco, lequel avait changé ce nom en celui de Fieschi, que portait la famille de sa mère.

Jusqu'à l'âge de dix-huit ans, Joseph-Marie Fieschi continua l'état de berger, qu'avait exercé son père ; le 15 août 1808 il s'engagea dans un bataillon destiné pour la Toscane, s'embarqua à Bastia, débarqua à Livourne, et fut immédiatement dirigé sur Naples, où on l'incorpora dans la légion corse. Après avoir fait la campagne de Russie avec le grade de sergent, dans un régiment commandé par le général Franceschetti, il passa au service du roi de Naples, avec la légion dont il faisait partie. Ce corps ayant été licencié à Ancône, à la paix de 1814, Fieschi reçut son congé à Macaretta, le 1er août de la même année. De retour dans son pays le 8 septembre, il entra dans un corps nommé le *régiment provincial corse*, commandé par le colonel Monneret. Fieschi, décoré de l'ordre royal des Deux-Siciles, conservait son ancien grade de sergent. Peu de temps après, Fieschi eut occasion de rendre quelques services à M. le comte Gustave de Damas, ancien aide de camp du maréchal Soult, réfugié en Corse, et poursuivi par la restauration à cause de son dévouement à l'empereur.

Le général Franceschetti s'étant associé à la funeste expédition tentée par Murat pour reconquérir sa couronne, Fieschi suivit son ancien colonel, fut pris et condamné à mort, ainsi que tous les hommes composant la petite troupe de Murat, au Pizzo, en Calabre, dans le mois d'octobre 1815.

La condamnation à mort n'ayant été exécutée

qu'à l'égard de l'ex-roi de Naples, les officiers et soldats revinrent en France ; Fieschi rentra dans sa famille, précédé par une assez mauvaise réputation, car déjà la rumeur publique l'accusait de la soustraction d'un peigne en or d'assez grande valeur, lors de l'incendie d'une maison appartenant à madame Cervoni.

Un mois s'était à peine écoulé depuis son retour, qu'il vola un mulet à Ajaccio et le vendit à l'un de ses parens, lequel fut obligé d'en payer ensuite le prix au propriétaire.

Le 17 décembre 1815, Fieschi déroba un bœuf et le vendit sous un faux nom, à l'aide d'un faux certificat sur lequel il avait lui-même contrefait la signature du maire et le sceau de la commune. Arrêté à cette occasion, il fut condamné par arrêt de la cour de justice criminelle de la Corse, le 28 août 1816, à dix ans de réclusion et à l'exposition. Le 10 novembre 1816, on le transféra, pour y subir sa peine, dans la prison centrale d'Embrun, où son père était mort le 8 mars 1808, par suite d'une condamnation à six ans de détention, comme faisant partie d'une bande de voleurs commandée par Martin Pietri.

Ce fut dans cette prison que Fieschi se lia avec Laurence Petit, veuve Lassave, qui elle-même s'y trouvait détenue pour cinq années, en qualité de complice de son second mari, le sieur Abot, banqueroutier frauduleux.

A l'expiration de sa peine, le 2 septembre 1826, Fieschi partit d'Embrun pour se rendre à Vienne (Isère), ensuite il alla travailler de son état de tisserand à Lodève, d'où il s'éloigna dès le 15 mars 1826 pour résider à Sainte-Colombe (Rhône). On l'admit successivement comme ouvrier dans trois fabriques de draps; il quitta la dernière vers la fin de l'année 1827, et arriva à Vaise, faubourg de Lyon, le 19 janvier 1828; il y travailla dans une fabrique de couvertures, puis il devint ouvrier en soie à Lyon; de là il se rendit à Saint-Symphorien d'Ozon en septembre 1828, pour y exercer l'état de couverturier; il revint plus tard à Lyon, où il retrouva la femme Laurence Petit. On l'a vu successivement tisserand à Givors et à Villeurbaune, puis ouvrier chez un fabricant de chapeaux de paille à Caluire.

En 1830 on le retrouve à Lyon dans une fabrique de toiles. Ce fut de là qu'il partit pour Paris dans les derniers mois de cette année.

Dans toutes les villes et communes habitées momentanément par Fieschi, il avait contracté des dettes; l'instruction de son procès a constaté qu'il n'en avait soldé aucune, et que, notamment, il devait encore une somme de 200 francs, empruntée à une dame de Caluire, à laquelle il avait fait une reconnaissance signée du nom de *Girard*.

Avant la fin de 1830 il se fit admettre en subsistance, comme ancien sous-officier des troupes napolitaines, dans la première compagnie des sous-officiers sédentaires, et, sous la protection du général Franceschetti, on le reçut dans la compagnie des vétérans, employée à la garde de la maison de détention de Poissy. Le séjour de cette ville lui déplut bientôt, et grâce à la qualité de condamné politique qu'il usurpait, il se fit incorporer dans la 3ᵉ compagnie des sous-officiers sédentaires, à Paris.

La femme Laurence Petit, devenue veuve une seconde fois, se réunit de nouveau à Fieschi, et tous deux obtinrent la place de concierge de la maison rue de Buffon, n° 7, où M. Caunes, ingénieur des ponts et chaussées, établit ses bureaux. M. Caunes s'intéressa à Fieschi, et l'employa comme garde des travaux.

En 1831, une place de gardien du moulin de Croullebarbe, acheté par la ville de Paris, étant devenue vacante, Fieschi l'obtint de la bienveillance de M. Caunes, à la recommandation du général Franceschetti.

En même temps que Fieschi était admis en subsistance dans une compagnie de sous-officiers sédentaires, et qu'il occupait la place de concierge rue de Buffon, il obtenait du ministre de la guerre la solde de sous-lieutenant d'état-major, qui lui fut payée depuis le 30 septembre 1830 jusqu'au 3 février 1831.

Dénaturant les circonstances antérieures de sa vie et la condamnation qu'il avait subie, Fieschi se vantait, auprès des uns, d'avoir été condamné à mort pour crime politique et gracié après une longue détention; à d'autres il disait avoir joué un rôle en 1816, dans la conspiration de Didier, à Grenoble; il eut même l'effronterie de consigner ces mensonges dans une pétition adressée le 24 octobre 1831 à la commission des condamnés politiques, et de produire deux certificats à l'appui de cette fable; l'un était censé émané du maire de Sainte-Colombe-lès-Vienne, et l'autre du directeur de la prison d'Embrun. Quoique des fautes d'orthographe choquantes pussent trahir la falsification de ces pièces, elles n'en furent pas moins considérées comme réelles, et procurèrent à leur auteur une pension de 500 francs, dont il a joui jusqu'en 1834.

Quoique Fieschi fût déjà sous-officier sédentaire, gardien du moulin de Croullebarbe et pensionné en qualité de condamné politique, il devint, en 1831, l'un des porteurs du journal *la Révolution*, fondé par M. Lennox; il s'affilia à plusieurs sociétés politiques. Vers la même époque il fut recommandé par M. Gustave de Damas à M. Baude, préfet de police, qui l'employa comme agent secret pendant sa courte administration. Il paraît certain qu'après la retraite de M. Baude, Fieschi essaya de continuer les mêmes rapports avec M. Vivien, et que par suite d'un malentendu ses ouvertures furent repoussées.

Fieschi ayant donné des preuves de dévouement à M. Caunes pendant le choléra, et s'étant offert pour soigner le frère de M. Lavocat, atteint de cette maladie, ce fut à cette occasion que l'honorable directeur des Gobelins lui donna quelques témoignages de bienveillance.

Le succès de ses précédentes ruses encourageant Fieschi à faire valoir des services imaginaires, il assiégeait de ses pétitions le ministre de la guerre et la commission des secours à distribuer aux condamnés politiques.

Cumulant cinq à six professions avec plusieurs rôles, il achète en 1832 un métier et un équipage de tisserand, ce qui ne l'empêchait pas, dans ses momens perdus, de faire l'état de commissionnaire et de donner des leçons d'exercice à la baïonnette aux élèves du gymnase militaire.

En 1834, M. Caunes eut besoin d'un chef d'atelier pour le dégravellement de l'aqueduc d'Arcueil, et confia ce poste à Fieschi. Celui-ci s'acquitta avec intelligence de son emploi, mais il garda pour lui une partie des fonds destinés au payement des ouvriers; M. Caunes, s'en étant aperçu, le congédia le 9 octobre, et combla le déficit de ses propres deniers.

Déjà avant cette date on l'avait renvoyé de la compagnie des sous-officiers sédentaires, parce qu'il n'y paraissait jamais pour y faire son service, et l'on avait supprimé les secours et pensions extorqués à l'aide de faux titres; il ne lui restait plus que la place de gardien du moulin de Croullebarbe, mais il s'en vit également dépouiller. La justice, instruite par moi des faux en écriture authentique commis par Fieschi, avait lancé des mandats d'amener contre lui; mes agens le recherchaient, et une procédure criminelle était commencée.

Dans le courant de cette même année 1834, Laurence Petit, qui tenait une pension bourgeoise, et avec laquelle il vivait maritalement, s'étant aperçu des liaisons intimes de sa fille Nina Lassave avec Fieschi, expulsa ce dernier sans vouloir lui rendre une partie du mobilier qu'il disait lui appartenir.

C'est dans cette position que, privé de toutes les ressources, sous le coup d'une action criminelle, poursuivi par la police, obligé de changer fréquemment de nom et de domicile pour se soustraire aux recherches, Fieschi, au commencement de 1835, abandonné à ses penchans vicieux, à son instinct brutal, ayant voué une haine implacable à la société toute entière, qui lui semblait injuste parce qu'elle opposait une digue à ses passions, se vit réduit à solliciter des secours et un asile sous les noms de Bescher, d'Alexis, de Petit, de Girard, auprès des diverses personnes qu'il connaissait. Ce fut alors aussi qu'il eut la première pensée de son effroyable attentat.

Sans conviction et même sans opinion politique,

ayant un profond dédain pour tous les partis et poussé par ses dispositions aventureuses et le mépris de la vie, qu'il portait au plus haut degré, Fieschi désirait un bouleversement social, à la suite duquel il pût développer ses facultés intellectuelles, dont il se faisait une haute idée; mais il lui fallait, pour satisfaire son ressentiment, des confidens et des auxiliaires; nous allons voir où et comment il les trouva.

Depuis 1831 il connaissait le bourrelier Morey, dont j'ai esquissé le caractère en peu de mots. Il avait fait également la connaissance de Boireau, ami intime de Janot, pendant que celui-ci prenait ses repas chez la femme Laurence Petit. C'est à Morey qu'il paraît avoir fait les premières ouvertures, et c'est par son intermédiaire qu'il se mit en relation avec Pepin.

Ces individus concertèrent ensemble le moyen d'attenter aux jours du roi. Fieschi avait tracé le plan d'une machine infernale, il le montra à Morey, qui de son côté le communiqua à Pepin. Ce dernier demanda un modèle de la machine. Quand ce désir eut été satisfait, Morey, Pepin et Fieschi, assurés de l'effet terrible que l'explosion devait produire, allèrent essayer dans les vignes de Bagnolet la manière dont on devait y mettre le feu, à l'aide d'une traînée de poudre; ensuite Pepin et Morey dirent à Fieschi de chercher un emplacement convenable à l'exécution de leur dessein; il loua, sous le nom de Girard, l'appartement du boulevard du Temple. Pepin et Morey fournirent en commun les petites sommes nécessaires au payement des loyers et à l'achat du mobilier chétif qui garnissait les lieux.

Fieschi demeura quelque temps chez Morey; il passa plusieurs nuits dans la chambre de Boireau, et Pepin lui-même le recueillit pendant sept à huit jours, lui faisant en outre quelques avances d'argent ou de marchandises.

L'époque de l'exécution du crime approchant, les trois principaux conjurés décidèrent la confection de la machine; Pepin et Fieschi allèrent ensemble acheter le bois destiné à cette construction, qui fut par eux confiée à un menuisier, auquel ils persuadèrent aisément qu'il s'agissait d'un châssis de métier à tisser. Par un usage particulier à ce menuisier, il traça sur l'un des montans les lettres R. MON. Cette indication servit à faire découvrir son nom et sa demeure. A l'inspection de ces initiales, mes subordonnés ne doutèrent pas qu'elles n'eussent pour signification *rue Mon.*, et que ce ne fût en abrégé le nom de la rue qu'habitait le fabricant. Je fis alors rechercher les menuisiers et charpentiers dans toutes les rues commençant par la syllabe *Mon.*, et l'on parvint à découvrir, rue de Montreuil, n° 41, celui auquel Fieschi et Pepin s'étaient adressés. Confronté avec Pepin pendant le cours du procès, cet homme le reconnut parfaitement, et déclara avoir reçu de lui le prix de la façon. Il en fut de même à l'égard du marchand chez qui Fieschi et Pepin avaient acheté le bois.

De nouvelles conférences eurent lieu pour discuter le devis des autres dépenses, toujours supportées de moitié par Morey et Pepin, et ce fut dans la dernière qu'ils convinrent de l'achat de canons et de projectiles. En même temps ils décidèrent que Pepin se promènerait à cheval sur le boulevard, le 27 juillet, et qu'il passerait en face de la demeure de Fieschi, afin de pointer la machine. L'instruction et les débats ont démontré plus tard que Pepin n'ayant pas voulu ou n'ayant pas pu faire cette promenade, ce fut Boireau qu'il chargea de monter à cheval à sa place.

Morey passa une partie de la nuit du 27 au 28 juillet chez Fieschi, pour charger les vingt-quatre canons avec des lingots de plomb et des balles que lui-même avait apportés. Morey, décoré de juillet et membre de l'ancienne société des *Droits de l'homme*, était un adroit tireur; il avait servi dix ans dans le train d'artillerie de l'armée et dans un régiment de hussards. En 1816, on l'avait arrêté comme prévenu de projets d'assassinat contre la famille royale, et il parut à la même époque devant la cour d'assises de la Côte-d'Or pour avoir tué un soldat autrichien dans un cas de légitime défense : il fut acquitté.

Si l'on s'appesantit sur la longue expérience de

Morey dans l'usage et le maniement des armes, sur ses habitudes réfléchies, sur le calme méthodique avec lequel il procédait dans les moindres choses et sur l'habileté de ses combinaisons, il est difficile de croire que cet homme n'ait pas mis le plus grand soin pour rendre inévitable, en chargeant les canons, le résultat de ses calculs. Le premier point était pour lui la destruction des principaux membres de la famille royale. Le second devait être d'assurer par tous les moyens possibles l'impunité des complices de Fieschi. Le moins douteux de ces moyens était la mort immédiate de Fieschi; car si le même coup destiné à frapper le roi et les princes eût anéanti l'agent chargé de l'exécution du crime, comment la justice, en l'absence de ce grand coupable, aurait-elle pu obtenir des preuves suffisantes contre ses co-accusés?

Je sais bien que les faits seraient également parvenus à la connaissance de l'administration et de la justice, et que j'aurais découvert les liaisons qui avaient existé entre Fieschi, Morey, Pepin et Boireau; la preuve, c'est que tout était connu avant que les conjurés eussent fait aucun aveu, eussent fourni aucune lumière; ainsi Morey et Boireau étaient arrêtés, l'on savait d'où provenaient les canons de fusil, et le bâtis en bois qui les supportait; l'on savait l'histoire et l'itinéraire de la malle; elle était saisie, la fille Nina Lassave et la femme Petit écrouées en prison; le carnet de Fieschi retrouvé, presque toutes les charges contre Morey, Pepin et Boireau fortement établies, et enfin Pepin vivement recherché avant que Fieschi eût parlé. Les choses se sont passées ainsi, mais Morey pouvait croire qu'elles se passeraient autrement, et que la mort de Fieschi, dont les traits mutilés par les éclats de la machine l'auraient rendu méconnaissable, ferait disparaître la possibilité de constater la part que lui, Morey, avait prise à l'attentat. D'ailleurs, s'il est vrai que les faits essentiels ont été révélés sans le concours de Fieschi, il n'est pas moins incontestable que sa présence aux débats, ses déclarations accablantes contre ses complices, ont donné un poids énorme et décisif aux argumens de l'accusation, et que, peut-être, en l'absence de ce témoignage, les dénégations de Morey, Pepin et Boireau auraient eu quelque chance de succès, malgré la conviction moralement acquise de leur coopération.

Faut-il encore ajouter que la fille Nina Lassave aurait parlé avec moins d'abandon; que les graves circonstances de son dîner avec Morey, le 29 juillet, pouvaient rester ignorées, ainsi que l'expérience faite par Pepin, Morey et Fieschi, de la traînée de poudre, si Fieschi eût succombé tout de suite à l'explosion de la machine.

Ces réflexions m'amènent à conclure que Morey pouvait bien voir dans la mort de Fieschi une garantie de sécurité contre l'action des lois, et l'on est tout naturellement autorisé à penser qu'il avait chargé avec une intention préméditée les canons dont les éclats ont si grièvement blessé Fieschi.

Quelques paroles échappées à Morey dans ses confidences à Nina Lassave après l'événement fortifient encore cette opinion. Lorsque ces propos furent répétés à Fieschi par sa maîtresse, il en conçut un ressentiment profond envers ses complices, ne doutant pas que leur dessein n'eût été de se défaire de lui. Les apparences devinrent pour Fieschi l'équivalent d'une certitude, et dès lors il se montra plus explicite sur la culpabilité de Morey, de Pepin et de Boireau, qu'il avait jusque là beaucoup ménagés dans ses interrogatoires.

Tous les faits que l'on vient de lire n'ont été mis en évidence que pendant la procédure et les débats devant la Cour des pairs; mais, sans m'assujétir à l'ordre des dates, je les ai groupés ici pour n'avoir plus à y revenir.

Malgré la gravité des blessures de Fieschi, les médecins étant parvenus promptement à opérer sa guérison, l'on jugea indispensable de l'entourer de précautions extraordinaires pour empêcher l'évasion d'un si grand criminel. Comme on avait à se prémunir contre l'agilité, l'audace et les stratagèmes ingénieux dont quelques actions de sa vie le faisaient croire capable, on ne dut point à son égard se borner aux mesures que l'on trouvait suffisantes envers les plus habiles scélérats.

L'on avait enfermé Fieschi dans une pièce assez spacieuse, la même où fut, je crois, détenu le général Custine, située au premier étage de la prison des femmes; elle recevait le jour par une croisée ouvrant sur une petite cour dans laquelle est la chapelle[1].

Après avoir fait consolider le double rang de barreaux en fer garnissant la fenêtre de Fieschi, sonder les murs, condamner les ouvertures de toutes dimensions autres que la porte d'entrée, je fis placer des factionnaires jour et nuit dans la cour de ce bâtiment et au-dessus de la chambre de l'accusé, afin d'empêcher qu'en pratiquant une ouverture au plafond il pût parvenir dans le Palais de Justice. De plus, trois sergens de ville, chargés de veiller constamment sur lui, furent établis à demeure dans la même chambre, et quatre autres eurent pour consigne de ne pas quitter la pièce précédente. On soumit ces agens au même régime que le prisonnier, sans leur permettre aucune communication avec le dehors.

On fit en outre couvrir, par des hottes en forte tôle battue, toutes les croisées du Palais de Justice qui avaient vue sur cette prison.

Des dispositions analogues furent adoptées pour les complices de Fieschi.

[1] On sait que les deux cabanons où se prolongea l'agonie de l'infortunée Marie-Antoinette existent au chevet de cette chapelle, et sont éclairés par deux petites croisées donnant sur la même cour.

M. Thiers, qui à cette occasion visita plusieurs fois la Conciergerie, indiqua lui-même la plupart de ces travaux et de ces mesures de sûreté.

L'on fournissait à ces accusés des alimens de choix et du vin assez bon, en quantité raisonnable ; Fieschi, dont l'humeur était naturellement insouciante, se montra fort reconnaissant des soins dont il était l'objet ; il prenait gaiement ses repas, causait volontiers et faisait chaque jour une partie de cartes avec ses gardiens. Il n'exprimait qu'une crainte, celle d'être empoisonné par les ennemis du gouvernement, ne voulant pas mourir, disait-il, sans avoir rendu un grand service au roi et à l'humanité ; sans avoir proclamé la vérité toute entière et exprimé son repentir en présence de la justice. On se prêtait autant que possible à ses désirs dans la préparation des alimens, pour écarter ses inquiétudes. Il paraissait toujours très-affecté en parlant de ses nombreuses victimes, et disait : « Je » suis un grand coupable, un grand scélérat ; j'ai » mérité la mort, et je sais que rien ne peut me » soustraire à l'échafaud. »

Quant à Morey, toujours silencieux et triste, il refusa long-temps de prendre sa nourriture et paraissait décidé à se laisser mourir de faim, lorsque après une persistance de quinze jours, il céda à l'impérieux besoin de manger ; son estomac débilité ne pouvait plus faire ses fonctions, il fallut le nourrir quelque temps par des procédés thérapeutiques.

Les organes de l'opposition raisonnaient longuement sur cette détermination présumée, sur les causes qui l'avaient produite et sur les conséquences qu'elle pourrait avoir. Le 14 octobre, *le Constitutionnel, le National, le Moniteur du Commerce*, et plusieurs autres feuilles publiques, présentaient comme désespéré l'état de Morey, et le 15 du même mois j'appris sa mort par *le National,* qui l'annonçait formellement. Cet événement inspirait au journal républicain des réflexions amères terminées de la manière suivante : « Dans l'ignorance
» absolue des charges qui pouvaient exister contre
» Morey, l'opinion n'apprendra pas cette mort avec
» indifférence. C'est quelque chose de très-grave
» qu'au bout de deux mois et demi de privation,
» un homme meure de faim dans son cachot sans
» avoir communiqué avec qui que ce soit, et qu'il
» emporte avec lui son secret, s'il en avait un,
» laissant la société dans l'impossibilité de se dire
» si cette mort affreuse est le désespoir d'un
» innocent ou le supplice volontaire d'un cou-
» pable. »

Le système facile des suppositions et des insinuations me réservait sans doute quelques belles pages dictées par l'indignation, si l'événement eût été vrai. Je me voyais déjà en perspective accusé d'une froide cruauté; les sombres histoires de tortures physiques et morales n'auraient pu manquer de trouver encore des échos; heureusement ce même jour je savais avec certitude que la santé du vieillard s'était améliorée.

Si dès les premiers instans les indications présentèrent Pepin comme pouvant être complice de l'attentat, sa disparition soudaine et les éclaircissemens ultérieurs ne permirent plus aucun doute. D'ailleurs on était généralement enclin à penser que la conjuration n'avait pu être circonscrite entre Fieschi, Morey et Boireau : leur dénument, leur position sociale, autorisait à croire que ces hommes n'avaient pas agi sans une instigation supérieure. On ne pouvait attribuer la conception du crime qu'à ceux qui avaient un grand intérêt politique à le commettre, et, en se demandant quels étaient les ennemis de la monarchie de juillet en position d'organiser ce complot, de le faire exécuter et d'en tirer avantage, on arrivait à cette conclusion que ce devaient être les sommités du parti républicain ou les partisans de la branche aînée. Raisonnant de là par induction, on ne voyait, dans les trois individus sous les verroux, que des agens d'exécution. Telle était l'opinion prédominante au début de l'instruction; et, lorsque des indices graves révélèrent la coopération de Pepin, on ne douta pas qu'il ne fût le point de jonction, l'intermédiaire indispensable entre les hommes de bas étage et des conspirateurs plus haut placés.

Les déclarations de la fille Nina Lassave étant venues corroborer les charges qui s'élevaient contre

Pepin, les ministres et les membres de la commission de la cour des pairs ne cessaient de recommander l'arrestation de Pepin. Tout le monde comprenait que l'absence de ce prévenu entravait tout; qu'elle créait une immense lacune. Il y avait de l'inconnu dans cette affaire; Pepin seul paraissait pouvoir éclaircir le mystère, assigner la limite du complot, confirmer ou détruire les préventions contre les partis politiques et contre leurs principaux organes. Dans une telle situation Pepin était réellement la clef de la voûte.

Je le faisais rechercher sans discontinuation, avec un empressement égal à l'importance qu'on attachait à sa capture. Mais, depuis le 28 juillet, Pepin ne reparaissait plus à son domicile, et sa famille mettait une telle réserve dans les communications indirectes avec lui, qu'il n'était pas possible d'en reconnaître les traces. Cependant Pepin, toujours déguisé, et qui changeait fréquemment d'asile, vint nuitamment dans sa maison pour faire disparaître les papiers susceptibles de le compromettre; quoiqu'il ne dût y faire qu'une courte apparition, un de mes agens secrets m'informa de son arrivée, et je fis saisir Pepin au moment où il se disposait à partir, dans la matinée du 28 août 1835. Amené sur-le-champ à la Conciergerie, il fut interrogé le même jour par M. Pasquier, président de la chambre des pairs, qui le laissa à la disposition de M. Legonidec, juge d'instruction.

Ce magistrat, soit d'après ses propres inspirations, soit d'après les désirs de M. Pasquier, trouva convenable d'ordonner la vidange et la fouille des lieux d'aisances de la maison de Pepin, en présence de cet inculpé; en conséquence, il confia au commissaire de police Milliet une commission rogatoire, pour extraire Pepin de la Conciergerie et procéder sous ses yeux à l'opération dont il s'agit. Depuis un mois ce commissaire de police était à la *disposition exclusive* du parquet et de la commission de la Cour des pairs, pour l'exécution des mandats judiciaires relatifs à cette procédure. Sans me donner aucun avis de la mission dont il était chargé, sans même prendre les précautions usitées dans les cas ordinaires, et sans réclamer le concours de mon administration, M. Milliet chargea deux inspecteurs sous ses ordres d'aller extraire Pepin de sa prison. Les deux agens le menèrent chez lui, et là ces deux hommes et le commissaire firent exécuter devant eux, pendant la nuit, l'ordre qu'ils avaient reçu. Voilà donc Pepin dans son propre domicile, auprès de sa famille, entouré d'ouvriers et peut-être d'amis intéressés à sa fuite; le voilà surveillé seulement par trois hommes, qui devaient en outre examiner les papiers et les objets extraits de la fosse, dans une cave mal éclairée, au milieu des embarras occasionnés par le mouvement des ouvriers et des ustensiles employés pour l'extraction. Dans une pareille situation, si

Pepin ne s'était pas évadé c'est qu'il ne l'aurait pas voulu, et sans doute que la pensée lui en est venue en reconnaissant combien l'évasion était facile.

Le lendemain de bonne heure, le commissaire de police Milliet demanda à me parler. J'étais encore dans ma chambre à coucher, où je le fis introduire. Ses traits altérés me firent pressentir quelque mauvaise nouvelle. Qu'on juge de ma surprise et de mon mécontentement lorsqu'il m'apprit que Pepin avait disparu. Je ne pus contenir l'explosion de mon humeur quand il me raconta les détails de cet événement : « Quoi! monsieur, lui dis-je, vous avez extrait Pepin de la Conciergerie sans m'en prévenir! quoi! vous avez eu l'imprudence de le faire accompagner seulement par deux inspecteurs! mais il aurait fallu cinquante hommes dans une pareille circonstance; il aurait fallu entourer la maison de Pepin et avoir sous sa main un fort peloton de gardes municipaux pour prêter main forte au besoin. Pour quel motif avez-vous négligé toutes ces précautions? Votre imprudence vient de compromettre en un moment le succès obtenu par un mois de recherches et de nombreux sacrifices! Je vais rendre compte de votre conduite au ministre. » Dès le même jour une ordonnance royale le révoqua.

Les torts de M. Milliet n'étaient, il faut en convenir, qu'une conséquence de la fâcheuse impulsion donnée aux commissaires de police, en général, par les magistrats de l'ordre judiciaire. Les commissaires dépendent du préfet, en ce sens, que c'est habituellement lui qui les fait nommer ou révoquer, ou qui décide leur avancement. C'est l'administration de la police qui les paye; mais le Code d'instruction criminelle leur attribue le titre d'auxiliaires du procureur du roi, ce qui donne lieu à des inconvéniens de plus d'un genre : en effet, le procureur du roi, ses substituts et les juges d'instruction, se prévalant de cette disposition légale, transmettent directement leurs ordres aux commissaires de police, sans vouloir, par un sentiment d'amour-propre fort mal entendu, en référer au chef de l'administration ; pourtant dans une foule de cas il est seul en mesure de faire obtenir des résultats complets. Il m'est arrivé cent fois d'apprendre par mes agens que tel individu conspirait contre l'État; que des armes, des projectiles, des listes de conjurés étaient cachés dans certaines parties secrètes de son logement : j'apprenais en même temps la distribution des lieux, les issues pratiquées, les habitudes de la personne signalée. Je savais quel jour, à quelle heure on pourrait la trouver sûrement, et faire chez elle une perquisition utile; je savais sous quel nom il fallait quelquefois la demander pour ne pas donner l'éveil. Eh bien, lorsque ces renseignemens se rattachaient à une affaire dont la justice était déjà saisie, je ne pouvais plus agir qu'en vertu de mandats délivrés par le juge d'instruction. Je communiquais donc au procureur du roi les faits parvenus à ma connaissance, du moins la partie de ces faits que je pouvais indiquer sans exposer le révélateur à se voir découvert; car on sait que tous les actes judiciaires peuvent tomber dans le domaine de la publicité; que les avocats prennent connaissance, dans le cours de l'instruction, des dossiers de leurs cliens, et l'on doit comprendre le danger qu'il y aurait eu de joindre à ces dossiers des renseignemens propres à désigner celui qui les avait fournis; on l'eût découvert d'autant plus aisément, que, parfois, un seul individu était dans la confidence des particularités dont il m'avait instruit. Je me bornais à informer la justice des choses principales sans y ajouter les détails de nature à dévoiler mes agens.

Qu'advenait-il de la marche suivie au parquet? On lançait des mandats et on les envoyait à mon insu à des commissaires de police. Ceux-ci obéissaient; mais, dans l'ignorance des notions spéciales connues de moi seul, leurs opérations étaient infructueuses et elles avaient l'inconvénient de donner l'alarme aux inculpés, de les mettre en garde contre les démarches de la police et de rendre les investigations nouvelles plus laborieuses et plus incertaines. Il résultait encore de ce système défectueux des retards inévitables, lorsque le même commissaire, occupé d'une autre mission d'après mes ordres, se voyait forcé de négliger ses devoirs envers l'administration, ou de surseoir à l'accomplissement de ceux qu'on lui imposait en dehors de ses fonctions administratives. De là naissaient des complications qui me privaient parfois de ceux de mes subordonnés sur l'assistance desquels je devais pouvoir compter à toute minute. Ajoutons que les commissaires n'ont pas à leur disposition les agens nécessaires pour les seconder; qu'ainsi, privés tout à la fois des indications particulières à chaque affaire et du personnel indispensable à leurs expéditions, ils ne pouvaient souvent, dans les actes les plus essentiels, que réussir imparfaitement lorsqu'ils n'échouaient pas tout-à-fait.

Ces inconvéniens se reproduisaient chaque jour, aussi bien pour les questions d'ordre civil que pour celles concernant la politique. J'ai vainement réclamé l'adoption d'un mode plus efficace, plus rationnel, en faisant sentir tous les avantages de l'unité de direction, et ressortir les déceptions fréquentes qu'entraînaient ces espèces de tiraillemens; la centralisation est, à mon avis, un puissant levier dans l'administration des affaires publiques : disposant de toutes les forces pour les répartir ou les réunir en faisceau suivant les besoins, elle en combine les élémens pour en faire l'application intelligente dans la limite des nécessités ; par ce moyen tout se meut, tout se coordonne, tout se classe dans une juste proportion avec l'importance et l'urgence des choses auxquelles il faut pourvoir.

Mais si l'on ne peut nier les bénéfices de la centralisation dans l'action gouvernementale, il serait plus étrange encore d'en méconnaître l'utilité pour la bonne administration de la police.

Voilà pour quelles raisons je désirais que, renonçant à cette habitude de relations directes avec mes subordonnés, on ne leur transmît des ordres que par mon intermédiaire, afin que je pusse rendre moins éventuelle la réussite des démarches.

Malgré ma persévérance à solliciter cette réforme, malgré l'appui même que M. Persil, procureur général, donnait à mes instances, je n'ai pu obtenir que des améliorations partielles et temporaires.

L'évasion de Pepin fut une conséquence des erremens vicieux que je ne cessais de blâmer. La position toute exceptionnelle du commissaire Milliet pouvait même, jusqu'à un certain point, lui servir d'excuse : j'ai dit qu'il était depuis un mois à la disposition exclusive des pairs instructeurs et des membres du parquet, auxquels seuls il rendait compte de ses actes ; circonstance qui explique comment il avait pu se familiariser avec la pensée d'une indépendance momentanée à l'égard de mon administration, et qui, toutefois, ne saurait justifier son imprévoyance.

Essayant de donner le change sur les motifs de sa fuite, Pepin fit publier, le 1er septembre, une lettre adressée par lui à M. Pasquier, dans laquelle il disait en substance que son évasion avait pour unique objet d'éviter les dangers d'une longue détention préventive, où sa santé déjà altérée aurait eu trop à souffrir; il déclarait ne pas vouloir se soustraire à la justice ni à la juridiction de la Cour des pairs, promettait de ne point quitter Paris, de se présenter quand la Cour des pairs l'ordonnerait, et il insistait vivement, en termes fort touchans, pour la mise en liberté de sa femme.

La commission d'instruction répondit à cette lettre en notifiant au domicile de Pepin l'ordre de se constituer immédiatement prisonnier.

Cependant Pepin se cachait avec plus de soin que jamais, et pendant quinze jours de faux avis, des confidences trompeuses, variées et multipliées quotidiennement par ses amis pour faire perdre ses traces, donnaient lieu à des explorations toujours décevantes.

Vers le 15 septembre, j'eus enfin un premier indice de sa retraite dans les environs de Lagny; je connaissais l'intimité de ses rapports avec le sieur Collet, meunier de cette ville, et je ne fus nullement étonné d'apprendre que Pepin avait trouvé asile et secours auprès de lui.

J'envoyai tout de suite à Lagny une brigade de mes inspecteurs les plus intelligens; mais, quelques précautions qu'ils eussent prises pour colorer leur voyage de divers prétextes, et pour n'exciter aucun soupçon, la présence d'hommes étrangers à la localité suffit pour inspirer des inquiétudes à Pepin, qui chercha un refuge ailleurs. Ce fut pour moi un nouveau désappointement, et j'entrevoyais l'extrême difficulté de parvenir à la solution désirée. Je présumais que Pepin, dûment averti par un premier danger, n'aurait pas eu l'imprudence de prolonger son séjour dans un canton où déjà on l'avait aperçu, et qu'il aurait passé la frontière avant que l'on eût retrouvé ses traces.

La nouvelle de son embarquement et de son arrivée à l'étranger, nouvelle insérée à plusieurs reprises dans les feuilles de l'opposition, avec des variantes et des commentaires, acquérait de la probabilité du moment où Pepin avait pu reconnaître que les environs de sa retraite étaient devenus l'objet d'une surveillance active.

Quoi qu'il en soit, une démarche faite par M. Collet, dans le but de conférer avec MM. Carrel et Garnier-Pagès pour leur demander des conseils sur le parti auquel Pepin devait s'arrêter, seconda puissamment, par un bizarre concours de circonstances, les recherches de la police : M. Collet n'ayant trouvé ni M. Garnier-Pagès, ni M. Armand Carrel, crut pouvoir révéler le motif de sa visite à quelques personnes qu'il rencontra dans les bureaux du *National*. Bientôt par ricochet j'en fus instruit, et je fis ce raisonnement bien simple : Puisque M. Collet s'est chargé d'une mission dans l'intérêt de Pepin, c'est qu'il peut communiquer aisément avec lui; donc Pepin doit habiter les environs de Lagny, et se cacher chez quelque républicain ami de M. Collet.

L'évasion de ce prévenu paralysait la procédure, et l'on attachait plus que jamais une haute importance à son arrestation. Fieschi avait parlé... Après quarante jours de réticences, après avoir employé toutes les ruses de son esprit pour celer la vérité, ce grand coupable, fasciné par l'ascendant que l'honorable M. Lavocat exerçait sur lui et par l'influence et les conseils de M. Bouvier, directeur de la prison centrale d'Embrun, s'était enfin décidé, le 11 septembre, à faire des aveux complets et à déclarer tous les faits à la charge de Pepin et de Morey.

Il est inutile de reproduire le long interrogatoire et les révélations de Fieschi; l'on ne pourrait y voir que la confirmation explicite des circonstances que j'ai résumées, c'est-à-dire tout ce qui constate la coopération de Pepin et de Morey, et la part qu'ils avaient prise aux actes antérieurs à l'exécution du crime.

La vigilance de mon administration était donc encore stimulée par l'immense gravité de cette affaire, par la connaissance de la situation que je viens d'exposer, et par les pressantes instances des hauts fonctionnaires de l'État.

J'en conférais chaque jour avec M. Thiers; et lorsqu'il apprit l'incident relatif à la démarche faite par le sieur Collet, il pensa comme moi qu'elle pouvait nous mettre sur les traces de Pepin, et qu'il n'y avait pas un moment à perdre pour tenter un effort décisif afin de s'emparer de lui.

Mais à quel homme assez discret, et investi d'une assez grande autorité, pouvait-on confier une semblable mission? La moindre indiscrétion, la moindre imprudence, la moindre hésitation pouvait tout compromettre : il fallait un homme en position de se faire seconder et obéir par les autorités locales d'un département où mes subordonnés étaient sans pouvoir, un homme en état d'adopter une résolution, de la changer suivant l'opportunité, et de prendre sur lui toute la responsabilité de ses ordres, sans être renfermé dans les limites d'une consigne rigoureuse; il fallait plus, il fallait que le chef de l'expédition inspirât assez de soumission et de respect pour qu'aucun de ses auxiliaires n'osât lui demander quels étaient ses intentions et son but. Ayant pesé ces diverses considérations, je me déterminai à diriger moi-même l'opération projetée, et je l'annonçai à M. Thiers, qui en parut fort content.

Personne ne fut mis dans la confidence; M. Thiers et moi restâmes seuls maîtres du secret de mon excursion. Je simulai une partie de chasse pour le 24 septembre, et je partis dans la soirée du 20, donnant ordre à deux officiers de paix de se rendre à Meaux, d'y être avant minuit avec douze inspecteurs, les prévenant que là ils recevraient des instructions de ma part, et laissant échapper à dessein quelques mots qui pouvaient faire supposer une destination bien différente de la réalité.

Arrivé à Meaux vers neuf heures du soir, je fis rassembler à la hâte quatre brigades de gendarmerie, les plus rapprochées de cette ville. A minuit, tout le monde se trouvant réuni, nous partîmes pour nous rendre à Couilly, gros village situé entre Lagny et Meaux. Le sous-préfet de Meaux et le commandant de la gendarmerie m'accompagnaient. Je présumais, d'après les notions vagues recueillies sur l'asile de Pepin, que c'était entre ce village et Lagny qu'il avait choisi sa retraite. A une heure du matin, nous étions à Couilly. Je me rendis chez le maire de cette commune pour lui demander les informations dont j'avais besoin sur les localités environnantes et sur les personnes qui les habitaient; le résultat de cette conférence me permit de composer une liste de douze habitations qui, en raison de leur emplacement et de l'opinion de leurs propriétaires, pouvaient plus que d'autres avoir été préférées par Pepin.

Je fis ensuite un classement de ces maisons, suivant qu'elles me parurent présenter plus ou moins de chances de succès dans mes recherches. La ferme de Bellesme y figurait en première ligne, parce qu'elle était isolée, adossée à un petit bois, et occupée seulement par trois personnes.

Mon intention était qu'on fouillât le plus grand nombre possible de ces habitations avant le jour, et avec assez de promptitude et de soin pour que l'alerte ne pût être donnée de l'une à l'autre ; mais comme il ne m'était pas possible, n'ayant qu'une trentaine d'hommes à ma disposition, d'investir plusieurs points à la fois, j'ordonnai de commencer par Bellesme.

Laissant ma voiture à Couilly, je partis à pied, me faisant suivre par un guide; mais, dans l'obscurité de la nuit, cet homme s'égara et nous fit mettre quatre heures pour un trajet qui n'en comportait pas deux. Le jour commençait quand nous parvînmes près de la maison que l'on devait fouiller la première ; en un clin-d'œil elle fut cernée ; l'on frappa plusieurs fois à la porte, sans que les personnes de l'intérieur voulussent ouvrir ; dès lors on conçut l'espoir d'y trouver le fugitif. Pour ne pas perdre un temps précieux on escalada les murs de la cour, et l'on procéda à une exacte perquisition.

Je questionnai moi-même les sieur et dame Rousseau, tous deux déjà âgés, propriétaires de Bellesme ; ils m'affirmaient n'avoir donné asile à qui que ce soit, lorsque j'entendis crier : Le voilà ! Pepin était arrêté ; on venait de le découvrir dans une cachette pratiquée derrière son lit. Entré dans sa chambre, je le vis presque nu et tellement troublé, qu'il divaguait complétement ; il disait entre autres choses : « Que me veut-on ? Pourquoi vient-on me » déranger ? Je n'ai rien fait ; je ne me cachais » pas..... » A quoi je répondis : J'ai eu pourtant

beaucoup de peine à vous trouver, monsieur Pepin. Au surplus, habillez-vous ; prenez ce qui vous est nécessaire, et suivez ces messieurs qui vous conduiront à Paris. J'expédiai sur-le-champ un gendarme pour annoncer cette nouvelle à M. Thiers. Le même jour Pepin était réintégré à la conciergerie. On avait saisi parmi ses effets une somme de 940 francs, presque toute en or, un volume broché des œuvres de Saint-Just, quelques papiers sur lesquels étaient indiqués plusieurs itinéraires, savoir : de Paris à Rouen, de Rouen à Dieppe, de Lagny à Boulogne, et une notice des visites domiciliaires infructueusement faites par l'autorité pour la recherche des complices de Fieschi, notice extraite du *National* du 16 août 1835, contenant les noms des personnes chez qui ces visites avaient eu lieu. Pepin, questionné ultérieurement à ce sujet, répondit que, s'il eût quitté la France, les habitations des individus désignés auraient pu lui servir comme d'étape pour atteindre la frontière. On a également saisi en sa possession une lettre écrite par lui-même, datée du 20 septembre, adressée au rédacteur du *Messager des Chambres*, par laquelle il annonçait l'intention de se constituer prisonnier à Sainte-Pélagie le samedi suivant, 26, à sept heures du soir : «J'espère cette fois, disait-il, qu'on me
» laissera dans ce lieu de détention, et que l'on re-
» mettra en fonction le commissaire de police sous
» les ordres duquel je me suis évadé.»

Cet argent, le bagage dont Pepin était pourvu, ces papiers ne prouvent-ils pas suffisamment qu'il était prêt à entreprendre un long voyage? Il se flattait probablement de pouvoir profiter de l'erreur où sa lettre aurait jeté l'administration pour se mettre en route, et il espérait sortir de France pendant qu'abusée par la promesse qu'il faisait de se constituer prisonnier, l'autorité publique ne le chercherait que dans un rayon voisin de la capitale et avec moins d'activité.

Pepin, né à Remy, département de l'Aisne, en l'année 1800, s'était signalé depuis 1830 par son hostilité au gouvernement de juillet ; il s'était affilié à la société des *Droits de l'homme*, et faisait partie de la même section que Morey ; on assure même qu'il en était chef ou sous-chef. Le procès-verbal manuscrit, portant sa signature, d'une séance présidée par lui, constate qu'il y jouait un rôle actif.

Il avait quitté le 8e arrondissement à la suite de la révolte de juin 1832, pour se soustraire au ressentiment de ses voisins, qui l'accusaient d'avoir fait feu sur la garde nationale, et il ne reprit possession de sa boutique, faubourg Saint-Antoine, n° 1, que pendant le mois de janvier 1835.

D'après une déclaration de Fieschi, l'on était fondé à penser que Pepin avait eu quelques rapports avec Cavaignac et Guinard, au sujet de l'attentat du 28 juillet. Interpellé à cette occasion, voici en quels termes Fieschi s'en est expliqué :

« Il s'agissait de se procurer des fusils. Pepin,
» d'abord sans nommer personne, dit qu'il savait
» quelqu'un qui pourrait en procurer; plus tard il
» s'expliqua : c'était *Cavaignac*, alors détenu à
» Sainte-Pélagie, qui, selon Pepin, connaissait
» quelqu'un qui avait des fusils en dépôt; mais
» voyant qu'il n'y avait pas de revue annoncée pour
» le 1er mai, Pepin ne demanda point de fusils, et
» nous *dîmes*, continue Fieschi : *attendons en juillet.*
» Vers cette époque, Pepin obtint sous un faux nom
» une permission pour aller voir Cavaignac; il ra-
» conta à Fieschi qu'en parlant à *Cavaignac de*
» *cette affaire*, il lui avait dit qu'il avait besoin de
» vingt à vingt-cinq fusils, et qu'il fallait que Ca-
» vaignac fût assez discret pour ne pas demander
» à quel usage ils devaient servir. *Cavaignac* aurait
» répondu qu'il attendait quelqu'un qui le devait
» venir voir et qu'il en parlerait. On n'eut pas de
» réponse.

» Quand Pepin allait à Sainte-Pélagie pour voir
» *Cavaignac,* il voyait aussi *Guinard.* Pepin écrivit
» vers ce temps-là à Cavaignac une lettre signée
» d'un nom qui n'était pas le sien; il y demandait
» à celui-ci si *l'homme* pouvait compter sur la re-
» mise prochaine des 20 *ou* 25 *francs*, parce qu'il
» n'attendait que cela pour *partir.* Ces 20 ou 25
» francs, c'étaient les fusils nécessaires au service
» de la machine. J'ignore, dit Fieschi, si Pepin
» avait confié *l'affaire à Cavaignac,* mais c'est ma

» *pensée*, et je crois que c'est pour ce *motif qu'a*
» *été résolue l'évasion de Sainte-Pélagie, puisqu'elle*
» *a eu lieu peu de jours avant les fêtes. Ma pensée à*
» *moi au sujet de Cavaignac, de Guinard et des*
» *autres évadés, est que, s'ils ne sont pas sortis de*
» *France au moment de leur évasion, c'est qu'informés*
» *par Pepin de ce qui devait se passer, ils devaient*
» *rester à Paris pour attendre l'événement.* »

Pepin, interrogé à son tour sur ces relations, les a d'abord niées d'une manière absolue, ensuite il a reconnu avoir fait quelques visites à Guinard et à Cavaignac; et en ce qui touche la lettre écrite pour réclamer les canons de fusil auxquels il aurait fait allusion par les mots *vingt ou vingt-cinq francs*, Pepin a dit qu'il n'était pas impossible qu'il eût demandé de l'argent à *Cavaignac*, parce que dans le temps il lui en avait prêté, et que Cavaignac était encore son débiteur d'environ 500 francs, ajoutant toutefois qu'il ne lui restait aucun souvenir d'avoir écrit dans ces termes.

L'on n'a pas pu approfondir davantage l'espèce de mystère que cache cette partie des aveux de Fieschi; et s'il m'est permis d'exprimer une opinion sur cette matière délicate, je dirai qu'à mon avis, Pepin ne s'est jamais ouvert entièrement à MM. Guinard et Cavaignac; qu'ils furent entièrement étrangers à l'attentat; mais que les semi-confidences de Pepin ont pu suffire pour leur donner le pressentiment de quelque grande commotion prochaine, et qu'ils ont pu se tenir en mesure d'en faire profiter leur parti.

Malgré les dénégations de Pepin, Fieschi répéta en sa présence toutes ses précédentes déclarations, il les confirma encore par de nouveaux détails et de nouvelles preuves, portant le cachet de la vérité. Le système de Pepin était pulvérisé par la multiplicité des souvenirs de Fieschi, et par l'accablante précision avec laquelle il rappelait tout ce qui s'était passé entre eux.

Dans un de ses derniers interrogatoires, on faisait observer à Fieschi qu'en raison de la disparate qui semblait exister entre l'énergie de son caractère et ce qui apparaissait du caractère de Pepin et de Morey, on ne pouvait s'expliquer comment l'influence de ces deux hommes l'avait déterminé à l'accomplissement de son attentat. Je vais transcrire la réponse de Fieschi, elle doit être pesée. Pour bien en apprécier la portée, il faut se mettre autant que possible au point de vue de l'homme qui parle, s'identifier momentanément avec son organisation, sa manière de sentir, de juger les choses, en un mot avec sa personnalité tout entière. En pareille matière on s'égarerait infailliblement si l'on appréciait les actes et les paroles d'après les préceptes de la logique ; il est des êtres humains qui semblent créés en dehors des règles communes et qui échappent à leur application.

« J'avais donné, dit Fieschi, ma parole à Pepin
» et à Morey : je leur avais des obligations depuis
» que j'étais poursuivi, et le rang d'un homme
» n'est pour moi d'aucune considération quand il
» s'agit de tenir une parole donnée. Si je n'avais
» été leur débiteur que d'une somme d'argent,
» j'aurais pu m'acquitter; mais il s'agissait d'une
» dette de cœur. Toutefois, ayant mieux connu
» Pepin, qui faisait le républicain, et qui était
» aristocrate, qui n'avait pas eu le courage de met-
» tre le feu à la traînée de poudre que nous avions
» faite pour l'expérience de notre machine, qui
» était dominé par son intérêt, et qui avait livré
» notre secret à un jeune homme tel que Boireau,
» venu à cheval à sa place sur le boulevard, le 27
» juillet au soir, en face de ma croisée, pour l'a-
» justement des canons; si j'avais eu ce qui m'é-
» tait dû par Isidore *Janot* et *Salis*, je me serais
» libéré envers Pepin, et j'aurais été heureux de
» renoncer à mon projet.[1] »

Quelle que fût en apparence la sincérité de
Fieschi, on ne devait pas, dans un cas aussi grave,
admettre ses déclarations sans un examen scrupuleux; aussi eut-on soin de l'avertir que la justice
ne demandait pas des coupables, mais la vérité
avant tout; que ce serait l'offenser et non la satisfaire, si l'on désignait à ses poursuites des hommes

---

[1] Interrogatoire de Fieschi, 13 octobre 1835.

innocens du crime qu'elle était chargée de punir. On représenta également à Fieschi que Pepin avait nié tous les faits articulés à sa charge, et qu'il lui reprochait amèrement de vouloir perdre un père de famille. On a engagé Fieschi à réfléchir consciencieusement au résultat des terribles accusations qu'il avait portées contre Pepin. Fieschi a fait une réponse solennelle dont il a exigé l'insertion entière au procès-verbal de ses interrogatoires. Je crois devoir la reproduire. Ce sont là des paroles prononcées en quelque sorte au moment suprême, et qui portent le cachet de la vérité : la perversité ne va pas jusqu'à inspirer à un scélérat le désir d'un crime inutile, alors qu'il est prêt à disparaître de cette vie ; elle ne va pas jusqu'à lui souffler les inspirations d'un génie infernal pour ajouter à des forfaits consommés un forfait plus horrible encore.

Voici comment Fieschi s'est exprimé :

« Je désire que l'on écrive ma réponse textuelle,
» sans s'occuper des formes de mon langage, afin
» que ce soit exactement consigné au procès-verbal.

» Je jure devant la face de Dieu et des hommes,
» sur le tombeau de mon père, que tout ce que j'ai
» dit, à l'égard de mes complices, est la vérité, et
» je le proteste en présence de la nation entière.
» Ce n'est point en demandant ma grâce à aucun
» magistrat, depuis le président et les ministres
» jusqu'aux juges d'instruction; car, du commen-

» cement, je ne l'aurais pas fait au roi lui-même.
» Si toutes les couronnes du monde fussent venues
» me parler pour avoir ces révélations, elles n'au-
» raient pas eu un plus heureux succès, puisque je
» préférais mourir sous le nom de Girard, dans l'es-
» poir de ne pas être connu.

» Ce n'est point par faiblesse, ni par défaut de
» forces physiques ou morales, ni par promesses
» d'argent, ni, je le répète, pour ma grâce que j'ai
» fait ces révélations consciencieusement. C'est un
» homme venu sur mon chemin, que je connaissais
» depuis long-temps, et qui avait été mon bienfai-
» teur ; c'est par la reconnaissance que je devais à
» M. Lavocat, malgré qu'il y avait onze mois que
» je ne l'avais pas vu, que je me suis décidé à par-
» ler. M. Lavocat a rendu encore un autre service
» à son pays, quelle que soit l'étendue des malheurs
» qui aient pu arriver et que j'ignore. La présence
» de M. Lavocat, que j'ai reconnu de loin, causant
» avec M. Panis, pendant que j'attendais le cor-
» tége, fut cause que je me dis à moi-même : *Te
» voilà, mon bienfaiteur ; ta vue me fera manquer
» mon projet !* Aussitôt, je mis ma main aux deux
» écrous, l'un après l'autre, je baissai ma méca-
» nique de quatre à cinq pouces environ, c'est-
» à-dire les culasses, ce qui fit changer la direction
» des bouches, en les élevant, ou même en les obli-
» quant. La vue de cette 12ᵉ légion, composée de
» gens au milieu desquels j'avais vécu pendant

» quatre ans, me fit aussi sentir ce qu'il y avait de
» criminel à faire feu sur des hommes avec les-
» quels j'avais bu et mangé; mais je répète que
» l'homme qui s'était emparé depuis long-temps de
» mon caractère et de mes sentimens, c'est M. La-
» vocat, dont la présence me troubla au point que
» je n'étais plus capable de reconnaître une per-
» sonne sur la chaussée. J'eus la pensée alors d'al-
» ler me jeter à ses pieds, de lui avouer mon pro-
» jet criminel. En donnant audience à mes réflexions,
» je me dis : *Quand je t'aurai avoué mon projet, que
» feras-tu ? me feras-tu partir à l'étranger ? Depuis
» onze mois que je ne t'ai vu, l'absence, c'est la mère
» de l'oubli !*........... Pas moins, je me suis décidé
» à descendre et à me jeter à ses pieds. J'ai traversé
» trois chambres; mais comme j'avais barricadé
» mes portes, pendant que je m'occupais à sortir
» les planches, j'entends un roulement; je reviens
» sur mes pas; j'aperçois la 12ᵉ légion qui chan-
» geait de position. Je perdis de vue mon bienfai-
» teur, mais je n'en restai toujours pas moins
» troublé.

» Il me vint à l'esprit que Pepin et Morey savaient
» que je devais exécuter mon projet; je leur avais
» donné ma parole, et je me dis : *Il vaut mieux
» mourir que de survivre à la honte d'avoir promis,
» puis de faire le lâche;* car j'aurais été traité de
» lâche et d'escroc, malgré que je n'eusse reçu que
» 40 francs environ, en dehors des frais, pour tous

» les achats qu'il avait fallu faire. Dans cet inter-
» valle, j'aperçus le cortége en face de Franconi;
» je me dis alors : *Quel malheur vas-tu faire!* et
» moi-même, je me sens bien coupable d'avoir fait
» ces réflexions, et de n'en avoir pas moins exécuté
» mon projet ; d'avoir réfléchi que j'aurais pu tuer
» tant de généraux qui n'ont point d'autre fortune
» que leurs appointemens, qui avaient gagné leurs
» grades sur les champs de bataille, en combattant
» pour leur pays, sous les ordres du grand Napo-
» léon. Ces généraux ont des enfans à élever, des
» filles à marier, qu'ils auraient pu doter avec leurs
» appointemens : privés de leur père, ces enfans
» n'auraient pu être élevés ni dotés. Pendant que
» je faisais ces réflexions au pied de ma mécanique,
» le roi continuait sa marche, et il arriva près du
» grand arbre en face, environ trente ou trente-
» cinq pas hors la direction de mes canons. J'aper-
» çus même un général avec une écharpe rouge, qui
» avait, autant que je me le rappelle, franchi la di-
» rection de mes canons; je ne songeai plus à réta-
» blir la direction de ma mécanique, je fis un pas
» pour prendre un tison à la cheminée; la distance
» était d'environ un mètre cinquante centimètres ;
» je mis le feu. J'ignore ce qui en est résulté.

» Quand les ministres sont venus me voir dans
» ma prison, je leur ai dit en présence de M. La-
» vocat, que si j'avais des révélations à faire je ne
» les ferais qu'à lui; que tout ce que je lui dirais

» serait l'exacte vérité; je l'ai dite même à mon
» préjudice comme au préjudice de ceux qui m'a-
» vaient fourni la farine pour faire le pain. J'ai un
» dernier vœu à exprimer : ce que vous écrivez doit
» me survivre; il faut que ces papiers soient lus et
» servent d'enseignement à ceux qui seraient ten-
» tés de faire comme moi; qu'ils prennent des
» gants avant de m'imiter.

» J'ignore si Pepin ou Morey parlent, mais moi
» je déclare de nouveau que je dis la vérité. Les
» premières révélations que j'ai faites étaient in-
» complètes, mais ce que je disais n'était pas
» moins vrai.... J'ai été touché des visites de M. La-
» vocat, des bontés qu'il m'a témoignées dans mon
» malheur; je sais qu'il est attaché au gouverne-
» ment, et j'ai cru faire à la fois une chose agréable
» à mon bienfaiteur et utile à la nation et au roi,
» en lui révélant la série des circonstances qui m'a-
» vaient excité à réaliser mon crime. »

Dire la vérité est le premier devoir d'un accusé, reprit le juge d'instruction. La justice ne saurait croire que par complaisance pour une personne quelconque vous auriez fait de si graves déclarations; elle vous invite de nouveau à dire si les aveux que vous avez faits sont en tous points conformes à la vérité, ou s'ils ne seraient que le résultat d'une combinaison de votre part.

« Quels que soient les services qu'ait pu me ren-
» dre M. Lavocat, quel que soit mon dévouement

» pour lui, dévouement dont je lui ai donné des
» preuves dans les événemens de juin 1832 et d'avril
» 1834, jamais, répliqua Fieschi, ma complaisance
» n'aurait pu aller jusqu'à trahir la vérité dans des
» circonstances aussi graves, et quand mes déclara-
» tions peuvent avoir des conséquences aussi extrê-
» mes. »

Le 30 janvier 1836, l'instruction de l'affaire étant terminée, Fieschi, Pepin et Boireau furent transférés à la prison du Luxembourg. Morey qui, en raison de son état maladif, était depuis plusieurs mois à l'hospice de la Pitié, fut également conduit à cette prison. On y transportera de même un sieur Bescher, prévenu de complicité, et dont je n'ai encore rien dit parce qu'aucune charge sérieuse ne s'élevait contre lui et que dès les premières audiences on abandonna tacitement l'accusation en ce qui le concernait.

On les enferma tous les cinq dans des chambres construites spécialement pour eux par les ordres de M. Thiers, au centre du bâtiment où les accusés d'avril avaient été détenus. Au moyen des travaux exécutés, ces chambres présentaient plus de garanties contre les chances d'évasion que les cachots les plus solidement construits.

Les débats s'ouvrirent le lendemain devant la cour des pairs. Cent soixante-dix-sept pairs étaient présents. Fieschi déclara être âgé de quarante-cinq ans, Pepin de trente-cinq, Morey de soixante-un, et Boireau de vingt-cinq. Dans l'interrogatoire que subit Fieschi en présence de la cour, il répéta ses précédens aveux; j'y remarque plusieurs faits dont je n'ai point encore parlé, et qu'il est pourtant utile de faire connaître; il rappela que Pepin s'était écrié un jour : « Quoi! il y a tant d'hommes » qui, pour 1,000 francs, se font condamner à per- » pétuité, et nous n'en trouverons pas un qui veuille » nous débarrasser d'un monstre comme Louis- » Philippe! » Qu'une autre fois Pepin avait dit : *Ceux qui sont de la monarchie déchue ou de la monarchie actuelle doivent tomber les uns comme les autres; il faut que leurs têtes roulent dans les rues comme des pavés.* Il déclara aussi que le 20 ou le 21 juillet une réunion eut lieu entre Pepin, Morey et lui, sous les arches du pont d'Austerlitz, pour concerter tout ce qui avait rapport à l'attentat, à l'acquisition des canons de fusil, et que le lendemain Pepin lui fit remettre par Morey l'argent nécessaire à cette dépense.

Pendant le cours des débats, Fieschi ne se démentit pas un seul instant; il montra toujours ce caractère résolu, ce mépris de la mort, et surtout cet orgueil excessif, insensé, qui semble avoir été le principal mobile de son crime. Il prenait à l'audience une pose théâtrale, répondait avec aplomb et catégoriquement à toutes les demandes, et ne cherchait nullement à atténuer, en ce qui le touchait, l'atrocité de son action. Quoiqu'il se montrât très-explicite à l'égard de Morey et de Pepin, il était évident qu'il cherchait à ménager Boireau; il en donnait lui-même pour raison le jeune âge et l'inexpérience de cet accusé.

Quant à Morey, il se renfermait dans un système de dénégation et de mutisme presque continu.

Pepin compromit encore davantage sa position à force de pusillanimité et de maladresse. Cet homme dont nous verrons bientôt se révéler la résolution et le courage, croyant se sauver à l'aide de subterfuges, de petites ruses, ne montrait ni la sincérité, ni cette contenance digne qui éveillent l'intérêt, ni l'habileté hardie d'un imposteur qui se flatte d'en imposer à la justice.

Boireau, après avoir mis d'abord en évidence un caractère déjà perverti par les plus détestables doctrines et peu propre à lui concilier l'indulgence de ses juges, parut revenir graduellement à des sentimens meilleurs. L'influence de sa mère le détermina à manifester quelque repentir et à mettre plus de franchise dans ses paroles. C'était peut-être le seul moyen d'échapper à une condamnation capitale, et Boireau, libre maintenant en vertu de la dernière amnistie[1], peut rendre grâce à la sollicitude maternelle des sages conseils auxquels il doit d'être rentré dans la société.

Il a été plusieurs fois question des rapports accidentels de Pepin avec M. le prince de Rohan,

[1] Je veux parler de l'amnistie proclamée en 1840, peu de jours après l'avénement du ministère Thiers.

mais l'instruction et les débats ont établi qu'il s'agissait entre eux de choses entièrement étrangères à l'attentat.

Il n'en a pas été ainsi au sujet d'un voyage entrepris par Pepin dans le mois de juin 1835. L'on est resté à peu près convaincu, au contraire, que cette excursion avait un but politique, et que l'intention de Pepin était de disposer les chefs du parti républicain dans quelques départemens à proclamer la république, quant ils recevraient la nouvelle de la mort du roi. Donc Pepin agissait un mois d'avance dans la prévision de la catastrophe.

Une circonstance vint donner encore plus de crédit à cette version : Boireau avoua que Pepin devait commander le 28 juillet une bande de quarante hommes venus du quartier Saint-Jacques, et en effet Pepin parcourut le quartier Saint-Jacques dans la matinée du 28 juillet.

Quelques paroles de Fieschi donnèrent lieu de penser que Boireau n'était pas non plus étranger au complot de Neuilly, dont je rendrai compte plus tard; les explications de Boireau écartèrent les apparences d'une complicité active; néanmoins nous le verrons figurer avec les accusés principaux, sur les bancs de la cour d'assises, à l'occasion de cet autre procès.

Le 15 février 1836, un arrêt de la cour des pairs condamna Fieschi à la peine des parricides, Pepin et Morey à la peine de mort, et Boireau à vingt ans de détention.

Conformément à l'usage, on avait mis la camisole de force aux trois condamnés à la peine capitale; mais, à la demande de leurs avocats, je m'empresse de la leur faire ôter, ce qui n'empêcha pas *le Messager* de publier, le 19 février, un article des plus violens contre la prétendue cruauté inutile et capricieuse du pouvoir, qui faisait, disait-il, subir à Pepin depuis trois jours des tortures physiques et morales atroces, tandis que Fieschi, objet des égards de l'administration, recevait librement sa concubine à sa table. Ces déclamations étaient doublement injustes, car on avait soumis les trois condamnés au même régime, et Pepin pouvait voir sa femme, ses enfans et son défenseur, toutes les fois qu'il le désirait.

Bien que la camisole de force ne leur eût été mise que momentanément, Fieschi en paraissait très-affecté et disait : « On ne me connaît pas. Si on me » laissait libre et qu'on me donnât rendez-vous » pour demain à la place *Saint-Jacques à dix heu-* » *res du matin, j'y serais à dix heures moins un* » *quart.* » Fieschi par orgueil aurait tenu sa promesse. Il se préoccupait beaucoup de ce que l'on penserait de lui en Corse, et se tourmentait cruellement à l'idée que *Nina Lassave* serait réduite à se prostituer pour vivre.

Deux jours après la condamnation sur la demande écrite de Pepin, M. Pasquier se rendit auprès de lui; l'on présumait que Pepin était enfin disposé à parler avec franchise; il n'en fit rien. Une seconde conférence n'eut guère plus de résultat. Le condamné continuait à protester de son innocence, et dans son aveuglement il n'apercevait pas qu'une sincérité sans réserve lui offrait seule le moyen de se conserver à sa famille.

Dans la soirée du 18 février, l'on prévint les condamnés que l'exécution de l'arrêt aurait lieu le lendemain. Pepin écrivit de nouveau à M. Pasquier et insista vivement pour avoir avec lui une troisième conférence. M. Pasquier s'étant rendu au désir de Pepin, accompagné du procureur général et d'un juge d'instruction, j'attendis jusqu'à près de deux heures du matin au Luxembourg, où je me trouvais avec le ministre de l'intérieur, le retour de M. le président de la chambre. Là j'appris que Pepin avait montré moins de dissimulation. Il déclarait avoir dit à Recurt, à Floriat, à Cavaignac et à Blanqui jeune, que l'on devait tirer sur le roi le jour de la revue; il avouait avoir demandé vingt à vingt-cinq fusils à Cavaignac, sans toutefois le mettre complètement dans la confidence, ajoutant que Cavaignac avait pu conjecturer ce qui devait arriver.

Il disait ensuite qu'il était initié à une société secrète, fort dangereuse, ayant pour but le renversement du gouvernement de juillet, et organisée par les détenus de Sainte-Pélagie. Cette société n'était autre que la société des Familles, dont je parlerai plus tard, et de laquelle est sortie une combinaison nouvelle, dont l'existence s'est révélée par la révolte du 12 mai 1839.

D'après l'impartialité dont je m'impose le devoir, j'enregistre ici les réclamations faites, à quelques jours de là, par MM. Recurt, Floriot et Blanqui jeune, pour contester l'exactitude des aveux de Pepin en ce qui les concernait. Les événemens survenus depuis lors permettent à chacun d'apprécier jusqu'à quel point ces dénégations étaient fondées.

Tandis que Pepin faisait ces dernières communications à M. Pasquier, on le mit en présence de Fieschi. Il était visible que Pepin conservait quelque ressentiment contre celui qu'il regardait avec raison comme la cause première de son malheur. Il lui dit : *Que vous ai-je donc fait, monsieur Fieschi, pour avoir mis tant d'acharnement à me perdre ? Vous savez pourtant bien que j'ai toujours été bon pour vous, et que je n'ai joué qu'un rôle passif dans toute cette affaire.* Fieschi répondit en substance : *Vous avez tort de m'en vouloir, monsieur Pepin; car, au lieu de désirer vous entraîner avec moi dans l'abîme, j'ai sollicité la grâce pour vous et l'échafaud pour moi. Si ma conduite pendant les débats a constaté nos rapports et la part que vous avez prise à l'exécution de mon projet, c'est que dès le moment où je me décidai à dire la vérité, j'ai dû et j'ai voulu la dire toute entière. Il en* est ressorti des charges contre vous ; mais pouvais-je agir autrement? Dès l'instant où mon ancien bienfaiteur (*M. Lavocat*) avait découvert une partie de mon secret, je ne pouvais plus reculer, il fallait tout avouer, ou passer pour menteur ; il fallait augmenter encore la haine et le mépris que mon action devait lui inspirer, ou bien lui prouver par ma franchise et mon repentir que je méritais encore l'intérêt qu'il me portait..... Vous croyez, monsieur Pepin, n'avoir pas eu des torts aux yeux de la loi ; cependant rappelez-vous que toutes les choses furent concertées entre vous et *Morey* avant même que vous m'eussiez vu ; que c'est vous qui m'avez demandé un modèle de la machine, et qui, après l'avoir approuvée, êtes venu avec moi acheter et payer, dans un chantier à la Gare, le bois du châssis. Rappelez-vous que nous avons porté ensemble ce bois, rue de Montreuil, chez le menuisier ; que c'est encore vous qui avez donné six francs pour la façon ; que c'est vous-même, avec *Morey*, qui avez cherché un appartement pour moi et loué celui du boulevard du Temple. Rappelez-vous tous les encouragemens que vous me donniez dans nos conversations ; vous n'avez pas pu les oublier, non plus que l'histoire de la traînée de poudre, la promenade à cheval pour servir à pointer ma mécanique, ni enfin notre dernière conférence au pont d'Austerlitz...

Pepin objecta : C'est justement cette réunion au pont d'Austerlitz que je puis vous citer à ma décharge, car vous savez combien j'hésitais... Ne vous ai-je pas *dit : Cela fera bien des victimes innocentes? N'ai-je pas montré beaucoup de répugnance, et fait comprendre qu'il vaudrait peut-être mieux renoncer au projet que de causer tant de malheurs?* — C'est vrai, répliqua Fieschi ; *vous avez hésité pendant dix minutes, lorsque je demandais l'argent pour l'achat des canons ; je n'insistais pas non plus pour que la chose se fît, mais je voulais une détermination ; et, lorsque je vous ai fait remarquer qu'il n'y avait pas moyen de rester dans l'incertitude, qu'il fallait briser la machine ou la compléter, n'avez-vous pas dit que l'on était trop avancé pour en rester là? Ne m'avez-vous pas recommandé d'acheter les canons et envoyé le lendemain la somme dont j'avais besoin?*

Les deux interlocuteurs se turent, se donnèrent la main en signe de réconciliation et se firent leurs adieux.

A l'approche de l'heure suprême, le caractère de Pepin se montra tout-à-coup supérieur à l'opinion qu'on avait dû en concevoir. Ne pouvant plus trouver dans la marche contrainte et dissimulée qu'il s'était tracée pendant le procès une ressource contre les chances de la condamnation, Pepin apparut alors tel que la nature l'avait fait, plein de résignation et de force d'âme.

Le matin de l'exécution il demanda à déjeûner, et mangea tranquillement une aile de poulet.

Pendant que dans l'intérieur de la prison les exécuteurs faisaient ce qu'on appelle la *toilette des condamnés*, Pepin, debout, regardait avec calme, fumant sa pipe et faisant des questions de détail sur la triste cérémonie. Il continuait à fumer lorsque son tour arriva, et même après qu'on lui eut attaché les mains.

Fieschi parlait avec volubilité, exprimait le désir d'être vu par M. Lavocat au moment fatal, pour que son bienfaiteur jugeât comment Fieschi savait mourir. Après avoir dit qu'il donnait sa tête à M. Lavocat, son âme à Dieu, son corps à la terre, il baisa pieusement le crucifix, embrassa avec effusion l'aumônier et donna l'accolade à ses gardiens.

Quant à Morey, il gardait son impassibilité ordinaire.

Les grilles du Luxembourg étaient fermées; un appareil militaire imposant maintenait le bon ordre sur tous les points environnant le lieu de l'exécution; on plaça les condamnés dans trois voitures qui traversèrent le jardin du Luxembourg. Pepin, quoique privé de l'usage de ses mains, continuait à fumer, et semblait par sa contenance étranger à ce qui se passait. Une foule immense encombrait les abords de la place Saint-Jacques.

Au pied de l'échafaud, M. Zangiacomi, juge d'instruction, fit prévenir Pepin à deux reprises différentes, par un commissaire de police, qu'il avait ordre de faire surseoir à son exécution, dans le cas où ce condamné aurait quelque chose à révéler. Le gouvernement, malgré l'horreur qui s'attachait à la culpabilité de Pepin, était porté à l'indulgence envers lui; sa qualité de père de famille, le défaut d'intelligence qu'on lui supposait, la pensée que Fieschi avait pu exercer sur sa faible organisation une influence satanique, semblaient rendre moins impérieux le besoin d'un grand exemple; on aurait souhaité qu'un motif plausible permît de faire une exception en faveur de Pepin, et c'est dans cette vue qu'on insista jusqu'au bout, afin de le déterminer à parler franchement, ou du moins à déclarer qu'il pouvait encore faire quelques révélations. Si Pepin eût voulu saisir la planche de salut que lui tendait une main secourable, il serait maintenant rendu libre à sa famille; mais il est des hommes que la fatalité semble poursuivre et qu'un jugement faux égare dans les plus grandes actions de la vie! Pepin ne sut montrer qu'une astuce maladroite et de la faiblesse, lorsque son intérêt aurait exigé de la loyauté et de l'énergie; et quand la présence de la mort devait lui faire saisir avidement le moyen de la repousser, il s'arma d'un courage stoïque et n'eut pas même l'heureuse inspiration d'accepter le délai offert. Gagner du temps, c'était tout pour lui; la société, satisfaite par le supplice de Fieschi et de Morey, n'aurait jamais demandé celui de leur complice : on ne livre pas deux fois un coupable à la main du bourreau

L'obstination de Pepin lui fit repousser les instances de M. Zangiacomi. Le condamné répéta qu'il n'avait rien à dire, qu'il mourait innocent, victime d'infâmes machinations... Il n'y eut plus alors moyen d'empêcher le cours de la justice; Pepin fut exécuté le premier.

Morey lui succéda. Comme il marchait avec peine pour arriver à la terrible bascule, il dit aux hommes qui le menaient : « Soutenez-moi un peu; » la tête et le cœur vont encore, mais les jambes ne » vont plus. »

Fieschi monta avec pétulance les marches de l'échafaud, prit l'attitude d'un orateur, et d'une voix assurée il s'écria : « *Je vais paraître devant Dieu!* » *J'ai dit la vérité. Je meurs content. J'ai rendu ser-* » *vice à mon pays en signalant mes complices. J'ai dit* » *la vérité, point de mensonge, j'en prends le ciel à* » *témoin; je suis heureux et satisfait. Je demande* » *pardon à Dieu et aux hommes, mais surtout à Dieu.* » *Je regrette plus mes victimes que ma vie.* »

Pepin et Morey devinrent bientôt l'objet d'une espèce de culte de la part de quelques fanatiques : on voyait chaque jour des républicains aller processionnellement déposer des fleurs, des couronnes d'immortelles sur leurs tombes, et y graver des inscriptions. De telles démonstrations étaient trop inconvenantes pour qu'on pût les tolérer. Je fis arrêter plusieurs des individus qui les renouvelaient quotidiennement, entre autres la demoiselle Grouvelle, condamnée à cinq ans de prison en 1837, à raison de sa complicité avec Hubert. Elle s'était fait remettre quelques lambeaux des vêtemens encore imprégnés de sang de Pepin et de Morey, des mèches de leurs cheveux et les cordes qui leur avaient lié les mains; elle conservait religieusement ces objets comme des reliques, mais les familles les réclamèrent, et j'en fis opérer la restitution.

Si l'on veut connaître, au surplus, l'opinion intime de nos artisans de trouble sur l'épouvantable crime du 28 juillet et sur les hommes que la loi venait de frapper, on n'a qu'à lire une pièce émanée de l'un des coryphées de la faction, et dont je vais offrir une copie.

Écrit saisi en 18.. au domicile d'un sieur Gay, qui parut en justice à l'occasion de la société des Familles, et qui déclara le tenir d'un sieur Marc Dufraisse.

« Si la presse avait de l'intelligence et du cœur,
» elle pourrait, quelque sévère que soit la législa-
» tion qui l'étreint, fonctionner encore aujourd'hui
» avec quelque fruit; mais la presse raisonne, elle
» ne parle plus à l'âme, elle sophistique, elle n'é-
» meut pas, elle veut se faire habile, elle n'a plus
» de passion et partant plus d'influence.

» Il faut de la passion et du sentiment à la
» presse, autrement elle ne vivra pas, autrement
» elle est déjà morte.

» Par exemple, quel rôle a donc joué cette presse
» poltrone et ignorante dans le drame commencé
» le 28 juillet et dénoué d'une façon sanglante?
» Quel écrivain a osé qualifier le fait autrement
» que par le mot attentat? Et cependant, pour qui-
» conque a un peu de morale dans le cœur, un peu
» de foi dans les entrailles, il y avait quelque chose
» à dire. Depuis le commencement jusqu'à la fin,
» la presse n'a eu de courage que pour blâmer, ré-
» prouver et flétrir. Et encore de quel point de vue
» tant soit peu raisonnable a-t-elle jugé cet acte du
» 28 juillet? quelle a été son attitude?

» Ne fallait-il pas d'abord, abstraction faite de
» ses auteurs, apprécier l'acte du 28 juillet, et ne
» pouvait-on pas dire : Le but de ce que vous ap-
» pelez attentat était de détruire Louis-Philippe
» et les aînés de sa race; Louis-Philippe et les aînés
» de sa race sont des contre-révolutionnaires. *Le*
» *premier devoir de l'homme est d'anéantir* ce qui s'op-
» pose au progrès, c'est-à-dire à la révolution;
» donc le fait du 28 juillet avait une fin révolu-
» tionnaire, donc il était moral. Et n'était-il pas
» possible d'asseoir sur cet argument une *justifica-*
» *tion absolue* de l'attentat, et de la *sanctifier* par la
» raison, par le sentiment et la justice?

» Le fait ainsi qualifié en lui-même, indépen-
» damment de l'intention de ses auteurs, venait
» au jour des débats l'heure d'apprécier à leur
» tour la moralité de ceux qui avaient préparé et

» accompli l'acte bien qualifié; alors, faisant à
» chacun sa légitime part, ne pouvait-on pas dire :
» Fieschi est un infâme, *parce qu'après s'être fait*
» *l'instrument salarié d'une action qu'il ne compre-*
» *nait pas, il a dénoncé ses complices*; Fieschi est
» un infâme, parce qu'il a agi sans autre passion
» que celle de l'or, sans autre but peut-être que
» celui de conquérir une célébrité égoïste? Voilà
» en deux mots le thème qu'un journaliste devait
» se faire. Aucun d'eux n'a ainsi fait. »

Arrivait la narration de l'exécution.

« Un journaliste républicain devait représenter
» Pepin rachetant à la fin sa pusillanimité dans
» les débats par une mort ferme et courageuse.

» Fieschi mourant en fanfaron, comme il avait
» vécu de forfanterie.

» Mais c'est encore sur le vieux Morey que
» j'aurais appelé l'attention.

» Eh bien! cet héroïque vieillard, si sublime
» dans l'acte qu'il a prémédité, si sublime dans les
» débats, si impassible au dernier moment, ne s'é-
» tourdissant, lui, ni par de grands mots, ni par
» la fumée d'une pipe, ce vieillard si brave, si bon,
» si généreux, de l'aveu même de l'infâme qui l'a
» fait périr, ce vieillard est mort sans qu'une voix
» de la foule stupide qui l'entourait lui eût lancé
» un mot de consolation, ou plutôt d'admiration,
» et pas un journal n'a fait l'oraison funèbre que
» ce beau caractère a méritée.

» Pepin avait la connaissance de l'œuvre qu'il
» méditait; s'il est coupable d'un crime, c'est d'a-
» voir été lâche pendant les débats. Il pouvait, puis-
» qu'il voulait jouer le rôle d'innocent, protester
» de son innocence avec courage et dignité; mais il
» ne devait pas se laisser dominer par la crainte du
» dénouement.

» Morey! Morey a été sublime d'un bout à l'au-
» tre du drame. Ce vieux prolétaire, concevant l'i-
» dée du régicide, faisant le plan de la machine
» qui doit exécuter son dessein, chargeant les ca-
» nons, les ajustant; ce vieux travailleur, passant
» de son atelier où il gagne son pain au lieu où
» doit s'accomplir son projet, toujours calme, tou-
» jours de sang-froid; ce vieillard souffrant et in-
» firme, soutenant les débats avec une impertur-
» bable impassibilité, entendant son arrêt de mort
» sans rien dire; ce vieux Morey a été sublime. Il
» savait bien ce qu'il faisait, il ne s'est pas démenti.

» Boireau n'avait pas conspiré par passion, mais
» par mode; il n'a plus eu de courage quand il
» fallait, parce que l'on ne meurt pas par mode; il
» s'est laissé séduire; ses révélations sur Pepin
» l'ont déshonoré.

» Ah! mon ami, la tradition révolutionnaire est
» morte dans les cœurs! le peuple n'a pas senti
» tout ce qu'il y avait de saint dans la mort de
» Morey! Le peuple a vu tomber cette tête blanche
» sans frémir! le peuple a peut-être applaudi!

» C'est ainsi que les Juifs raillèrent le Christ sur la
» croix. Quand donc viendra le jour de la réha-
» bilitation? »

COPIE D'UNE LETTRE DE FIESCHI.

Monseur,

Les abitude que la societé à contracté pour le premier jours de l'anné; d'adrecer de veux à toutte lé pérsone, à qui lon doit de la réconaissence.

Ousi monsieur lé prefect, j'adrèce de veux, au Ciel que vous et toutte vottre honorable famigle nen pusse éprouver que des heraux suzzet, Cet lettre sé mon coeur quil parle sans détour cet lettre cet un devoir à ramplir, et de vous doner conaissince, que l'ingratitudes je nais jamais fait professions, monsieur le prefect; cen net, pas au sujet, pour estre dans le rang des premiers âutorité du rvoyome non cet pour vous remercier, des o'rdre, que vous avaít doné pour que rin me fusse, refusé de ce que le gouvernemen pouvait m'accorder.

Vous ordre il sont estait esecuté, primo monsieur le directeur, mes moyens, sont trop mesquin, ma plumme est trop faible pour trouver des éspressions pour lui rendre justice; Que sa conduitte il a estait à mon egrard, cet d'un homme, quil fait, professions de la vertue et de l'houmanité. En suitte cel des gardien et des agant, de vottre àdministration il et àdmirable. Au r'est j'ai suc me mettre à mon aise, je savais que j'ettait prisonié, et malgré que je suis un gran còuppable je nen redutte persone, je me suis placé sur le chamain de la verrité, et je marcherais jusque au la fin quil l'on me pronocera la sentence de mort je l'attendrais à piet ferme. Et je nen m'andirais, pas ma vie à persone plus tout mourir. Ousi que de faire, profession d'une faibless je suis couppable j'ais suc vivre et je doit savoir mourir, et je regret, plus mé victime que ma vie monseur le préfect, vous savais, que, je me suis adrecé à mon bienfaiteur; je lai chouvasi pour mon confesseur politique, que peut ettre un tette couroné naurais pas reuci pour le m'emê s'ouzzé;

vola ma seule sadisfaction. Monsieur le préfect ; je regret, de nen avoir pas àpcetté vottre offre, la foix que j'ai aue l'honur d'ettre admi au pré de vous.

Mais que dirège ma destinéé ettait de monter, a l'échafau, la mort, et un loy général, le lache tramble que a chaque pas la terre nen souvre sur sé pas parceque il n'ont jamais su vivre. Monsieur le préfect, je ose vous prier que la premiere foiz, que vous passerez dans la prisons, de me faire l'honeur de vous doner la peine de venir, jusque à moi vous me trouveres toujours.

Agréz monsieur le prefect, ma plus aute estime que je vous conserverais toutte ma vie que peut ettre n..... etc.

Votte trés embre et obeissant servitur,
Le rézisside Fiesche.

Fait à la Consiërgerie le 5 janvier 1836.

CHAPITRE DEUXIÈME.

II

Craintes de réactions contre les républicains. — Mesures prises pour les protéger. — Funérailles des victimes du 28 juillet. — Que serait-il arrivé si la police eût découvert la machine Fieschi ? — Lois de septembre.

Quelques scènes épisodiques avaient compliqué temporairement le terrible drame dont on vient de voir le dernier acte. Pour en rendre compte il faut nous reporter au 28 juillet 1835.

La nouvelle de l'attentat se répandit avec d'autant plus de rapidité dans Paris, que toutes les familles pouvaient craindre d'avoir à déplorer une perte douloureuse. Après un moment de stupeur, la plus vive indignation se manifesta parmi toutes les classes de citoyens contre les auteurs de ces horribles machinations et contre les anarchistes provocateurs qui, depuis cinq ans, ne cessaient d'ensanglanter les rues de la capitale. Le ressentiment public fut encore augmenté par le cynisme avec lequel plusieurs feuilles démagogiques osèrent qualifier l'événement du boulevard du Temple. L'une d'elles publiait les lignes suivantes, à la date du 30 juillet :

« Toutes les classes semblent céder à l'attrait » d'une belle soirée, partagées entre une *parfaite* » *indifférence* pour L'ACCIDENT de la veille et la cu- » riosité ! »

Était-il permis d'outrager à ce point les sentimens de compassion et de regrets qui conduisaient sur le théâtre du crime une partie de la population ? Quoi ! l'on ose appeler *accident* un forfait inouï dans les annales du crime, et travestir en une *indifférente curiosité* le deuil de quarante familles et l'affliction générale !

D'autres journaux de l'opposition montrèrent du moins plus de réserve et d'habileté ; ils s'efforcèrent de calmer l'effervescence de la population, de faire croire que Fieschi était un second Louvel ; qu'il avait agi de lui-même et isolément. D'autres cherchaient à persuader que le parti carliste avait pu seul tremper dans cette affaire, et voulaient absoudre les républicains de cette complicité. Voici l'un des articles publiés à cette intention :

« Il semble qu'on en sait assez aujourd'hui, » même officiellement, pour absoudre les républi- » cains d'un attentat qui ne va nullement aux » moyens ni aux mœurs de leur parti. . . . . . . » Croire les républicains capables de diriger le » bras d'un Fieschi, nous le répétons, c'est les mé-

» connaître entièrement. Ces hommes se battent,
» mais ils n'assassinent pas. Jadis ils ont dressé
» des échafauds politiques, mais quand leur a-t-on
» vu dresser des embûches?
 » Un fait est patent. Fieschi a été payé; on lui
» a fait un pont d'or. D'où cet or est-il venu? —
» Apparemment de ceux qui en ont beaucoup, et
» qui ont intérêt à le dépenser de la sorte. Nous
» avons déjà indiqué la source. »

En dépit de ces publications l'opinion publique
ne prit pas le change. Déjà, lorsque le 28 juillet je
fis lire dans tous les théâtres une circulaire donnant d'une manière sommaire les détails de la catastrophe, l'instinct des masses désigna la faction
à laquelle on devait ce nouveau malheur, et il
s'éleva un cri universel de réprobation contre les
républicains.

Les jours suivans l'indignation ne fit que s'accroître. D'une part, les pairs de France et les députés réclamaient vivement des mesures législatives assez vigoureuses pour enchaîner enfin les
mauvaises passions; le mal était dans la presse
dévergondée et provocatrice, c'est aussi contre elle
que l'on demandait des lois plus sévères, plus capables de lui imposer un frein. D'autre part, une
multitude d'honnêtes citoyens, exaspérés contre les
brouillons politiques, ayant été tant de fois témoins de leurs actes coupables et de leur impunité,
étaient disposés à se faire justice par eux-mêmes

en se livrant à des représailles qui leur semblaient légitimes.

Tandis que ces impressions exerçaient encore leur influence, la garde nationale fut convoquée pour assister à l'inhumation des victimes du 28 juillet. Alors circulèrent des bruits inquiétans : on disait que beaucoup de gardes nationaux étaient décidés à en finir avec l'anarchie, on ne parlait de rien moins que de briser les presses et d'assommer les journalistes. Ces rumeurs prirent assez de consistance pour appeler l'attention de l'autorité, car malgré les bravades de quelques écrivains, la publicité donnée par eux-mêmes à ces suppositions suffisait pour attester qu'ils n'étaient pas à l'abri d'une certaine préoccupation et d'un souci d'ailleurs bien naturel[1]. Je fis en conséquence stationner plusieurs escouades d'agens à proximité des établissemens menacés, afin de protéger au besoin les personnes et les choses.

Comme les inquiétudes gagnaient jusqu'aux républicains détenus à Sainte-Pélagie, j'y envoyai une compagnie de gardes municipaux à demeure en sus du poste militaire affecté à cette prison. La

---

[1] Le *National,* entre autres, disait ce qui suit, à la date du 5 août :
« Les feuilles du soir parlent avec inquiétude des projets qu'on sup-
» pose demain à quelques furieux qui, sous l'habit de garde national,
» se présenteraient dans les bureaux des journaux dits révolution-
» naires, et s'y livreraient contre la propriété et contre les personnes
» à des actes de brutalité qui leur paraîtraient de justes représaille
» de l'attentat du 28. »

durée de ces dispositions se prolongea jusqu'à ce que l'on fût complètement rassuré contre les chances de réaction.

L'on ne tarda pas, au surplus, à se tranquilliser, puisque la journée du 5 août se passa sans collision, sans désordre.

La milice citoyenne et la population presque tout entière, en assistant à ces grandes funérailles, comprirent le devoir d'en respecter le caractère religieux. Un pieux recueillement imposa silence aux ressentimens, et la colère fit place à la douleur, lorsqu'on vit passer cette longue suite de chars funèbres, ce lugubre convoi, où la mort avait confondu des victimes de tous les rangs, où le cercueil d'un maréchal de France était précédé de treize autres cercueils.

Le cortége funéraire, parti de la chapelle ardente élevée dans l'église Saint-Paul, parcourut toute la ligne des boulevards pour se rendre aux Invalides, où les honneurs décernés au maréchal Mortier, au vieux compagnon d'armes de Napoléon, devinrent communs à tous ceux qu'un malheur commun avait frappés. La présence du roi et de la famille royale ajoutait encore à la solennité de la cérémonie religieuse. Le chef de l'État avait voulu confondre ses regrets avec les regrets exprimés par la publique douleur.

Le lendemain, 6 août, un *Te Deum* fut chanté à

Notre-Dame en actions de grâces pour la conservation des jours du roi; sa majesté y assistait.

L'on concevra qu'à une époque si rapprochée de celle où un immense danger avait effrayé le pays, une louable sollicitude exigeait des précautions inusitées. L'autorité fit occuper par la troupe toute l'étendue de l'itinéraire entre les Tuileries et la métropole, et une consigne sévère éloignait le public de l'espace réservé au cortége royal. Eh bien! le croirait-on, ces mesures d'ordre et de prudence ont provoqué d'amères censures; quelques feuilles de l'opposition les trouvaient injurieuses pour la population; elles semblaient avoir déjà oublié un désastre récent, comme si elles eussent voulu que l'on exposât en toute occasion la personne du roi à la frénésie d'un assassin! N'était-ce pas assez des leçons de l'expérience, et fallait-il attendre pour se mettre en garde contre les régicides qu'Alibaud et ses pareils se fussent révélés? D'ailleurs c'est ici le cas de faire ressortir la présomptueuse légèreté de ces aristarques infatigables qui, dans l'ignorance des choses, les jugent et les blâment à tort et à travers : pouvaient-ils savoir s'il n'existait pas un péril là où ils ne voyaient que des motifs de sécurité? et si des avertissemens multipliés ne m'avaient pas dévoilé quelque projet dangereux dont la vigilance du pouvoir a peut-être seule prévenu l'exécution?

Quoique le langage de la presse hostile n'eût

jamais cessé d'être malveillant envers mon administration, cette fois du moins, à propos du crime de Fieschi, les journalistes n'allèrent pas jusqu'à l'attribuer à la police; l'un d'eux en fit naïvement la remarque, et je dois lui savoir gré d'une si large concession, car il eût été aussi logique d'imputer à la police ce dernier attentat que de mettre à sa charge le coup de pistolet du Pont-Royal, les révoltes du 2 février, du 5 juin, du 14 avril, et tant d'autres œuvres de l'esprit de sédition.

Mais je m'empare de cette circonstance pour examiner ce qui serait arrivé si la police eût découvert la machine Fieschi; on a vu que cela tenait à bien peu de chose.

Supposons que Boireau ait mis plus de sincérité et d'abandon dans ses confidences à Suireau fils, ou que Suireau père ait fait des révélations plus positives; dans ce cas l'on eût infailliblement visité les maisons du boulevard du Temple et trouvé la machine Fieschi.

Allons plus loin, admettons pour un moment que ce misérable, cédant au remords qu'il éprouva en apercevant M. Lavocat en face de sa demeure, ainsi qu'il a déclaré avoir eu l'intention de le faire, fût allé se jeter aux pieds de son bienfaiteur en lui dévoilant son projet; dans cette double hypothèse voici ce qui serait advenu :

La nouvelle d'un grand complot avorté aurait circulé rapidement dans Paris, et le lendemain elle fût devenue la matière obligée des commentaires de la presse.

Oh! qui pourra s'imaginer tout ce que le sarcasme et l'ironie auraient déversé de fiel et de ridicule sur le gouvernement? Que n'eût-on pas dit pour flétrir *cette ignoble machination de la police, dont le but évident eût été, aux yeux des bons patriotes, de réchauffer par cette farce de mauvais goût le zèle engourdi de la garde nationale! La revue*, aurait-on dit, *s'annonçait sous de pauvres auspices, les légions clairsemées se composaient de quelques hommes dans la dépendance du pouvoir; encore craignait-on de la part de ces champions du juste-milieu un accueil glacial pour un auguste personnage; c'est pour éviter en partie ces déboires que les roués de la police ont eu recours à cette pitoyable conception.* C'eût été un charivari universel de quolibets, de clameurs; un cri étourdissant de réprobation; le pouvoir se serait vu honni, vilipendé; les feuilles publiques se seraient évertuées à reproduire sous mille formes, et Dieu sait pendant combien de temps, les mêmes assertions, les mêmes imputations, pour démontrer la corruption et la mauvaise foi des inventeurs de ce complot fictif. La persévérance avec laquelle ce thème eût été exploité par tous les échos de la presse n'eût permis aucun doute chez les hommes de parti, et serait même parvenue à faire naître des préventions fâcheuses dans l'esprit des citoyens les plus impartiaux.

Comment le gouvernement ainsi accusé, bafoué, aurait-il pu se défendre? Il se serait vu attaché au pilori de l'opinion, mis par les factions à la place des auteurs du crime, et n'eût pas même trouvé dans la justice un moyen de repousser l'imposture.

En effet, que se serait-il passé sur les bancs de la cour d'assises? Pepin, Morey et Boireau, protégés par les préventions que je viens de signaler, seraient devenus plutôt des accusateurs que des accusés; on les eût représentés comme d'honnêtes citoyens que la police voulait perdre à cause de leur patriotisme. Toutes les preuves de leur coopération n'auraient plus été que des actes de bienfaisance; les circonstances accablantes qu'ont offert devant la pairie le diner de Morey avec Nina Lassave, les confidences et les promesses qu'il lui fit, les incidens relatifs à la malle et au carnet de Fieschi, ces circonstances ne se seraient pas produites, et dans cette situation, il devenait impossible d'établir la culpabilité de Morey et de Pepin.

Quelle confiance aurait-on attachée aux dires de Fieschi, appelé en témoignage contre eux? Fieschi! sa présence aux débats donnait à la défense, dans l'ordre d'idées qui j'ai admis par supposition, une force irrésistible. Fieschi! qu'était-il? Un ancien employé subalterne de la ville de Paris, un homme secouru maintes fois par la caisse des ministres, un protégé de M. Caunes, ingénieur du département, de M. Lavocat, directeur des Gobelins, tous deux rétribués, l'un par le budget municipal, l'autre par la liste civile. Qu'était-il encore Fieschi? un repris de justice, dont la présence tolérée à Paris dénotait assez la prédilection du pouvoir; enfin un ex-agent secret de M. Baude, préfet de police. Eh! mon Dieu! l'énumération seule des antécédens de Fieschi suffisait pour pulvériser l'acte d'accusation. La défense de Pepin et de Morey devenait surabondante; l'éloquence de leurs avocats n'avait plus qu'à choisir, parmi les traits acerbes lancés contre la police, ceux qu'il aurait plu à leur malignité d'aiguiser encore, sans prendre la peine de présenter pour leurs cliens une justification superflue. L'acquittement certain de Morey, Pepin et Boireau eût encore fortifié les sentimens affectueux des frères et amis; et la bienveillance de la presse, toujours favorable aux *opprimés*, leur était à jamais acquise.

Sans aucun doute l'avortement du complot aurait amené ce résultat, jeté la déconsidération sur le gouvernement et affaibli son action morale.....

L'insuffisance de nos lois, en ce qui touche les délits commis par la publicité, s'était révélée trop fréquemment pour que le ministère ne dût pas saisir l'occasion qui s'offrait d'apporter un remède au mal. L'opinion des mandataires du pays et de la presque unanimité des hommes éclairés, juges compétens en pareille matière, débordait le gouvernement ; il fallait suivre l'impulsion donnée, ou reculer devant l'accomplissement d'un devoir.

Le cabinet se composait alors de M. le duc de Broglie, président du conseil et ministre des affaires étrangères ; de M. le maréchal Maison, ministre de la guerre ; de M. Thiers, ministre de l'intérieur ; de M. Humann, aux finances ; de M. Guizot, à l'instruction publique ; de M. de Rigny, à la marine ; de M. Persil, à la justice ; et de M. Duchâtel, au commerce.

Le 4 août 1835, ces ministres présentèrent aux chambres quatre projets de lois votés quarante jours plus tard, et qui devinrent les fameuses *lois de septembre*.

L'une d'elles, intitulée : *Des crimes, délits et contraventions de la presse et autres moyens de publication*, éleva le chiffre du cautionnement des journaux, et augmenta considérablement la peine corporelle et les amendes ; elle défendit de faire intervenir le nom du roi dans la discussion des actes du pouvoir, d'attaquer le principe ou la forme du gouvernement, et qualifia d'*attentat* toute offense à la personne du roi, stipulant que ce crime pourrait être déféré à la cour des pairs.

Elle décida qu'aucun dessin, gravure, lithographie et emblème ne pourrait être exposé en vente sans la permission de l'autorité ; qu'aucun théâtre ne serait ouvert ou conservé, aucune pièce représentée sans la même autorisation, etc., etc.

Un autre réduisit à sept voix au lieu de huit la majorité nécessaire pour la condamnation, dans les questions soumises au jury.

Une troisième permit dans certains cas, notamment pour cause de troubles graves apportés à l'audience par les accusés, de juger en leur absence et sur pièces.

La dernière autorisait le gouvernement à faire subir hors du territoire continental de la France les condamnations à la déportation.

Telles sont les dispositions essentielles de ces lois qui soulevèrent tant de colère, et qui sont encore quelquefois l'objet des censures les plus violentes.

Elles eurent pour effet immédiat de tuer une trentaine de méchantes feuilles légitimistes et démagogiques, tant à Paris que dans les départemens. Quand même elles n'auraient produit que ce bienfait, ce serait déjà assez pour mériter la reconnaissance du pays.

Ce peu de mots fait connaître mon opinion sur les lois de septembre; je n'hésite pas à déclarer qu'elles étaient indispensables, qu'elles ont été salutaires, et que leur abrogation serait funeste à la chose publique.

Seulement je regarde comme illogique et comme trop rigoureuse la disposition qui assimile à un attentat une simple production littéraire; non seulement j'en conteste la justice, mais encore l'utilité. On n'en a fait jusqu'à nos jours qu'une seule application, et l'on se souvient que ce fut au sujet d'une brochure publiée par M. *Laity*. Les ministres du 15 avril, après avoir soumis au jury de Strasbourg les accusés d'une révolte militaire, c'est-à-dire après avoir confié à la juridiction ordinaire le soin de prononcer sur un fait d'une haute gravité, sur un des actes les plus menaçans pour la monarchie de juillet, ont eu la maladresse de faire intervenir la Cour des pairs pour juger un opuscule sans importance.....

CHAPITRE TROISIÈME.

III

Un sieur N..... veut tuer le roi. — On l'envoie au Sénégal. — Jomard, soldat déserteur, forme le même projet. — Complot formé par Carec avec une bande de mauvais sujets. — Complot de Neuilly; la veuve Chaveau, les frères Chaveau, Hubert et consorts. — Leur arrestation. — Leur jugement. — Boireau et la femme Laurence Petit. — Lettre de Boireau. — Complot contre la vie du roi lors de l'ouverture des chambres en décembre 1835.

Les personnes qui suivent la marche des événemens politiques avaient sans doute conservé un souvenir fidèle des faits les plus importans que j'ai racontés, en parlant du crime de Fieschi. Mais il n'en saurait être ainsi à l'égard des incidens contenus au présent chapitre : ils n'ont reçu pour la plupart aucune publicité.

Dans les derniers mois de 1834, un homme dont je tairai le nom, âgé d'environ quarante ans, conçut la pensée d'un régicide. Cet homme, ancien soldat, avait une femme, deux enfans, et se trouvait réduit au dernier degré de la misère. Plusieurs fois un secours obtenu des bontés de la reine, qui consacre chaque année à des actes de bienfaisance les trois quarts de ses revenus, avait apporté une amélioration passagère à sa pénible situation. Mais les ressources du travail manquant à cette famille, la détresse ne tardait pas à renaître, et la douleur de ne pouvoir subvenir aux premiers besoins de sa femme et de ses enfans suggéra par degrés à ce malheureux les plus mauvais desseins. A l'exemple de ces êtres vicieux qui ne veulent pas attendre qu'un labeur honnête leur procure un meilleur sort, l'individu en question croyait entrevoir dans une combustion sociale des chances favorables et la possibilité d'un bon avenir. Il s'arrêta au projet de tuer le roi. Cette intention étant passée chez lui à l'état d'idée fixe, il lui devenait impossible de s'occuper d'autre chose. Après avoir vendu quelques vieilles hardes, il acheta un pistolet et quelques munitions, quitta sa demeure, et se mit à errer dans Paris et dans les environs, guidé par l'espérance de rencontrer le roi.

À cette époque, sa majesté sortait encore souvent à cheval, ce qui présentait beaucoup moins de difficultés pour approcher de sa personne.

La tenue misérable, l'altération des traits de cette espèce d'insensé, le soin qu'il prenait de circuler sur les points que le roi parcourait le plus fréquemment, furent remarqués par un inspecteur de police. On m'en rendit compte, et dès ce moment je le fis rechercher, avec ordre de ne pas le perdre de vue. Le lendemain, on le retrouva; un agent s'attacha à ses pas, et ne le quitta plus d'un seul instant. Je faisais même surveiller pendant la nuit le gîte où il se retirait. Mon agent parvint à se lier avec lui, à gagner sa confiance, et devint au bout de quelques jours le confident de son secret.

Quel parti prendre en pareil cas? Au bon temps des lettres de cachet, on aurait enfermé l'inconnu à la Bastille! Mais grâce à la protection, aux garanties que nos lois assurent à tous les citoyens, aucun ne peut être privé de sa liberté sans l'intervention immédiate de la justice. Qu'aurait-elle pu faire à l'égard de cet homme? Quelque odieux que fût son projet, rien ne lui donnait encore le caractère de criminalité défini par le code pénal : il n'y avait ni complot formé entre plusieurs conjurés, ni proposition de concourir à l'accomplissement d'un crime, ni commencement d'exécution; tout se réduisait à une résolution individuelle, isolée, et à une confidence : aucune pièce, aucun fait ne venait motiver une accusation; le témoignage du confident était le seul élément accusateur, et quand même on aurait pu en obtenir plusieurs de même nature, ils seraient restés impuissans en présence de cette objection : que le prévenu n'avait pas de complice; qu'il n'avait commis aucun acte; qu'il avait toujours au contraire voulu agir tout seul, et qu'en conséquence il dépendait de lui de renoncer à son coupable dessein.

La justice serait restée désarmée, elle ne pouvait appliquer aucune peine, et n'aurait pas manqué de relaxer sur-le-champ l'individu inculpé. Ainsi son arrestation et sa détention momentanée n'eussent offert aucune sécurité contre la possibilité prochaine d'un attentat.

Ayant pesé ces diverses considérations, le ministre de l'intérieur et moi jugeâmes plus convenable de continuer une surveillance incessante, et d'essayer d'amener l'inconnu par les voies de la persuasion à renoncer à son plan criminel. Mais tous les efforts échouèrent devant sa résolution inébranlable; plus on insistait sur l'énormité du forfait et sur les difficultés de le commettre, et plus cet homme trouvait dans son énergie le moyen de combattre les objections. C'était une de ces organisations sauvages, un de ces esprits abstrus et répulsifs, inaccessibles à tout ce qui contrarie leur volonté. Il y avait en lui l'astuce et la taciturnité de Morey, l'orgueil et l'opiniâtreté de Fieschi.

Mes agens, que ce misérable regardait comme des amis, le voyant chaque jour plus résolu, plus assidu que jamais sur les routes de Neuilly et de Versailles pour y attendre le roi, l'entraînèrent avec eux dans un cabaret de Vaugirard pour y déjeuner. Ils se mirent à table dans un cabinet qui n'était séparé d'une autre pièce que par une cloison. Là, pendant le repas, on reproduisit à dessein toutes les exhortations, tous les conseils propres à le détourner de sa fatale pensée, à le guérir de sa monomanie; on appuya beaucoup sur les chances de non réussite et sur la certitude du terrible châtiment qui l'attendait. L'interlocuteur, loin d'en être intimidé, repoussa avec une force nouvelle leurs argumens, développa son projet dans les moindres particularités, se déclara certain du succès, et finit par dire qu'au surplus il valait mieux mourir en faisant parler de soi que de mourir de faim dans l'obscurité.

Comme il sortait de ce lieu public, un commissaire de police, accompagné de quatre notables habitans de Vaugirard, l'arrêta et lui mit sous les yeux un procès-verbal signé des quatre témoins, dans lequel se trouvaient consignées toutes les paroles prononcées par lui. L'homme en parut stupéfait, sans avoir pourtant ni l'intention ni le moyen d'en nier l'exactitude.

Conformément à mes injonctions on l'amena dans mon bureau particulier; je l'interrogeai moi-même, et il n'hésita point à tout avouer. Je fis pendant une heure de vains efforts pour ébranler sa résolution. Je lui représentai l'imminence d'une condamnation inévitable en raison des preuves acquises contre lui. Je lui montrai enfin l'échafaud en perspective, sans parvenir à le toucher, sans amollir sa ténacité de fer.

Cherchant ensuite à le dissuader par des moyens plus doux qui devaient remuer son cœur, je lui demandai si la clémence royale descendait sur lui, si même elle soulageait l'adversité de sa famille, ce qu'il ferait alors; il ne balança pas à répliquer qu'il poursuivrait son œuvre jusqu'au bout, et qu'une fois libre il trouverait bien à remplacer les armes qu'on venait de lui saisir.

Tout ce que l'indulgence pouvait inspirer étant demeuré sans effet, j'envoyai ce furieux en prison, et j'allai conférer de cette affaire avec le ministre.

Après mûre réflexion, le gouvernement pensa qu'il ne fallait donner aucune publicité à ces faits, que ce serait peut-être créer un danger : le mal est contagieux, il y a toujours des esprits chagrins, des imaginations malades, disposés à l'imitation et capables de se livrer à tous les écarts, à tous les excès; il convenait de ne pas les frapper par l'exemple d'une extravagante monstruosité.

L'on prit le parti d'envoyer l'inconnu au Sénégal, et l'on me chargea de l'y faire consentir. Je réussis dans cette sorte de négociation. L'amiral Jacob, alors ministre de la marine, avec lequel je me suis entendu à cet effet, donna l'ordre par le télégraphe de tenir, dans la rade de Brest, une corvette toute prête à faire voile pour Saint-Louis. En même temps, trois sergens de ville et un officier de paix furent chargés par moi de conduire le prisonnier à Brest, où ils le mirent, sans avoir pu communiquer avec personne, à bord de la corvette qui, une heure plus tard, faisait voile pour sa destination. Je crois que cet homme est encore au Sénégal.

Ainsi que je l'ai dit au commencement du chapitre III, la défaite et la dispersion des républicains pendant les journées d'avril 1834, et leurs échecs judiciaires devant la Cour des pairs, terminaient la période des luttes générales en ouvrant celle des crimes individuels; le récit des faits relatifs à Fieschi et à l'individu dont je viens de parler a déjà constaté la justesse de mes réflexions; les détails qu'on va lire ne pourront que les confirmer.

Dans le courant du premier trimestre de 1835, un militaire nommé Jomard, qui, je crois, était en garnison à Dijon, déserta de son régiment et vint à Paris porteur d'une somme de 400 francs qu'il avait reçue d'une succession.

Dès son arrivée, s'abandonnant à la fougue de ses passions, il s'installa dans quelques mauvais lieux où des orgies successives eurent bientôt dévoré son petit capital. Quand tout fut gaspillé, Jomard, pour couronner dignement une conduite dissolue, voulut attenter aux jours du roi. Il acheta conditionnellement un pistolet, le chargea à balle, et se rendit sur la route de Versailles, afin de consommer le régicide. Heureusement le roi avait pris une autre direction, et Jomard, ayant à deux ou trois reprises cherché vainement l'occasion qu'il désirait, alla restituer l'arme dont il s'était muni.

Il n'avait pas attendu jusqu'alors pour s'efforcer d'associer à son entreprise un sieur Carlier, auquel il avait fait part de son intention. Celui-ci, qu'une telle proposition révoltait, s'imposa le devoir d'empêcher, autant qu'il dépendait de lui, la coupable action préméditée, et, à la suite de quelques remontrances infructueuses, il se décida, pour plus de garantie contre tout événement, à instruire l'autorité de ce qu'il savait.

Je fis arrêter Jomard. Conduit devant le juge d'instruction, il avoua avoir eu la volonté de tuer le roi, convint de toutes les circonstances, mais en soutenant qu'il avait renoncé de lui-même à ce projet; il en donnait comme preuve la restitution du pistolet. Ce fut là son thème durant le cours de l'instruction; il répétait lui-même ces détails dans la prison de Sainte-Pélagie, où il fut détenu plus de six mois, et s'en faisait un mérite auprès des républicains.

Néanmoins, quand Jomard parut le 21 septembre à la cour d'assises, il adopta un autre système de défense; il nia tout, et prétendit que les instigations, au lieu d'être son fait, étaient venues de Carlier; ainsi dans sa version les rôles se trouvaient changés. Les débats firent justice de ce subterfuge, et Carlier appelé en témoignage expliqua parfaitement comment les choses s'étaient passées. Toutefois les circonstances de la cause ne parurent point suffire pour motiver une condamnation, et Jomard, acquitté, fut remis entre les mains de l'autorité militaire pour être reconduit par la gendarmerie à son corps, et jugé comme déserteur.

A peine Jomard était-il sous les verroux, qu'on me signala d'autres individus auxquels on attribuait la même pensée de régicide. Un sieur Carec, étranger ayant servi dans nos armées au temps de l'empire, et qui déjà avait subi plusieurs mois de prison lors de la révolte de juin, commandait, disait-on, quatre ou cinq mauvais sujets et devait avec eux assassiner le roi. Un de ces hommes voulut enrôler dans cette bande un décroteur nommé Goutier, et lui dévoila toute l'affaire. Goutier, animé de bons sentimens, comprit aussitôt le service qu'il pouvait rendre au pays, et, sans approuver ni repousser les ouvertures, il demanda le temps de réfléchir. Le négociateur ne tarda pas à le revoir, on l'engagea vivement à se trouver à une réunion fixée au lendemain pour faire en commun les dernières dispositions.

L'intention de Carec était d'attaquer le roi à force ouverte pendant une de ses fréquentes excursions dans les environs de Paris, ou de louer une des maisons situées sur le passage ordinaire de sa majesté. On parlait d'y creuser un souterrain et d'y établir une mine qui ferait explosion à un signal convenu.

Instruit de cette machination, je fis mettre Carec et ses adhérens sous la main de la justice. On instruisit contre eux, mais comme tous niaient effrontément, comme il n'y avait aucun acte commis, aucune preuve écrite, et qu'un seul témoin venait appuyer les charges de l'accusation, une ordonnance de non lieu les rendit à la liberté, ce qui, je dois le dire, n'affaiblit en rien ma conviction sur la réalité de ce complot. J'ai même des raisons de présumer qu'il n'était qu'une ramification d'une conjuration plus grave dont je vais rendre compte. Terminons ce que j'avais à dire au sujet de Carec, en rappelant qu'attendu sa qualité d'étranger, je l'ai fait expulser de France à sa sortie de prison.

Mes presentimens sur la connexité entre le fait ci-dessus et la conspiration connue sous le nom de complot de *Neuilly*, avaient pris naissance par suite de renseignemens très-vagues fournis par un de mes agens secrets; il m'avait parlé d'un attentat prémédité par des hommes audacieux; il ignorait leurs noms, leurs moyens et même les bases de leur plan; tout ce qu'il pouvait conjecturer d'après quelques propos, c'était que l'on devait attaquer le roi dans le bois de Boulogne.

D'autres inductions résultaient aussi du langage tenu par un des hommes de Carec. En somme, ces premiers indices me confirmant dans la présomption que derrière l'affaire de Carec il en existait une autre plus sérieuse, j'avais mis en campagne une partie de mes agens pour rechercher des faits plus positifs. En attendant, la surveillance exercée autour du roi était redoublée de manière à offrir une garantie réelle contre toutes les éventualités.

Malgré ces démarches, j'étais encore dans une incertitude inquiétante, lorsqu'une révélation faite le 25 juin au ministre de l'intérieur lui apprit tout ce qu'il importait de savoir.

Un sieur Bray, fabricant de socles, était lié avec Gabriel Chaveau, le même dont j'ai déjà fait mention en parlant de la révolte projetée pour les journées de juillet 1833; Gabriel Chaveau se rendit chez Bray, l'invita à se joindre à une petite troupe d'amis décidés à courir les chances d'une patriotique entreprise, et lui en expliqua sommairement l'objet; il s'agissait de se précipiter, armés chacun de deux pistolets, sur la voiture du roi, au moment où elle franchirait la place Louis XV pour entrer dans la grande avenue des Champs-Élysées. Il raconta que lui et ses camarades s'étaient déjà postés une fois sur cet emplacement sans pouvoir atteindre leur but; le roi avait pris ce jour-là une autre direction pour se rendre à Neuilly. Les objections de Bray ayant provoqué des éclaircissemens sur les difficultés de l'exécution, il apprit que, le plus grand obstacle provenant de la rapidité de la course, on se proposait d'abattre un ou deux chevaux de l'attelage afin de créer un embarras momentané, pendant lequel le plus grand nombre des conjurés auraient fait une décharge d'armes à feu dans l'intérieur de la voiture.

Les mesures prises depuis l'année 1833, mesures ignorées du public, et que je m'abstiens de faire connaître, rendaient heureusement impossible le succès de cette atroce combinaison ; mais, dans leur aveuglement, Chaveau et ses complices la croyaient infaillible.

Bray, sur les instances qui lui furent faites, promit de se rendre et se rendit en effet au domicile de Chaveau, rue Mauconseil, n° 10 ; il y trouva six personnes qui délibéraient entre elles sur les rôles que chacun devait remplir ; on montra au nouvel initié les armes et les munitions dont on devait faire usage, et l'on prit rendez-vous pour le lendemain, 26 juin, à midi, sur le quai d'Orsay, en face la rue Bellechasse.

Dans l'intervalle, Bray, guidé par un zèle désintéressé et fort louable, ne sachant comment instruire l'autorité, communiqua ces détails à un sieur Breiderbach : ce dernier, jugeant avec raison qu'il fallait avant tout s'attacher aux pas de Chaveau, afin d'être toujours au courant de ses démarches et en position d'empêcher le crime, recommanda à Bray de continuer à voir les conjurés et à les laisser dans l'erreur sur ses sentimens. Cette précaution était dictée non seulement pour la sûreté personnelle du révélateur, mais aussi pour arriver à pénétrer tous les secrets de la trame infernale. Breiderbach courut ensuite transmettre tout ce qu'il venait d'apprendre à M. Cerclet, qui se hâta d'en faire part au ministre de l'intérieur.

Une surveillance établie le 26 juin de bonne heure, rue Mauconseil, m'apprit que plusieurs amis de Chaveau étaient entrés dans sa maison; j'ordonnai leur arrestation sur-le-champ, une perquisition sévère et la saisie de tous les objets suspects.

Un commissaire de police, accompagné d'officiers de paix et d'inspecteurs, va frapper à plusieurs reprises à la porte du logement de la veuve Chaveau, au dernier étage de la maison, sans que personne réponde. Le magistrat fait venir un serrurier, et ce n'est qu'à son arrivée qu'on se décide à ouvrir de l'intérieur.

A la vue du commissaire et de son escorte, quatre individus réunis dans une chambre avec la veuve Chaveau; savoir: les sieurs Leroy, Husson, Huillerie et Hubert, prodiguent aux agens de la force publique les plus grossières injures, et tentent inutilement de s'opposer à l'effet de mon mandat. On les arrête, et une minutieuse perquisition fait découvrir dans un galetas, sous de vieilles hardes où l'on venait de les cacher, treize pistolets, dont douze chargés à balles, six poignards, un fusil chargé à balles, trois ceinturons, dont deux garnis de cartouches, trois cartouches, des balles et du plomb, deux tabliers remplis de balles et de poudre, et une poudrière pleine de poudre de guerre.

Sur ces entrefaites arrive un cinquième complice : c'était Charles Chaveau, frère de Gabriel Chaveau, dont il vient d'être question; les inspecteurs s'emparent de lui, il se débat, il entre dans une colère épouvantable, et apercevant ses amis déjà arrêtés, il tourne sa fureur contre eux, les traite de lâches et leur reproche violemment de ne s'être pas défendus avec leurs armes jusqu'à la dernière extrémité. Alors commence une scène de vociférations impossible à décrire : le paroxisme de la rage semble animer tous ces furieux, et les agens ont une peine extrême à les contenir; la veuve Chaveau elle-même donnait l'exemple d'un délire effréné. Quand elle reconnaît l'impuissance de tous ses efforts, elle entonne *le Chant du Départ* et *la Marseillaise;* tous font chorus, et les cris de *vive la république! à bas Louis-Philippe! mort au tyran!* succèdent aux refrains révolutionnaires.

Pendant que cela se passait, Gabriel Chaveau était venu pour rentrer chez lui; mais, averti à temps, il avait pris la fuite.

Peu de jours après cette capture, je fus informé que le complot se poursuivait encore entre Gabriel Chaveau et les autres conjurés. On m'affirma qu'ils s'étaient procuré un petit baril de poudre, et que, variant les moyens d'assurer leur coup, ils avaient fabriqué des boîtes d'artifice, qu'ils se proposaient de lancer dans la voiture du roi, et dont l'explosion subite eût causé d'affreux ravages. Je parvins à savoir que les auxiliaires de Gabriel Chaveau étaient les nommés Combes, Dulac, Duval, Delont et Léglantine, appartenant tous aux classes les plus infimes de la société.

Le 10 juillet, je fis arrêter Combes, Dulac, Duval et Léglantine; le 16 du même mois, Delont va les rejoindre sous les verroux; et enfin, le lendemain, mes agens parviennent à saisir Gabriel Chaveau, l'âme de cette affaire, et dont l'arrestation mettait seule un terme à nos craintes.

Les recherches faites aux domiciles de ces inculpés amenèrent une nouvelle saisie d'armes et de munitions cachées sous un toit, et d'autant plus difficiles à découvrir, qu'il fallait sortir par la lucarne d'une mansarde pour les atteindre.

Dans l'espace de temps qui s'écoula entre la première arrestation du 26 juin et la dernière du 17 juillet, il paraîtrait que les conspirateurs auraient voulu faire des recrues pour remplir les vides dans leurs rangs : un sieur May, auquel on s'adressa à cette fin, ayant eu par là une imparfaite connaissance de ce qu'on tramait, suivit l'exemple de Bray, et se hâta d'écrire, le 4 juillet, au ministre de l'intérieur.

Aucune de nos feuilles publiques n'eut connaissance de tous ces incidens; elles n'en parlèrent qu'à l'époque où ils furent divulgués par les débats devant la cour d'assises. Cependant les journaux étrangers en apprirent quelque chose, sans être fixés d'une manière exacte sur la nature des faits, et ils parlèrent d'une manière ambiguë de projets régicides contre Louis-Philippe pendant le mois de juillet. Ces bruits, après avoir d'abord circulé en Angleterre, se répandirent dans les autres parties de l'Europe. Ceci explique pourquoi, à la suite du crime de Fieschi, on prétendit qu'on avait eu à l'étranger une connaissance anticipée de son projet. Par cela même que les publications faites étaient obscures, qu'elles n'expliquaient rien de positif, ne disant pas s'il était question d'un acte accompli ou d'une chose à venir, on en fit naturellement l'application à l'attentat du 28 juillet, tandis qu'en réalité ces rumeurs ne provenaient que de la découverte antérieure et récente du complot de Neuilly.

Le sieur Hubert, l'un des accusés arrêtés le 26 juin, répondit avec tant d'insolence à M. Zangiacomi, lors des premiers interrogatoires subis devant ce juge d'instruction, que le tribunal le condamna pour ces outrages à une année de prison. Il écrivit au *National*, pour se plaindre de ce magistrat, et le fit en des termes si intolérables, que *le National* s'abstint de les reproduire, et se borna à consigner dans ses colonnes, en le mitigeant, le sens de la lettre d'Hubert; il ajouta seulement que ce détenu lui semblait un homme de cœur et de résolution, qui repoussait avec horreur le soupçon d'assassinat.

Cet Hubert est le même individu qui, après avoir recouvré sa liberté par l'amnistie de 1837, se trouva engagé dans une nouvelle machination contre les jours du roi, de complicité avec la demoiselle Grouvelle, et subit à cette occasion, en 1838, une condamnation à vingt années d'emprisonnement.

Pendant que la justice informait sur le complot de Neuilly, Fieschi, dans ses aveux, déclara avoir été instruit vaguement de cette affaire par Boireau : une telle révélation parut avoir une haute importance ; elle aggravait la position de Boireau, et faisait entrevoir la possibilité d'une corrélation, d'une complicité réelle entre les accusés du crime de Fieschi et ceux dont je viens de parler. On mit tout en œuvre pour savoir la vérité ; mais Fieschi ne s'expliqua jamais bien nettement sur le compte de Boireau : il le regardait comme un jeune étourdi, comme un enfant incapable d'apprécier la portée de ses actions, et mettait toujours quelque réticence en racontant les choses susceptibles de le compromettre ; on ne put en savoir davantage par lui. Quant à Boireau, il fut impossible d'en obtenir la moindre lumière ; il avait adopté un système de défense qui consistait à tout nier avec des formes abruptes ; mais quand s'ouvrirent les débats devant la Cour des pairs, cet accusé, cédant avec peine aux supplications de sa mère, ainsi que je l'ai dit plus haut, devint un peu plus sincère et plus explicite ; ses demi-réticences donnèrent à l'accusation le moyen de le mettre en contradiction avec lui-même, et de lui arracher par fragmens des confidences qui fortifièrent les charges contre Pepin : celui-ci, pour les combattre, fut obligé à son tour de fournir des explications d'où ressortaient contre Boireau des inculpations plus graves : de là naquit entre eux une irritation qui les amena par degrés à convenir, au moins tacitement, des faits à eux imputés.

Boireau fut donc conduit au point de ne pouvoir nier ou cacher ce qu'il savait sur l'affaire de Neuilly : il donna des explications suffisantes pour constater qu'il en avait été instruit, mais desquelles il ne résultait pas la preuve d'une coopération active de sa part, ni la présomption d'une liaison directe entre ce complot et celui de Fieschi. On verra tout-à-l'heure, par le contenu d'une lettre de Boireau, que cet homme se vantait après coup d'avoir célé la vérité autant qu'il dépendait de lui, et qu'en même temps il s'efforçait de justifier et d'excuser auprès de ses amis politiques les momens d'abandon presque simulé pendant lesquels l'influence de sa famille lui avait arraché des paroles ambiguës. On y verra qu'il regrettait néanmoins ce qu'il regardait comme une faiblesse accidentelle ; on y verra enfin comment Boireau lui-même réduit à leur juste valeur les confidences faites par lui à Suireau, et comment sa version ne permet pas de contester l'exactitude de ce que j'ai dit à l'égard de ce dernier.

Les circonstances relatives à la saisie de la lettre

dont il est ici question me semblent assez curieuses pour mériter d'être rappelées.

On a vu figurer dans le procès Fieschi le nom de la femme Laurence Petit, son ancienne concubine, et mère de Nina Lassave. On a vu que cette femme avait tenu une pension bourgeoise, et qu'un sieur Janot y prenait ses repas; on se souvient, d'un autre côté, que Fieschi se plaignait de Janot, son débiteur d'une somme d'environ 500 fr., et déclarait que, s'il en avait obtenu le paiement avant son crime, il ne l'eût point accompli. Il est à remarquer de plus que Boireau était lié assez intimement avec Janot, puisque c'est à lui qu'il écrivait. Ces faits jettent une nouvelle lumière sur l'origine, la réalité et l'étendue des rapports de Boireau avec Fieschi.

Quoi qu'il en soit, ayant appris que la femme Petit allait voir assez fréquemment Boireau à la Conciergerie, ces visites me parurent avoir quelque chose de suspect : j'ordonnai de fouiller cette femme avec soin lorsqu'elle se présenterait; l'on trouva sur elle une lime qu'elle voulait introduire dans la prison pour la remettre à Boireau, et l'on saisit à son domicile quatre lettres de ce condamné. Ce fut à cette occasion que celle dont je vais offrir la copie tomba en mon pouvoir.

Revenons maintenant au procès des accusés du complot de Neuilly. Les débats publics s'ouvrirent le 28 mars 1836. Les accusés, au nombre de treize, parmi lesquels figurait Boireau, étaient tous présens à l'audience, attendu que tous se trouvaient arrêtés.

Les faits à leur charge étant déjà connus, je n'ai pas besoin de les reproduire; je dirai seulement que, dans leurs réponses au ministère public, et à défaut sans doute de meilleures raisons, ils eurent recours à ce pitoyable expédient qui consistait à désavouer la plupart des choses, et à reporter la responsabilité des autres sur de prétendus agens provocateurs. D'après leurs dires, Bray en était évidemment un : c'était lui, à les en croire, qui avait tout conseillé, tout préparé, tout conduit, et qui même avait caché les armes au domicile des principaux accusés. Ce thème était bien vieux, bien usé, et il faut que les factieux soient en général peu fertiles en argumentations judiciaires pour se traîner toujours dans la même ornière. L'on sait pourtant qu'ils sont bien ingénieux, bien féconds quand il s'agit de varier les formes de leurs machinations.

Il paraît toutefois que, peu confians dans le succès de cet artifice, les amis des prévenus n'avaient pas négligé un autre moyen d'obtenir leur acquittement. On vit paraître aux débats, comme témoin à charge, une femme Castaing, qui fit une déposition entièrement favorable à la défense. Dans une version assez adroite elle expliqua l'affaire de façon à détruire toutes les bases de l'accusation.

Étonné d'un pareil langage, on opposa à cette

femme les dépositions faites par elle et à plusieurs reprises devant le juge d'instruction, lesquelles avaient un sens directement opposé à la nouvelle leçon qu'elle venait de débiter. Autant celle-ci était favorable aux accusés, autant les déclarations écrites antérieurement leur étaient contraires; la contradiction devenait trop choquante pour que la dame Castaing pût chercher à concilier ses diverses affirmations. Aussi n'essaya-t-elle point de le faire, et avec un aplomb, une effronterie peu commune, elle soutint qu'elle n'avait parlé précédemment que sous l'influence des menaces et des promesses du juge d'instruction; que tout ce qu'on lui avait fait dire était faux, et que sa déposition actuelle contenait seule la vérité. On eut beau repousser en sa présence les impostures dont elle se rendait coupable envers un magistrat, lui en démontrer l'odieux, elle persista audacieusement dans ses assertions. Mais le ministère public ayant requis contre elle l'application de la loi relative aux faux témoins, et l'ayant placée provisionnellement sous la surveillance des gendarmes, elle reparut le lendemain à l'audience, demanda en pleurant pardon de ses mensonges de la veille, montra le plus vif repentir, et déposa cette fois avec sincérité.

Quant à Bray, ancien militaire, plein d'énergie et de loyauté, il n'eut pas de peine à démentir les imputations calomnieuses dont il se voyait l'objet, à se laver des soupçons que, dans leur intérêt, les accusés voulaient faire planer sur lui.

Boireau se montra d'une impertinence inouïe, ne dit pas une parole qui ne fût une invective, qui n'eût pour but d'outrager le gouvernement et de préconiser les doctrines perverses. On verra par sa lettre que ce jeune furibond jouait un rôle dès long-temps prémédité, avec l'intention de se réhabiliter dans l'esprit des anarchistes.

Dans l'audience du 8 avril, la réponse du jury ayant été négative à l'égard de la veuve Chaveau, de Leglantine, Dulac, Delont, Leroy, Combes, Boireau et Duval, les cinq autres accusés, certains de leur condamnation, et sans attendre de savoir ce que le jury avait statué à leur égard, entrèrent spontanément dans une fureur épouvantable; leurs vociférations étourdissantes s'adressaient tout à la fois aux jurés, à la cour et au pouvoir; ils y joignaient des cris forcenés de : Vive la république! On fit d'inutiles efforts pour les calmer; le scandale se prolongea tellement et fut porté à un tel point, que les magistrats, ne pouvant délibérer ni faire entendre leur voix au milieu du tumulte, se virent contraints de les faire expulser de l'audience et reconduire en prison. A la suite de cette mesure, autorisée par les lois de septembre, dont c'était, je crois, la première application sous ce rapport, la cour d'assises rendit un arrêt par lequel

Charles Chaveau, âgé de dix-neuf ans, était condamné à dix ans de détention;

Gabriel Chaveau, âgé de vingt-deux ans, à cinq ans de prison;

Huillerie, âgé de vingt ans, à cinq ans de prison;

Hubert, âgé de vingt ans, à cinq ans de prison;

Et Husson, âgé de vingt-un ans, à trois années de la même peine.

Tous les cinq furent placés, en outre, pour dix ans sous la surveillance de la haute police à l'expiration de leur peine.

Copie de la lettre écrite par Boireau, et saisie chez la dame Petit.

« Mon cher Janot, tu ne peux te figurer le plai-
» sir que j'ai ressenti en apprenant ton retour dans
» la capitale. Toi, mon vieil ami, tu ne me con-
» damneras pas au moins sans m'entendre.

» Je suis bien malheureux; les remords que j'é-
» prouve devraient me suffire, sans que quelques
» hommes vaniteux me calomnient. Oui, mon ami,
» s'il faut mon sang pour racheter quelques mo-
» mens d'erreur, je suis prêt à en faire le sacrifice.

» D'ailleurs, ai-je besoin de te faire des protes-
» tations? ne me connais-tu pas? Tel j'étais le 28
» juillet, tel je suis au moment où je t'écris, et mes
» sentimens seront toujours les mêmes: la convic-
» tion politique de Boireau est trop profonde pour
» qu'ils s'évanouissent devant les membres d'une

» royauté. J'attends avec impatience les débats de
» l'affaire de Neuilly, où je suis inculpé, pour prou-
» ver à la France entière que Boireau n'est et ne
» sera toujours qu'un loyal républicain, incapable
» de nuire à ses amis.

» Il est inutile de te décrire les tortures que j'ai
» endurées pendant six mois et demi. Tu dois les
» connaître capables de tout, jusqu'à la corruption!
» Ils avaient tout tenté près de moi, et ils n'avaient
» pu réussir. Il n'y a donc qu'un être sur la terre
» que je n'aurais pas dû voir, c'est ma malheureuse
» mère éplorée, se traînant à mes pieds, en me sup-
» pliant au nom de mes frères et sœurs et de toute
» ma famille en deuil; m'accusant de flétrir leur
» honneur. Ah! mon ami, mets-toi un instant dans
» ma position, et regarde ce tableau touchant.....
» Cependant il y avait encore bien loin de là à me
» faire fléchir, quand une nouvelle scène s'est pré-
» sentée, qui m'a tout-à-fait anéanti, et si j'avais
» encore suivi la première impulsion de mon âme,
» je me serais éloigné de ma mère; mais, mon ami,
» la nature me criait : C'est ta mère que tu tues!
» et elle l'a emporté sur tout. Quand dans ce mo-
» ment même est entré un juge d'instruction, comme
» si cela eût été fait exprès, qui s'écria en se tour-
» nant vers moi : « Le jour n'est-il pas venu où
» vous devez mourir ou vous sauver? » ces paro-
» les, comme on doit le penser, ne m'ont fait que
» peu d'impression, car j'étais familiarisé avec la

» mort depuis bien long-temps, et sans cependant
» la désirer je ne la crains pas, car celui qui l'ap-
» pelle est un lâche, et celui-là même n'a pas envie
» de mourir ; j'en sais quelque chose par un indi-
» vidu que je connaissais bien, qui l'appelait de
» tous ses vœux, et qui faisait ce qu'il pouvait pour
» se sauver.

» Il était assez aveuglé pour croire ce qu'on lui
» disait. C'est donc, te dis-je, à ce juge d'instruc-
» tion que j'ai dit quelques paroles insignifiantes
» pour ne pas compromettre mon co-accusé Pepin,
» qui, plus tard, n'a pas craint lui-même de me
» charger, et par cela même nous nous sommes per-
» dus l'un et l'autre. Si Pepin l'avait voulu, il ne
» serait pas mort : c'était d'avouer des faits qui
» étaient établis et qu'il ne pouvait nier, de les faire
» retomber ; je lui aurais aidé pour cela ; je le conseil-
» lais à cela ; mais il ne voulait pas écouter un conseil
» comme le mien ; j'étais trop peu auprès de lui !

» Sois bien convaincu de tout ce que je te dis ;
» je n'ai fait en aucune manière de mal à Pepin ; le
» malheureux était condamné d'avance, ainsi que
» nous tous. Tu dois connaître la manière de juger
» des pairs : ils ne connaissent pas de loi ; ils n'ont
» que très-peu besoin de preuves : la vie d'un
» homme ne leur coûte rien, et surtout pour une
» affaire aussi grave.

» Je te dirai que j'ai été interrogé par le pré-
» sident des assises ; j'ai dit ce que le misérable

» Fieschi avait déclaré, propos que je lui avais
» tenu dans mes deux premiers interrogatoires, où
» je déclare absolument ne rien connaître du tout.
» Il m'a fait observer que je n'étais pas d'accord
» avec ce que j'avais déclaré à la Cour des pairs.
» Je lui ai répondu que je n'avais fait que répéter
» ce que le juge d'instruction m'avait dit peut-être
» dix fois, et que tout cela était mensonge, et que
» personne ne m'avait jamais rien dit. J'ai remer-
» cié mon avocat Paillet, et si M. Dupont ne veut
» pas me défendre, je me défendrai seul; je lui ai
» écrit pour cela. Sois tranquille, *je les travaillerai*
» *dur*. Là je ne craindrai plus Fieschi; car j'avais
» toujours peur qu'il me chargeât davantage. J'ai
» été bien près du soleil : la camisole avait aussi
» été apprêtée pour moi. M'en voilà encore échappé
» d'une cruelle.

» Maintenant, à l'avenir pour me venger de cette
» canaille de Suireau, qui a tout fait pour envoyer
» ma tête à l'échafaud; mais il est bien malheu-
» reux pour lui de ne pas avoir réussi. On a cru
» que je lui avais confié beaucoup de choses : on
» s'est cruellement trompé; car si cela avait été
» ainsi, l'affaire n'aurait pas réussi... Il n'a d.......
» le 25 juillet au soir, et, sur sa déposition, on a
» fouillé le boulevard Saint-Martin et non le bou-
» levard du Temple. Ils croyaient qu'il s'agissait
» de souterrain avec quelques tonneaux de poudre;
» c'en était un drôle de souterrain!... Il a fait des

» mensonges atroces pour avoir des billets de 1,000
» francs. Que je voudrais t'avoir près de moi pour
» te confesser bien des choses ! Il y a bien des hom-
» mes que je croyais bien solides et qui ont trompé
» mon attente, et ceux-là me déchirent. Peut-être
» plus tard je te dirai leurs noms et tu les verras.
» En définitive, ils doivent savoir si je suis un
» homme d'honneur et si je les ai fait inquiéter de
» la moindre des choses. Non, Boireau ne nuira ja-
» mais à ses frères.

» Demande donc à Salis ce que je lui ai fait pour
» avoir déclaré que c'était une grande fatalité pour
» lui de m'avoir connu? Il a fait une déclaration à
» Pasquier dans un interrogatoire qui est pitoya-
» ble; il s'accuse d'être juste-milieu; et cependant
» je t'assure qu'il n'avait rien à craindre; car ce ne
» serait pas à un jeune homme comme lui que nous
» nous serions confiés. Ainsi donc qu'il se taise, lui et
» tant d'autres ; qu'ils ne parlent plus des faits pas-
» sés, alors même qu'ils se cachent quand il faut
» exécuter !... Je te salue.

» Ton ami fidèle, et qui ne transigera jamais. »

Avant de clorre le présent chapitre, je dois mentionner brièvement deux autres faits qui, malgré
leur peu de gravité, ne doivent pas moins figurer, à
cause de leur analogie, dans la collection des projets coupables formés contre le chef de l'État.

Le 29 décembre 1835 était l'époque fixée pour
l'ouverture des chambres (session de 1836). Peu de

jours avant cette date, il vint à ma connaissance qu'un certain nombre de républicains, déjà signalés par leur animosité et par leur conduite dans maintes occasions, avaient arrêté entre eux de se placer dans une des maisons formant l'angle de la rue du Bac, au débouché du Pont-Royal, et de tirer simultanément plusieurs coups de feu sur le roi au moment de son passage. Les informations donnèrent de la consistance à ces premiers avis, et l'inquiétude fut assez vive pour que le matin même de la cérémonie le gouvernement se décidât à changer l'itinéraire que devait suivre le cortége. En conséquence, le roi suivit la direction du quai des Tuileries jusqu'au pont Louis XV, au lieu de prendre par le quai d'Orsay, pour se rendre au palais de la Chambre des députés, et en même temps l'on interdit au public la terrasse du bord de l'eau.

Ces précautions, qui ont apaisé les craintes et peut-être même prévenu une criminelle tentative à l'époque dont il s'agit, sont renouvelées depuis lors dans les mêmes circonstances.

Une vingtaine de personnes arrêtées les 27 et 28 décembre 1835 sur des présomptions assez fortes recouvrèrent leur liberté après une courte détention, attendu qu'aucun acte ne constituait un commencement d'exécution de l'attentat, et qu'aucune preuve suffisante de l'existence du complot n'a pu être opposée aux inculpés.

Dans l'état de fermentation où se trouvaient

encore quelques débris de la faction républicaine, il n'est pas surprenant que des individus mal famés, rebut des anciennes sections, conservassent l'ignoble habitude d'exprimer, en actes et en propos dégoûtans, leur haine contre la royauté. Pour eux le régicide était devenu une action méritoire, ils en faisaient un objet de plaisanterie et de bravade, et souvent même, dans leurs jeux grossiers, ils s'exerçaient à prodiguer d'indignes outrages à des figures, à des images, auxquelles ils donnaient le nom de Louis-Philippe; le plus fréquemment ils charbonnaient sur un mur la figure du roi, la prenaient pour le but de leur adresse au pistolet, et jouaient ainsi avec la fiction du crime pour nourrir l'espérance d'en voir la réalité.

Celui qui se montrait le plus adroit ou le plus ingénieux dans ces hideux passe-temps se voyait prôné et choyé entre ses pareils. Une exécrable émulation en devenait la conséquence.

Ce n'était pas encore assez que tant de gens prissent au sérieux le désir de tuer le roi et préconisassent une telle action, il en était d'autres qui, regardant comme une chose méritoire de figurer en cour d'assises sous une prévention de cette nature, cherchaient, par une simulation, le moyen de s'y faire traduire.

C'est ainsi qu'on peut expliquer la conduite de deux jeunes mauvais sujets nommés Oursel et Fouette. Ils me firent adresser une lettre anonyme pendant le mois de juillet 1836, dans laquelle on les dénonçait comme deux furieux décidés à tuer le roi au moment de la prochaine revue, fixée au 28 de ce même mois.

Je les fis arrêter ; on les trouva nantis de longs poignards en forme de stylet, et l'on saisit quelques papiers où ils avaient consigné confusément leurs criminelles intentions.

Interrogés sur l'usage qu'ils se proposaient de faire de leurs poignards, ils répondirent que c'était pour en frapper le tyran, et ils expliquèrent comment ils se proposaient de s'y prendre : d'après leur version, ils devaient s'introduire dans les rangs de la garde nationale, et choisir le moment favorable pour se glisser jusque sous le cheval du roi.

Leurs déclarations, faites séparément, se trouvèrent identiques. Ils soutinrent ce rôle pendant quatre mois ; mais, lorsqu'ils parurent devant le jury, à la fin de novembre 1836, éclairés sans doute alors sur les suites possibles de la procédure, ils changèrent de langage, et prétendirent que cette affaire était une mystification ; qu'eux-mêmes avaient dicté la lettre anonyme ; que jamais ils n'avaient eu la pensée d'un attentat, et que le seul but de leurs mensonges était de faire parler d'eux. La durée de leur détention préventive dut paraître une leçon suffisante pour corriger ces garnemens, car le verdict du jury les acquitta.

En outre des faits que je viens de rapporter, plusieurs feuilles publiques ont fait mention, à différentes époques, de quelques autres complots, éventés par la police, et qui avaient pour objet l'assassinat du roi à Saint-Cloud, à Neuilly, et dans la forêt de Fontainebleau : ces bruits n'avaient aucun fondement.

CHAPITRE QUATRIÈME.

IV

Principal motif de ma répugnance à rester préfet de police. — Crime d'Alibaud. — Détails sur cet homme. — L'armurier Devismes. — Armes prohibées. — Le tribunal de police correctionnelle. — Procès d'Alibaud ; ses paroles, sa condamnation, son exécution. — Complot militaire. — La revue de la garde nationale est contremandée (juillet 1836).

La rapidité avec laquelle se succédaient les événemens qui mettaient en jeu la vie du roi me jetait dans une perpétuelle anxiété. Le génie du mal s'était montré sous tant de formes pour assouvir la haine des partis, qu'à tout moment je tremblais d'apprendre quelque nouveau malheur, quoique le gouvernement et l'administration eussent mis en œuvre tout ce qui pouvait rassurer le pays contre les dangers d'une affreuse catastrophe.

Ces inquiétudes incessantes et la responsabilité morale qui pesait sur moi étaient alors les principales causes du désir que j'exprimais souvent de quitter ma position. Je l'avais prise en dégoût, l'expérience m'ayant démontré de plus en plus tout ce qu'elle avait d'amertume et de déception. Aussi ce fut à partir du commencement de 1836 que mes instances pour être remplacé devinrent plus vives, plus fréquentes. Mon aversion pour le poste où j'étais placé, et la volonté d'y renoncer dès que le gouvernement ne s'y opposerait pas d'une manière formelle, ne pouvaient plus être ignorées de personne. Voilà pourquoi, même dans mon entourage, on s'entretenait quotidiennement de ma prochaine retraite. Les procédés affectueux des ministres de cette époque, et les témoignages de bienveillance de la famille royale, faisaient seuls un contre-poids à ma répugnance pour mes fonctions, et m'ont donné la force de les conserver tant que le pouvoir est resté aux mains des hommes auxquels j'avais associé mes sympathies.

J'ai expliqué les motifs qui, depuis les journées d'avril et le grand procès devant la Cour des pairs, me rassuraient contre les chances de nouveaux troubles; on sait que je voyais les factions dans l'impuissance d'opposer la force à l'action des lois. La tranquillité générale n'était plus menacée, et je mettais à profit le temps qui s'écoulait pour introduire des améliorations nombreuses dans toutes les parties des services administratifs; mais les assassins en voulaient aux jours du roi, et j'avais moins de ressources pour pénétrer la pensée d'un scélérat méditant son crime dans l'isolement et le silence que je n'en avais pour lutter avec les masses de factieux; c'était de là que venait essentiellement ma résolution de rentrer au plus vite dans la vie privée.

Mes appréhensions ne tardèrent pas à se voir confirmées par l'événement dont je vais rappeler les détails.

Le 25 juin, vers six heures du soir, le chef de la police municipale (M. Joly) arrive précipitamment auprès de moi, et m'annnonce qu'un homme vient de tirer sur le roi, à l'entrée du guichet des Tuileries faisant face au pont Royal; que le roi n'est pas atteint, et que l'assassin est arrêté.

Je cours aux Tuileries, où j'apprends que sa majesté et la famille royale avaient continué leur route pour Neuilly, le roi ayant heureusement échappé à ce nouvel attentat.

Les gardes nationaux composant le poste d'honneur du château me donnèrent les renseignemens nécessaires sur ce qui venait de se passer; après quoi j'entrai dans leur corps-de-garde pour interroger l'assassin, qui venait d'y être déposé. C'était un homme maigre, d'une taille un peu plus qu'ordinaire, ayant des traits assez distingués. Il me parut âgé de vingt-sept à vingt-huit ans. Lorsque je l'aperçus, on s'occupait de le fouiller; ses vêtemens usés indiquaient un état de gêne déjà ancien, et prouvaient cependant que l'homme n'appartenait pas aux basses classes de la société. On ne trouva sur lui qu'un poignard, dont il avait tenté de faire usage pour se tuer, une pipe et une somme de 1 franc 10 centimes. Il s'appelait Alibaud ; je dirai tout-à-l'heure comment son nom fut connu aussitôt son arrestation.

Alibaud ne répondit rien à mes questions, seulement il déclara que son *unique regret était de n'avoir pas réussi.*

Ayant fait monter à cheval, pour servir d'escorte, cinquante lanciers de la caserne du quai d'Orsay, j'ordonnai de conduire Alibaud à la Conciergerie, où il fut enfermé dans la chambre qu'avait occupée Fieschi.

Les informations recueillies par moi sur le lieu du crime m'apprirent ce qui suit :

Alibaud était venu à une heure et demie de l'après-midi ; il avait causé quelque temps avec un garde national en faction près de la grille du Carrousel ; il disait attendre quelqu'un, et paraissait fort impatient. Revenu vers cinq heures et demie du soir, Alibaud, dès qu'il vit les voitures s'approcher de l'escalier du roi, alla se placer à l'angle *est* du guichet, dans la cour des Tuileries, à deux pas du corps-de-garde. L'assassin avait habilement calculé que le piquet de cavalerie escortant sa majesté serait forcé de s'écarter au moment où la voiture tournerait pour entrer dans le guichet, attendu que ce passage est fort étroit, et qu'une voiture seule en occupe toute la largeur. Il devait résulter, et il est résulté en effet de ce mouvement, que la portière du carrosse est restée quelques secondes à découvert. La garde nationale, apercevant le roi, l'accueillait par de vives acclamations, et au moment où sa majesté s'inclinait pour faire un salut de remerciement, une arme à feu fit explosion : les deux balles dont elle était chargée passèrent en l'effleurant au-dessus de la tête du roi, et allèrent se loger dans un des panneaux de la voiture.

Bien qu'Alibaud eût auprès de lui plusieurs adjudans du château et quelques autres personnes, il avait pu, dans un mouvement rapide, poser son chapeau sur la borne placée à l'angle du guichet, et décharger sur le roi la canne-fusil dont il était porteur....... Ainsi que je l'ai dit, les jours du roi furent préservés par un hasard providentiel d'un péril d'autant plus imminent, qu'il existait tout au plus une distance de quatre pieds entre la voiture et l'assassin. L'on m'assura cependant qu'une autre circonstance avait contribué à détourner la direction du coup : l'un des adjudans prétendit qu'ayant remarqué le mouvement d'Alibaud, il avait vivement saisi cet homme aux cheveux pour le renverser en arrière, ce qui avait dû nécessairement faire dévier l'arme à feu. Je dois néanmoins ajouter que ce point n'a pas été complètement éclairci.

Je dois dire aussi, sans vouloir accuser personne de négligence, et seulement afin de repousser un soupçon qui tendrait à mettre en doute la vigilance de la police, que mes agens, quels qu'ils fussent, même ceux chargés spécialement d'une surveillance de précaution autour des résidences royales, n'avaient pas la faculté de s'introduire, à l'occasion de leur service, dans la cour des Tuileries; l'entrée leur en était interdite, parce que des personnages fort honorables s'attribuaient, à l'exclusion du préfet, le droit de faire la police à l'intérieur du château. La ligne de démarcation, sévèrement observée, ne permettait même pas à mes subordonnés d'arrêter un individu en flagrant délit de vol dans le jardin des Tuileries. Je présume que cet état de choses subsiste encore, et je suis loin de blâmer la susceptibilité qui le fit établir; les présentes réflexions n'ont qu'un but, c'est de constater l'impossibilité, pour moi ou mes subordonnés, d'empêcher le crime d'Alibaud. Ainsi, les inspecteurs de police et les sergens de ville gardaient la partie extérieure du guichet, tandis que l'assassin s'était posté à l'extrémité intérieure, où s'exerce la surveillance des employés du château; et pour exposer ici toute ma pensée, je déclare que si le criminel eût choisi le point confié aux soins de mes agens, il n'aurait pas pu mettre son projet à exécution.

Par une de ces rencontres extraordinaires dont les annales judiciaires nous fournissent plusieurs exemples, Alibaud fut reconnu, au moment où on l'arrêta, par un sieur Devismes, arquebusier, rue du Helder, n° 12. M. Devismes, à l'instant où la famille royale quittait les Tuileries, commandait le poste de la garde nationale, et fut l'un de ceux qui s'emparèrent du coupable. Il n'eut pas de peine à se rappeler ses traits et son nom : Alibaud s'était présenté récemment chez lui pour lui offrir de placer des cannes-fusils dans les courses qu'il se disait chargé de faire en qualité de commis-voyageur. M. Devismes lui avait remis comme échantillons quatre de ces cannes ; peu de jours après, Alibaud lui en fit rendre trois, annonçant qu'il n'avait pu les vendre, et promit d'acquitter le prix de la quatrième, qui, disait-il, avait crevé en l'essayant. Cette allégation était mensongère, puisque l'arme en question devint, dans les mains d'Alibaud, l'instrument de son crime.

Je regrette de suspendre momentanément la narration des faits essentiels pour arrêter l'attention sur un objet accessoire ; mais je ne puis m'empêcher de répondre maintenant à des reproches au sujet desquels, par une réserve que tout le monde appréciera, j'ai dû autrefois garder le silence.

Dès que l'événement du 25 juin fut connu, le public et les organes de la presse blâmèrent amèrement la police d'avoir toléré des armes aussi dangereuses que celles dont M. Devismes faisait le commerce. Les lois, disait-on, en interdisent la fabrication et la vente, comme de toutes les armes qui ne sont pas ostensibles. Quoi de plus dangereux, ajoutait-on, qu'un fusil ayant l'apparence d'une canne légère? N'est-ce pas là, par dessus tout, ce que le législateur a voulu prohiber? Ces réflexions, en ce qui touche l'interprétation de nos lois, étaient fort justes, et je pensais à cet égard absolument comme le public et les écrivains. Mais, dans leurs reproches, ils confondaient deux choses parfaitement distinctes : d'une part, la police chargée de signaler les crimes et les délits, et de l'autre la justice, à qui seule est réservé le droit de les punir. Était-il en mon pouvoir d'obliger les magistrats de l'ordre judiciaire à comprendre la loi comme je la comprenais, et à en faire une bonne application? On va voir de quel côté sont les torts.............

Je n'avais pas attendu l'acte d'Alibaud et les réclamations qu'il a soulevées pour sévir, autant qu'il était en mon pouvoir, contre les fabricans et marchands d'armes prohibées, et je n'ai jamais cessé de regarder comme telles non seulement les cannes-fusils, qui, certes, devraient passer en première ligne dans la catégorie de toutes celles défendues, mais encore les cannes à épée, les cannes à dard, les cannes plombées, les poignards, les couteaux-poignards, les pistolets sous une forme déguisée, les fléaux, assommoirs de poche, etc., etc. J'en ai fait saisir d'immenses quantités pendant les années

1832, 1833, 1834, 1835, et avant le mois de juin 1836. Plus de trois cents perquisitions, et même des fouilles générales, eurent lieu d'après mes ordres et en vertu de mes mandats, chez les personnes désignées comme se livrant à ce commerce; je portais encore plus loin les précautions, car j'avais fait établir une surveillance spéciale dans tous les établissemens publics, pour y saisir les objets compris dans les prohibitions légales. Eh bien! qu'est-il résulté de ces mesures? les délinquans ont presque toujours été renvoyés de la plainte, et les armes saisies leur ont été restituées : plus de vingt mille objets dangereux sont rentrés malgré moi dans les mains de leurs propriétaires.

Outre l'inconvénient de les remettre en circulation, la jurisprudence regrettable du tribunal de police correctionnelle me présentait comme faisant un usage arbitraire, ou au moins irréfléchi, de mon autorité; de là naissaient des préventions contre la police et des récriminations contre moi.

Mais il me reste à faire une citation encore plus concluante.

Dans le courant de l'année 1834, époque où les cannes-fusils commençaient à être connues, je fis opérer une perquisition *chez M. Devismes*, et saisir toutes celles qui existaient dans son magasin. Traduit à cette occasion devant la justice, *M. Devismes fut acquitté par le tribunal de police correctionnelle, qui, dans son jugement, ordonna la restitution* des armes, ATTENDU QUE LA CANNE-FUSIL NE PEUT ÊTRE RANGÉE DANS LA CATÉGORIE DES ARMES PROHIBÉES [1].

Ce jugement m'autorise à dire que la justice sommeille parfois chez nous !...

Le procureur du roi n'ayant pas interjeté appel, il y avait chose jugée.... définitivement jugée, du moins à l'égard de M. Devismes; et, autant le même tribunal, et peut-être les mêmes hommes, auraient mis d'empressement à condamner M. Devismes après le crime d'Alibaud, autant l'on se serait récrié contre moi si j'avais méconnu la jurisprudence établie.

Quoi qu'il en soit, personne ne niera que, si les organes de la loi en avaient fait, en 1834, une juste application, l'attentat du 25 juin 1836 n'aurait pas eu lieu.

Revenons à l'arrestation d'Alibaud.

La première chose dont je dus m'occuper ce fut de rechercher s'il avait des complices, et, à cet effet, de savoir depuis combien de temps il était à Paris, quels domiciles il avait habités, et quelles liaisons il y avait formées. Les notes tenues à la Préfecture sur le mouvement des voyageurs m'apprirent que cet homme était arrivé à Paris en novembre 1835, et qu'après avoir plusieurs fois changé de logement, il demeurait rue des Marais-

---

[1] Voir à cet égard la *Gazette des Tribunaux* du 31 août 1836.

Saint-Germain, n° 3. Une perquisition faite aussitôt dans sa chambre ne fit rien découvrir d'important; on n'y trouva que *les Martyrs* de M. de Chateaubriand, un volume de l'*Essai sur les Mœurs*, et un exemplaire des *OEuvres de Saint-Just*, pareil à ceux trouvés chez Pepin, Morey et Boireau.

D'autres renseignemens ne tardèrent pas à nous faire connaître qu'Alibaud était natif de Nîmes; que son père habitait Perpignan, où je crois qu'il exerçait la profession d'aubergiste, et jouissait d'une bonne réputation; qu'à l'époque de la révolution de juillet, Alibaud, alors au service, se trouvait en garnison à Paris; qu'il avait quitté son régiment pour ne pas, avait-il dit, tirer sur le peuple; qu'ayant ensuite repris l'état militaire, il s'était fait réformer, en 1834, pour passer en Espagne, avec l'espoir d'y obtenir le grade d'officier; qu'arrivé à Barcelone, en 1835, il s'était lié avec les radicaux de ce pays, et avait pris part à des projets de soulèvement en faveur de la république; que depuis son retour à Paris un sieur Batitza, commerçant en vins, rue Saint-Sauveur, n° 12, l'employa temporairement en qualité de commis; que de là, par les soins de son ami M. Léonce Fraisse, il obtint une place équivalente chez les demoiselles Duperly, brodeuses; que le 11 avril 1836, appelé en témoignage devant la police correctionnelle, il avait déjà manifesté les plus mauvaises dispositions en répondant avec violence et d'une manière insultante aux questions du président; qu'enfin, depuis la perte de son dernier emploi, livré à une honteuse oisiveté, passant ses journées dans les cafés et les tabagies, il vivait misérablement du produit de quelques livres et de quelques hardes vendus par lui pièce à pièce à mesure de ses besoins; que du reste il était d'une grande sobriété, n'ayant dépensé que trente-deux sous pendant une semaine pour sa nourriture; que toujours, depuis quelques mois, on le voyait soucieux, sombre, et comme absorbé par une idée fixe.

On acquit en outre la certitude qu'il avait écrit quatre lettres à M. Corbière, de Perpignan, dans lesquelles il révélait son intention formelle de tuer le roi. Ce fait grave provoqua l'arrestation de M. Corbière, précédemment lancé dans les intrigues républicaines, et qui figura au nombre des prévenus dans le grand procès d'avril. On arrêta également auprès de Bordeaux, sur un ordre de la Cour des pairs, M. Léonce Fraisse, ami d'Alibaud, parce que c'était lui qui avait reporté à M. Devismes les trois fusils-cannes dont j'ai parlé.

Ainsi qu'il arrive toujours en pareille circonstance, une trentaine d'autres arrestations privèrent momentanément de leur liberté les personnes qui s'étaient trouvées en rapport avec le criminel; mais les investigations de la justice ne laissèrent planer sur aucune d'elles le moindre soupçon, et malgré la multiplicité des démarches, des recherches, il fut heureusement impossible d'apercevoir la plus légère apparence d'une complicité quelconque avec Alibaud; il est donc ressorti de l'instruction de cette affaire la plus entière conviction que l'événement du 25 juin était un crime isolé. MM. Corbière et Léonce Fraisse eux-mêmes furent rendus à la liberté, et ne parurent qu'à titre de témoins devant la Cour des pairs, ayant fourni des explications suffisantes sur leurs relations avec l'accusé.

Avant d'avoir acquis une certitude complète sur le caractère d'isolement qui distingue l'attentat d'Alibaud, le gouvernement fut tourmenté d'une vive inquiétude : on assurait, et plusieurs de nos agens secrets l'affirmaient, que dix ou douze individus, liés par un serment, avaient tiré au sort pour décider l'ordre de numéro d'après lequel chacun d'eux devrait se charger d'assassiner le roi. Le numéro un, disait-on, était échu à Alibaud, et il fallait s'attendre à voir les autres imiter successivement son exemple. Cette conjuration, qui rappellerait les terribles sentences des francs-juges, et qui motiva une partie des arrestations effectuées, n'avait rien que d'imaginaire; nos craintes s'évanouirent en présence de la vérité; car il ne resta aucun doute sur l'emploi, jour par jour, du temps d'Alibaud depuis son arrivée à Paris, et sur la nature des liaisons peu nombreuses qu'il avait eues.

Une ordonnance royale rendue le 25 juin, deux heures après l'attentat, ayant convoqué la Chambre des pairs en cour de justice, M. Pasquier vint à la Conciergerie dans la même soirée pour faire subir au prévenu un premier interrogatoire; M. Thiers, M. Martin du Nord, alors procureur général, et moi, étions présens.

J'avais fait prendre à l'égard d'Alibaud les mêmes précautions adoptées pour Fieschi; de plus, on jugea convenable de lui mettre la camisole de force, afin d'éviter un suicide.

Il répondit avec politesse, avec calme et précision, aux questions de M. Pasquier, et, loin de vouloir atténuer l'horreur de son action, il ajouta de sa main, en signant le procès-verbal, *que la seule chose qu'il regrettât était de n'avoir pas réussi.* Le sens de quelques-unes de ses réponses peut se traduire en ces termes : Depuis long-temps, et surtout depuis *Saint-Merri*, j'avais juré la mort du roi, et je m'étais dévoué à cette œuvre; j'avais pris la vie en dégoût, et je voulais utiliser ma mort dans l'intérêt des peuples.

L'instruction fut promptement terminée, et dès le 8 juillet l'accusé comparut devant la Cour des pairs, assisté de MM. Ch. Ledru et Bonjour, avocats. La contenance d'Alibaud, ses manières et les formes de son langage, ne manquaient pas d'une sorte de dignité; il s'exprimait facilement, et l'on pouvait lui supposer une éducation supérieure à celle qu'il avait reçue.

Après l'audition des témoins et le réquisitoire du procureur général, Mᵉ Bonjour commença sa plaidoirie; mais Alibaud, l'interrompant, lui interdit la parole et s'écria : *Je vous comprends, monsieur l'avocat; vous voulez demander pour moi grâce et pitié; mais moi je ne veux inspirer d'autres sentimens que l'estime ou la haine.* Ensuite il se mit à lire un discours composé par lui en prison, et destiné, non pas à sa défense, mais bien à présenter le développement de ses doctrines politiques. Quand il eut prononcé ces mots : *Le régicide est le droit de l'homme qui ne peut obtenir justice que par ses mains*, M. Pasquier lui ôta la parole, en ordonnant la saisie et le dépôt au greffe de son manuscrit. Cette mesure ne doit rencontrer que des approbateurs, car enfin le droit de la légitime défense ne peut aller jusqu'à faire l'apologie du régicide.

Les paroles d'Alibaud que j'ai soulignées excitèrent, comme on le pense bien, un sentiment douloureux de surprise et d'indignation. On se demandait comment on avait pu pervertir les notions du bien et du mal jusqu'à porter à cet excès le délire d'un jeune insensé. Le ministre de l'intérieur, après l'audience de la Cour des pairs, me chargea d'inviter les rédacteurs de journaux à s'abstenir de reproduire les affreuses maximes d'Alibaud. Je confiai cette mission à plusieurs commissaires de police; la plupart des publicistes déférèrent à l'invitation, mais d'autres n'en tinrent aucun compte, et se récrièrent au sujet de la prétendue censure qu'on essayait, disaient-ils, d'exercer sur la presse. En publiant donc la phrase signalée sans la flétrir d'une juste réprobation, ils y joignirent d'énergiques protestations contre les vues qu'ils prêtaient à l'autorité. A les en croire, l'appel fait à leur circonspection était un acte non moins illégal, non moins despotique que la création d'un comité de censeurs; et ce prétexte de criailleries alimenta pendant huit jours les feuilles de l'opposition extraparlementaire.

Il est vraiment trop difficile de ne pas éveiller la chatouilleuse susceptibilité de nos écrivains radicaux et de ne point allumer leur colère. De quoi s'agissait-il en réalité dans cette occasion? d'une simple démarche qui prouvait de la part du gouvernement une estime honorable pour les hommes auxquels on s'adressait; c'était rendre hommage à leur indépendance, constater leurs droits, et leur donner un témoignage de la haute opinion que l'on s'était formée de leurs respects pour les bienséances. Mais eux voulaient absolument voir dans une invitation toute loyale l'équivalent d'une menace. Ainsi, leur tactique consistait à imputer au pouvoir un tort imaginaire pour avoir le prétexte de déblatérer. Il est vrai que, s'ils n'avaient pas dénaturé les faits, le prétexte leur aurait manqué.

L'inévitable condamnation d'Alibaud fut prononcée le 9 juillet; la Cour des pairs lui appliqua la peine des parricides. Je n'ai plus à mentionner qu'un seul incident relatif aux débats; le voici: Alibaud répéta qu'il ne se repentait point, et répondit d'une voix fortement accentuée à M. Pasquier, lorsque celui-ci lui demandait si, en tuant le roi, son intention n'était pas d'amener l'établissement de la république? — *Oui, monsieur le président.*

Le condamné refusa de se pourvoir en grâce, et défendit même à M. Ch. Ledru, son conseil, de faire aucune démarche dans son intérêt; néanmoins cet avocat écrivit au roi, mais en son nom personnel, pour solliciter la grâce de son client.

L'exécution d'Alibaud eut lieu le 11 juillet. Très-peu de personnes avaient assisté au procès; les abords du Luxembourg étaient presque déserts, tant le public, blasé par les émotions des affaires d'avril et de celle de Fieschi, semblait fatigué de la reproduction fréquente de ces scènes dramatiques. L'affluence des curieux qui virent les derniers momens d'Alibaud était aussi moins considérable que dans les circonstances les plus ordinaires.

Alibaud, avant de recevoir le coup fatal, s'écria: *Je meurs pour la liberté, pour le bien de l'humanité, pour l'extinction de l'infâme monarchie!*

Huit jours après la mort d'Alibaud, on me fit connaître l'existence d'une conspiration, ayant pour double objet le massacre de la famille royale et l'inauguration de la république. Cette fois, la faction démagogique devait trouver dans une partie de la garnison des auxiliaires d'autant plus dangereux pour le trône, que c'était sur eux-mêmes qu'on se reposait du soin de le défendre. Plus de trente sous-officiers, deux capitaines, quatre ou cinq lieutenans ou sous-lieutenans et même un chef de bataillon me furent signalés comme ayant formé le projet d'un coup de main sur les Tuileries. Ils devaient, m'assurait-on, enlever les troupes de deux ou trois casernes de Paris, arrêter dans leurs quartiers ceux des officiers opposés au mouvement, et marcher rapidement en deux colonnes sur le château, appuyés dans leur attaque par plusieurs bandes de républicains.

C'était à quatre heures du matin que l'action devait commencer. Les meneurs espéraient pouvoir réunir sous leur bannière insurrectionnelle un grand nombre des ouvriers qui, vers cette même heure, ont l'habitude de se rendre à leurs travaux; et ils calculaient qu'à ce moment de la journée il serait difficile de mettre promptement sous les armes la garde nationale et les troupes fidèles pour opposer en temps utile une résistance suffisante aux efforts des assaillans.

Déjà des conciliabules avaient eu lieu; des sous-officiers s'étaient réunis à Saint-Cloud et dans des cabarets hors barrière pour concerter le plan d'opération et embaucher leurs camarades. En même temps les républicains s'organisaient en cohortes, préparaient des munitions, faisaient des distributions d'armes, et recrutaient parmi les leurs tous les hommes déterminés qui avaient fait leurs preuves en d'autres occasions. Un seul atelier de Chaillot devait fournir plus de cent combattans; et par la nature de leurs travaux, ces hommes se trouvaient en mesure de s'armer et d'armer beaucoup de leurs complices. C'était du moins ainsi que raisonnait le chef destiné à les commander.

On verra dans le chapitre suivant des documens plus circonstanciés, plus étendus sur l'organisation de la société républicaine qui devait concourir avec les conjurés militaires au soulèvement projeté; on y verra que, deux ou trois mois avant les fêtes de juillet 1836, j'avais saisi les principaux fils de cette conspiration en ce qui concernait les individus étrangers à l'armée, et comment une partie des moyens dont ils comptaient faire usage pour le mois de juillet étaient tombés d'avance en mon pouvoir.

Afin d'éviter des redites, je me bornerai, quant à présent, à noter que le complot continuait sans interruption de la part des militaires, et que, s'ils n'avaient plus pour les seconder la totalité des anarchistes associés à leurs desseins, ils conservaient du moins encore la fraction nombreuse de ceux qui n'étaient pas sous les verroux, et les hommes que la justice avait rendus à la liberté après une courte instruction.

Plusieurs de mes agens fort en crédit dans le parti républicain, ayant été investis d'une confiance plus large de la part des meneurs, et chargés de continuer en l'absence des notabilités arrêtées par mes soins les relations établies avec les sous-officiers mal intentionnés, me donnèrent presque simultanément une connaissance exacte de toute cette intrigue. Deux d'entre eux assistèrent même, comme mandataires des républicains, à une assemblée qui eut lieu dans un des cabarets de Passy.

Les choses se trouvaient en cet état vers le 24 juillet, et, comme on n'en peut pas douter, je mettais tout en œuvre pour démolir de mon mieux l'ensemble de cette machination, lorsqu'un officier, mis dans la confidence des séditieux, vint me confirmer ce que je savais déjà, et me révéler des ramifications encore ignorées. Il m'apprit que les embauchages s'étendaient à des corps de la garnison que, jusque là, on avait cru y être restés étrangers.

Je communiquai ces renseignemens aux ministres; ils ne crurent pas devoir impliquer les militaires dans les poursuites et dans les procédures qui devaient en résulter; c'eût été agir d'une manière impolitique, découvrir une plaie douloureuse quoique peu grave, et donner plus d'espérance, plus de force aux mauvaises passions. Une mesure plus conforme à l'intérêt public fut adoptée : on arrêta et l'on fit partir pour l'Afrique un certain nombre de sous-officiers compromis, on fit changer quelques régimens de garnison, et l'on déplaça les officiers associés à ces manœuvres.

Les combinaisons révolutionnaires étant ainsi déjouées à l'égard de la troupe, il restait à compléter la dispersion des factieux appartenant à l'ordre civil. A cette occasion, je demandai, comme je l'avais fait en avril 1834, que l'autorité judiciaire concourût avec le pouvoir gouvernemental aux actes ayant pour but d'écarter la possibilité d'une révolte prochaine. Une conférence à laquelle assistaient MM. Sauzet, garde-des-sceaux, Martin (du Nord), procureur général, Desmortiers, procureur du roi, et Zangiacomi, juge d'instruction, eut lieu dans le cabinet du ministre de l'intérieur. Là j'exposai mes vues. Ayant la liste des républicains les plus influens, les plus dangereux, qui devaient donner l'impulsion au mouvement, je fis sentir la nécessité de leur arrestation immédiate et de leur détention prolongée au moins jusque après les fêtes anniversaires de juillet. Je ne me dissimulais pas que la prévention ne reposait point, à l'égard du plus grand nombre, sur des preuves capables de constater leur culpabilité; dans cette situation, il ne s'agissait pas de fournir à la justice des élémens de conviction légale, ni de procéder de manière à obtenir des condamnations, mais bien de se prêter à ce qu'exigeait impérieusement la circonstance. Si la justice ne peut pas prononcer des arrêts en l'absence des preuves palpables, convaincantes, elle peut du moins exercer son pouvoir dans une juste limite quand elle a une conviction morale et quand ses actes contribuent au salut de la chose commune. Telle était, en substance, la thèse développée par moi. En définitive je concluais à ce que les magistrats plaçassent provisoirement en mandat de dépôt pendant quinze jours les individus que je me proposais de faire arrêter. Dans quinze jours, disais-je, leur mise en liberté n'aura plus d'inconvénient, tandis que ces hommes, si on ne les empêche, ne manqueront pas pendant les jours de juillet de se compromettre et de porter de nouveau le trouble dans Paris. Leur intérêt se trouve donc lié sous ce rapport à l'intérêt général, et la mesure que je propose, malgré sa rigueur apparente, ne leur sera pas moins utile qu'au gouvernement. En résumé, toutes les considérations secondaires et personnelles ne doivent-elles point s'effacer devant la grande question de la tranquillité publique? Entre deux maux, dont l'un est inévitable, le devoir de l'autorité n'est-il pas d'écarter le plus menaçant?

Tout le monde approuva, et chacun promit un concours efficace dans la sphère de ses attributions. Dès ce moment, rassurés sur ce qui pouvait se passer lors de la célébration des fêtes, les ministres en fixèrent le programme, et il fut décidé que la revue de la garde nationale servirait à l'inauguration de l'arc de l'Étoile. On voulut bien se concerter avec moi sur les dispositions convenables; et l'on s'arrêta à l'idée d'entourer le monument d'une vaste enceinte de gradins, offrant dans son pourtour extérieur un mur en charpente fort élevé, de manière à rendre toute escalade impossible; un cordon de troupes devait être formé en dehors de cette construction et en interdire l'accès au public.

Des entrées latérales, surveillées par la garde municipale et les sergens de ville, auraient servi aux spectateurs munis de billets, et deux grands espaces, ménagés aux deux façades de l'arc de triomphe eussent laissé libre la voie nécessaire à la marche de la milice citoyenne et des troupes. Le roi se serait placé au centre et sous la voûte de ce bel édifice.

Toutes choses se trouvant ainsi réglées, je fis, conformément aux conventions dont je viens de parler, arrêter le lendemain les hommes suspects, au nombre d'environ cent cinquante. On trouva en la possession de plusieurs d'entre eux des armes, des cartouches, de la poudre, des balles et des écrits séditieux. Mais deux jours plus tard, les juges d'instruction en relaxèrent les trois quarts; d'où il résultait que nous nous trouvions replacés en présence des mêmes dangers que j'avais voulu prévenir.

Bientôt des avis alarmans appelèrent notre attention sur une combinaison infernale qui venait, disait-on, d'être adoptée par les républicains. On assurait qu'ils avaient trouvé le moyen de contrefaire les cartes d'entrée délivrées par le ministre de la guerre pour l'une des tribunes réservées aux soldats de l'empire; on disait qu'à l'aide de cette fraude, ils voulaient placer dans cette tribune deux ou trois cents de leurs séides, porteurs d'armes cachées, et tous prêts à s'élancer sur le roi à un signal convenu. On ajoutait qu'ils devaient composer exclusivement plusieurs pelotons de la garde nationale, lesquels se seraient mêlés aux légions de la banlieue, où il est plus difficile de se connaître, et que ces pelotons, ayant leurs fusils chargés, feraient feu en masse sur la personne du roi, à l'instant du défilé.

Ces informations ne m'inspiraient toutefois qu'une confiance médiocre; mais les ministres, ayant eu par d'autres voies des avertissemens analogues, y virent un caractère de gravité qui provoqua une nouvelle détermination; et à la suite d'une discussion en conseil, et d'une réunion chez M. Thiers, à laquelle j'assistai, on décida que la revue serait contre-mandée, malgré l'insistance que j'avais cru devoir mettre à soutenir l'opinion contraire. Il me semblait qu'au moyen de toutes les dispositions faites, le danger était illusoire; d'ailleurs rien ne démontrait la réalité du plan dénoncé;

je voyais dans les rapports secrets beaucoup de vague et de contradiction, ou au moins une exagération évidente, et, tout fût-il vrai, il me paraissait facile de prévenir le mal en mettant dans la confidence les chefs de la garde nationale et de la troupe, en leur recommandant de veiller spécialement à ce qu'aucun intrus ne pût s'introduire dans les rangs; enfin, l'inspection sévère des armes, faite au dernier moment, et après laquelle personne n'eût été admis en ligne, étaient, selon moi, des garanties tranquillisantes. A l'égard de l'entrée frauduleuse dans les tribunes, un simple changement de cartes ou bien des listes nominatives rendaient impossible la contrefaçon qu'on redoutait.

Ces motifs ne prévalurent point, et, en raison de l'immense responsabilité qui pesait sur les hommes d'État, il y aurait de la témérité à dire qu'ils ont eu tort. Les feuilles publiques, même celles de l'opposition, approuvèrent explicitement ou au moins par leur silence la résolution ministérielle. La vie du roi était en jeu, dirent les plus accrédités de ces journaux; quel homme aurait osé assumer sur lui les chances de l'événement?

Telles sont les causes pour lesquelles la revue de la garde nationale n'eut pas lieu en l'année 1836.

CHAPITRE CINQUIÈME.

V

Saisie d'une fabrique de poudre. — L'ouvrier Robert, qui construisit la machine de Fieschi. — Société des Familles. — Blanqui et Barbès. — Proclamation écrite par Barbès. — Nombreuses arrestations. — Saisie d'une fabrique de cartouches. — Procès-verbal d'une réception comme affilié à la société des Familles. — Comment cette société était organisée. — Les républicains achètent de la poudre. — Condamnations. — Société des Légions révolutionnaires. — Société des Droits du peuple. — Dernières arrestations faites par mes ordres.

On a vu, au chapitre précédent, qu'une grande affiliation républicaine s'organisait pour coopérer, avec des militaires égarés, à un coup de main révolutionnaire. Je vais expliquer en quoi elle consistait.

Le 8 mars 1836, je fis cerner une maison isolée rue de l'Oursine, n° 113, dans laquelle on remarquait depuis quelque temps un mouvement inaccoutumé. La visite journalière d'hommes étrangers au quartier, et un bruit nocturne dont on ignorait la cause, avaient éveillé mon attention. Des investigations prudentes et une surveillance préliminaire m'ayant éclairé sur les faits mystérieux, je savais que les infatigables ennemis du repos public avaient établi dans cette habitation une fabrique clandestine de poudre; les noms de ceux qui s'en occupaient m'étaient connus, et j'ordonnai à l'instant qui me parut opportun la saisie de la fabrique et l'arrestation des individus qu'on y trouverait. Cette mesure eut pour conséquence de placer sous la main de la justice les sieurs *Beaufour*, ancien fabricant de rouenneries, de la Seine-Inférieure; *Robier* et *Canard*, étudians en médecine; *Daviat*, étudiant en droit, et *Robert*, ouvrier menuisier, surpris tous les cinq en flagrant délit dans la maison rue de l'Oursine. Ils étaient tous vêtus de blouses, coiffés de casquettes, et noircis par la manipulation à laquelle ils se livraient. L'ouvrier *Robert*, chose très-remarquable, était le même qui, travaillant en juillet 1835 chez le sieur *Josserand*, menuisier, rue de Montreuil, n° 41, avait confectionné le cadre en bois de la machine *Fieschi*.

Mes agens constatèrent l'existence sur les lieux de tous les instrumens et ustensiles nécessaires à la fabrication de la poudre, d'un séchoir construit avec soin, d'une certaine quantité de poudre et d'une masse considérable de matières premières; ils s'emparèrent, comme pièces de conviction, de tout ce qui était de nature à être déplacé.

Je fis opérer simultanément des perquisitions

chez d'autres républicains que je savais être intéressés dans cette coupable industrie, en leur qualité de principaux membres d'une société secrète qui m'était dénoncée depuis peu, et qu'on appelait la *société des Familles*.

Ces actes amenèrent de grands résultats. On découvrit chez quelques affiliés, des écrits qui ne laissaient aucun doute sur l'organisation de cette société révolutionnaire et sur le but qu'elle se proposait, ainsi que beaucoup de listes où figuraient les noms d'emprunt sous lesquels les associés étaient désignés. Ces noms ne représentaient en apparence que ceux des personnes les plus attachées au gouvernement ; par exemple, on voyait réuni sur une même feuille MM. *Decases, d'Argout, Thiers, Persil, Montalivet, Rambuteau, Gisquet*, etc. ; d'autres ne portaient que les indications suivantes : *papa, maman, bonbon*, etc. On comprend que de telles désignations ne pouvaient me fournir aucune lumière sur les véritables sectaires ; mais, à force de recherches, je parvins à connaître la clef de ces pseudonymes et les noms réels des républicains auxquels ils s'appliquaient.

Je connus en même temps le rôle actif que jouaient dans cette affaire les sieurs *Blanqui* et *Barbès*, et j'ordonnai leur arrestation. Blanqui n'était pas à son domicile ; mais, arrivés chez Barbès, mes agens le trouvèrent avec Blanqui, lequel, dans la prévoyance de l'événement, avait passé la nuit chez son ami. On s'empara d'eux malgré leur résistance ; on saisit sur Blanqui des listes nombreuses où figuraient plus de neuf cents personnes, presque toutes connues par leurs opinions radicales. D'autres papiers étaient aussi renfermés dans son portefeuille ; mais ils avaient sans doute une grande importance à ses yeux, car il se précipita comme un furieux sur le commissaire de police, les lui arracha des mains et les avala. Quant à Barbès, on trouva dans sa demeure une liste de souscription en faveur des accusés du complot de *Neuilly*, douze mandrins pour la confection des cartouches, et une proclamation écrite de sa main.

Je ne saurais me dispenser d'en offrir une copie ; on verra, dans cette pièce, la confirmation d'une partie des aveux faits par Pepin après sa condamnation :

« Citoyens,

» Le tyran n'est plus ; la foudre populaire l'a
» frappé ; exterminons maintenant la tyrannie.

» Citoyens, le grand jour est venu, le jour de
» la vengeance, le jour de l'émancipation du peu-
» ple ; pour la réaliser, nous n'avons qu'à vouloir.
» Le courage nous manquerait-il ?

» Aux armes ! aux armes ! que tout enfant de la
» patrie sache qu'aujourd'hui il faut payer sa dette
» à son pays.

» Aux armes, républicains ! aux armes ! La
» grande voix du peuple se fait entendre ; elle de-

» mande vengeance. Frappons au nom de l'égalité.

» Ils sont là, nos tyrans, prêts à couronner par
» un dernier forfait leurs crimes innombrables.
» Que nos braves les fassent rentrer dans le néant.
» Héros du vice et de l'aristocratie, le courage
» n'anima jamais leurs cœurs; les voyez-vous
» tremblans et pâles? voyez-vous leurs mains dé-
» biles prêtes à laisser tomber leurs inutiles armes?

» Peuple, redresse-toi! à toi seul appartient le
» souverain pouvoir. Pour le ressaisir, tu n'as qu'à
» le vouloir. Le cœur te manquerait-il, quand tu
» n'as qu'à lever la main pour écraser tes faibles
» ennemis?

» Te rappelles-tu comme ils t'ont outragé? du
» coup sanglant dont ils t'ont meurtri le visage? les
» bagnes où ils t'ont plongé? les droits de l'homme
» dont ils t'ont dépouillé? Ils t'ont flétri du nom
» de prolétaire; lève-toi, frappe!

» Vois-tu les vaincus de juin et d'avril, les vic-
» times de Saint-Merri et de la rue Transnonain,
» qui te montrent leurs plaies sanglantes?... Elles
» demandent du sang aussi. Frappe! frappe en-
» core! Vois les enfans écrasés sous la pierre, les
» femmes enceintes te présentant leurs flancs ou-
» verts, les cheveux blancs de ces vieillards traî-
» nés sans pitié dans la boue! Tu n'as pas encore
» frappé! qu'attends tu?

» Viens; que ta colère purifie cette terre souillée
» par le crime, comme la foudre purifie l'atmo-

» sphère. Immole tous les ennemis de l'égalité et
» de la liberté. Frapper les oppresseurs de l'huma-
» nité n'est que justice; tu te reposeras ensuite
» dans ta force et dans ta grandeur.

Aors tu donneras des lois justes et saintes;
» alors tu travailleras au bonheur de tous les
» hommes en prenant pour instrument l'égalité.
» Mais maintenant point de pitié : mets nus tes
» bras, qu'ils s'enfoncent tout entiers dans les en-
» trailles de tes bourreaux ! »

Ce document, où dans un pathos indigeste le ridicule semble le disputer à l'atroce, est peu digne de la capacité dont Barbès a fait preuve dans son procès devant la Cour des pairs en 1839; et l'on ne peut attribuer le dévergondage et l'incorrection qui s'y font remarquer qu'à l'extrême rapidité avec laquelle cette proclamation a dû être composée. Tout ceci me paraît s'expliquer très-clairement. On se rappelle les révélations de Pepin; on sait qu'il avoua avoir annoncé à Blanqui, dans la matinée du 28 juillet 1835, l'attentat dont le roi devait être victime. Or, puisque maintenant on connaît l'intimité des rapports de Blanqui avec Barbès, n'est-il pas permis d'en conclure que ce dernier avait été mis également dans la confidence par Blanqui, et que la proclamation qu'on vient de lire fut rédigée à la hâte dans la prévision de la mort du roi? Ce n'est là qu'une hypothèse; mais elle acquiert, à mes yeux, toute l'apparence de la réalité lorsque je considère que l'écrit en question fut découvert par mes agens, *non pas au domicile occupé par Barbès en* 1836, mais bien dans un local habité momentanément par lui *dans les derniers jours de juillet et au commencement du mois d'août* 1835.

Je n'aurais pas voulu faire ces réflexions si elles étaient de nature à aggraver la situation actuelle de Barbès et de Blanqui; les faits que j'ai rapportés ne peuvent plus rien changer à leur destinée, et certes, loin de chercher à rendre leur condition plus pénible, je désire vivement que, revenus de leur exaltation, ils se conduisent de manière à mériter un acte de la clémence royale.

Les indications contenues dans les listes saisies sur Barbès et Blanqui donnèrent lieu à de nouveaux mandats. Je fis mettre successivement en prison, d'abord le sieur *Lamieussens*, étudiant, à qui appartenait le portefeuille dont Blanqui se trouvait possesseur, et près de deux cents autres républicains, parmi lesquels figuraient les sieurs *Paget*, rue Montesquieu, n° 7, chez lequel on trouva cent deux cartouches, cent cinquante balles, des moules et des matières pour en fabriquer d'autres; *Raisan, Dussoube, Ligeret, Martin-Bernard, Lebœuf, Grivel*, les deux frères *Seigneurjens, Lion, Quetin, Schirmann, Houtan, Nettré, Troncin, Voiturier, Moly* père, *Geoffroy, Lacombe, Rousset, Spirat, Hubin-Deguer, Dubosc, Palanchon, Lisbonne, Genin, Deligny, Herfort, Halot, Baudet, Quignot,*

Callien, *Gay*, etc. Des pièces importantes furent découvertes au domicile de ce dernier, notamment celle que j'ai rapportée à la fin du chapitre premier. Une bonne partie des prévenus étaient des étudians en droit et en médecine, et j'ajouterai que la plupart des hommes influens qui dirigeaient la société des Familles se sont trouvés compromis dans la révolte du 12 mai 1839. On sait que des condamnations graves furent prononcées, à l'occasion de cette dernière révolte, contre Barbès, Blanqui, Martin-Bernard, Troncin et autres.

Martin-Bernard, d'après les renseignemens qui me parvinrent relativement à la fabrique de poudre, aurait été le moteur principal de cette affaire, et ce serait lui qu'on aurait remarqué plusieurs fois venant rue de l'Oursine, entre onze heures et minuit, pour recevoir le produit de la fabrication. Afin de ne pas être entendu des voisins, il évitait de frapper à la porte, et annonçait son arrivée en jetant du sable aux carreaux d'une fenêtre : à ce signal, les complices venaient communiquer avec lui.

Je vais à présent copier une pièce qui fera connaître les principes politiques de la *société des Familles*, les bases essentielles de son organisation, et les formes observées pour l'initiation des néophytes. Elle confirme encore les déclarations de Pepin, qui lui-même avait été admis dans cette agrégation.

Le récipiendaire est introduit un bandeau sur les yeux.

Le président. Citoyens, au nom du comité central exécutif, les travaux sont ouverts.

Demande (à l'un des membres assesseurs). Dans quel but nous réunissons-nous?

Réponse. Pour travailler à la délivrance du peuple et du genre humain.

D. Quelles sont les vertus d'un véritable républicain?

R. La sobriété, le courage, la force, le dévouement.

D. Quelle peine méritent les traîtres?

R. La mort.

D. Qui doit l'infliger?

R. Tout membre de l'association qui en a reçu l'ordre de ses chefs.

D. (au récipiendaire). Citoyen, quels sont tes nom et prénoms, ton âge, ta profession, le lieu de ta naissance? — Avant d'aller plus loin, prête le serment suivant : « Je jure de garder le plus profond silence sur ce qui va se passer dans cette enceinte. » —Tu penses bien qu'avant de t'admettre dans nos rangs nous avons dû prendre des renseignemens sur ta conduite et sur ta moralité. Les rapports adressés au comité t'ont été favorables. Nous allons t'adresser quelques questions.

D. Est-ce ton travail ou ta famille qui te nourrit? As-tu fait partie de quelques sociétés politiques? Que penses-tu du gouvernement?

R. Qu'il est traître au peuple et au pays.

D. Dans quel intérêt fonctionne-t-il?

R. Dans l'intérêt d'un petit nombre de privilégiés.

D. Quels sont aujourd'hui les aristocrates?

R. Ce sont les hommes d'argent, banquiers, fournisseurs, monopoleurs, gros propriétaires, agioteurs, en un mot, tous les exploiteurs qui s'engraissent aux dépens du peuple.

D. Quel est le droit en vertu duquel ils gouvernent?

R. La force.

D. Quel est le vice dominant dans la société?

R. L'égoïsme.

D. Qu'est-ce qui tient lieu d'honneur, de probité, de vertu?

R. L'argent.

D. Quel est l'homme qui est estimé dans le monde?

R. Le riche et le puissant.

D. Quel est celui qui est méprisé, persécuté, mis hors la loi?

R. Le pauvre et le faible.

D. Que penses-tu des droits d'octroi, des impôts sur le sel et sur les boissons?

R. Ce sont des impôts odieux, destinés à pressurer le peuple en épargnant le riche.

D. Qu'est-ce que le peuple?

R. Le peuple est l'ensemble des citoyens qui travaillent.

D. Comment est-il traité par les lois?

R. Il est traité en esclave.

D. Quel est le sort du prolétaire sous le gouvernement des riches?

R. Son sort est semblable à celui du serf et du nègre; sa vie n'est qu'un long tissu de misères, de fatigues et de souffrances.

D. Quel est le but qui doit servir de base à une société régulière?

R. L'égalité.

D. Quels doivent être les droits du citoyen dans un pays bien réglé?

R. Le droit d'existence, le droit d'instruction gratuite, le droit de participer au gouvernement.

D. Quels sont ses devoirs?

R. Ses devoirs sont le dévouement envers la société et la fraternité envers ses concitoyens.

D. Faut-il faire une révolution politique ou une révolution sociale?

R. Il faut faire une révolution sociale.

D. Le citoyen qui t'a fait des ouvertures t'a-t-il parlé de notre but? Tu dois l'entrevoir déjà par nos questions, et nous allons en quelques mots te l'expliquer plus clairement encore..... Les oppresseurs de notre pays ont pour but de maintenir le peuple dans l'ignorance et l'isolement : le nôtre doit être par conséquent de répandre l'instruction et de rallier les forces du peuple en un faisceau. Nos tyrans ont proscrit la presse et les associations : c'est pourquoi notre devoir est de nous associer avec plus de persévérance que jamais, et de suppléer à la presse par la propagande de vive voix ; car tu penses bien que les armes que les oppresseurs nous interdisent sont celles qu'ils redoutent le plus, et que nous devons surtout employer. Chaque membre a permission de répandre par tous les moyens possibles les doctrines républicaines, de faire en un mot une propagande active et infatigable.

Plus tard, quand l'heure sera sonnée, nous prendrons les armes pour renverser un gouvernement qui est traître à la patrie. Seras-tu avec nous ce jour-là ? Réfléchis bien ; c'est une entreprise périlleuse : nos ennemis sont puissans ; ils ont une armée, des trésors, l'appui des rois étrangers ; ils règnent par la terreur. Nous autres, pauvres prolétaires, nous n'avons pour nous que notre courage et notre bon droit. Te sens-tu la force de braver ces dangers ?

Quand le signal du combat sera donné, es-tu résolu à mourir les armes à la main pour la cause de l'humanité ? Lève-toi.....

Voici, citoyen, le serment que tu dois prêter :

« Je jure de ne révéler à personne, pas même à mes proches parens, ce qui s'est dit ou fait parmi nous. Je jure d'obéir aux lois de l'association ; de poursuivre de ma haine ou de ma vengeance les traîtres qui se glisseraient dans nos rangs ; d'aimer et de servir mes frères, et de sacrifier ma liberté et ma vie. »

Citoyen, nous te proclamons membre de l'association. Assieds-toi.

D. As-tu des armes, des munitions? Chaque associé, en entrant dans l'association, doit avoir une quantité de poudre proportionnée à sa fortune, un quarteron au moins. En outre, il doit s'en procurer pour lui-même deux livres. Il n'y a rien d'écrit dans l'association. Tu ne seras connu que par le nom de guerre que tu vas choisir. En cas d'arrestation, il ne faut jamais répondre au juge d'instruction. Le comité est inconnu ; mais au moment du combat il est tenu de se faire connaître. Il y a défense expresse de descendre sur la place publique si le comité ne se met pas à la tête de l'association. Pendant le combat, les membres doivent obéir à leurs chefs suivant toute la rigueur de la discipline militaire. Si tu connais des citoyens assez discrets pour être admis parmi nous, tu dois nous les présenter. Tout citoyen qui réunit discrétion et bonne volonté mérite l'entrée dans nos rangs, quel que soit, d'ailleurs, son degré d'instruction ; la société achèvera son éducation.

Le récipiendaire est rendu à la lumière.

J'ajouterai à ces énonciations quelques remarques destinées à donner une idée exacte de cette affiliation révolutionnaire.

Les membres se classaient en escouades de huit à douze individus; ces fractions s'appelaient *familles*, d'où est dérivé le nom général de *société des Familles*; elles avaient un chef qui seul connaissait les véritables noms des hommes placés sous ses ordres, et communiquait avec les lieutenans du comité supérieur. L'organisation offrait donc une certaine analogie avec celle des *Droits de l'homme*, sauf cependant que dans la société des *Familles* il n'y avait ni réunions périodiques, ni revues générales, ni procès-verbaux des séances; on écrivait le moins possible, et les relations ne s'établissaient qu'individuellement. Les chefs secondaires visitaient leurs soldats, mais un à un, pour éviter les indiscrétions. Le jour du combat devait seul les voir réunis. On exigeait sévèrement que chacun eût de la poudre et des balles. Quant aux armes, on recommandait de s'en procurer secrètement, de bien les cacher; le comité promettait d'en délivrer à ceux qui en manqueraient au moment de l'action. Les faits ultérieurs ont prouvé que le comité n'avait pas d'armes, ou qu'il en avait fort peu. C'était à l'aide du pillage des boutiques d'armuriers, en enlevant les petits postes militaires et les casernes mal gardées, qu'il comptait pouvoir être en mesure de tenir sa promesse.

La société des *Saisons*, qui, le 12 mai 1839, leva

l'étendard de la révolte, et ensanglanta de nouveau le pavé de Paris, s'est formée avec les mêmes hommes qui composaient celle des *Familles,* après que j'eus dispersé celle-ci.

Une importante découverte, qui se rattache à la fabrique de poudre, fut aussi faite par mes soins : il s'agit du dépôt où les prévenus avaient transporté la poudre confectionnée rue de l'Oursine avant leur arrestation. Ce dépôt existait dans une maison, rue Dauphine, n°s 22 et 24 ; j'en fis opérer la saisie le 2 juin 1836. On trouva dans le même local plusieurs jeunes gens occupés à fondre des balles, à faire des cartouches, employant de la sorte tout ce que la fabrique clandestine avait produit, et tout ce que leurs amis parvenaient à se procurer par d'autres moyens, en fait de poudre de guerre et de chasse. Les cartouches, lorsqu'elles étaient achevées, s'enlevaient pendant la nuit ou dans la matinée de très-bonne heure, et on les distribuait aux républicains enrôlés dans l'association.

Le local où s'opérait cette manipulation fut entouré, puis envahi par mes ordres ; on s'empara d'une quantité fort considérable de matières et d'ustensiles, de plusieurs milliers de cartouches terminées, de quinze à vingt mille balles, en un mot, de tout ce qui devait servir aux desseins de la faction. *La Gazette des Tribunaux* du 4 juin évaluait à deux cent mille le nombre des cartouches qu'il était possible de confectionner avec les matériaux saisis ; mais il y avait exagération dans ce chiffre, ce qui n'empêche pas que la masse n'en fût énorme.

On arrêta sur les lieux les sieurs Genin, fils de l'ancien conventionnel ; Cabet, parent de l'ex-député ; Guillemin, et Grooteers. D'autres arrestations suivirent celles-ci, et augmentèrent encore le nombre des détenus appartenant à la société des *Familles*. La fabrique de poudre, la fabrique de cartouches et cette association, constituaient jusqu'à certain point une seule et même chose, ou du moins il existait une connexion intime entre ces trois parties d'une même entreprise.

Non contens de tous ces moyens employés par les révolutionnaires pour se préparer à une insurrection, ils achetaient encore des cartouches aux militaires de la garnison ; ce qui leur était facile, puisque les soldats faisaient alors fréquemment l'exercice à feu ; plusieurs d'entre eux ne consommaient qu'une portion de leurs cartouches, et vendaient le surplus. Les républicains, comme je l'ai dit, avaient pour auxiliaires ou pour associés à leur projet de révolte beaucoup de sous-officiers et un nombre correspondant de soldats : dès lors il n'est pas étonnant que, de part et d'autre, on ait eu recours à la fraude, et peut-être à des soustractions, pour donner à des alliés les moyens de se battre contre l'ennemi commun. Mes agens ont plusieurs fois constaté des ventes ou des dons volontaires de poudre et de cartouches provenant des magasins de l'État, et faits aux républicains par des soldats. Ce criminel trafic favorisa une escroquerie assez habile, commise par un fantassin au préjudice des frères et amis : le troupier, initié aux secrets des intrigues par son caporal, s'aboucha avec un Brutus de cabaret, et lui proposa mystérieusement trente livres de poudre ; l'interlocuteur n'eut garde de refuser..... Quelle bonne fortune pour la république! Notre champion de la liberté ne se possédait pas de joie ; il se voyait, en espérance, mis à l'ordre du jour, comme ayant bien mérité de la patrie. On convient du prix : 2 francs la livre ! L'on décide que la livraison s'effectuera le soir, à dix heures, dans une rue isolée derrière le Luxembourg ; le soldat y portera les trente livres de poudre ; on le paiera immédiatement ; il se hâtera de partir pour ne pas être remarqué, et, dans la crainte de se compromettre, il exige une parole d'honneur, appuyée d'une bouteille, pour s'assurer que l'acquéreur viendra seul au rendez-vous. Le républicain est exact à l'heure indiquée, et le fantassin ne tarde guère à paraître, porteur d'un sac long et fort étroit, en forme de tube. Il exige la remise des 60 francs, après quoi il ouvre le sac, montre la poudre à la surface, le referme, le place sur les épaules de l'acheteur, et s'en va. Voilà le digne clubiste, chargé de son patriotique ballot, qui se dirige avec précaution, et en faisant mille détours, jusque chez un des grands dignitaires du futur gouvernement populaire, où plusieurs amis l'attendaient..... Il arrive enfin sans fâcheuse rencontre. Il entre triomphalement; on l'entoure, on le félicite, on l'embrasse, on le débarrasse de son précieux fardeau..... on admire le bienheureux sac, on l'ouvre..... Mais, ô cruel désappointement! ô douleur! ô crime liberticide! ce sac bien aimé, ce tube qui devait lancer la foudre sur les sicaires des tyrans! ce salpêtre aussi impétueux que la fougue de nos patriotes, c'est..... Quoi? C'est..... du sable, recouvert de quelques lignes de poudre mélangée avec du charbon pilé!!!

Ce tour de passe-passe ne fut pas le seul du même genre; toutefois je n'en citerai pas d'autres, attendu la similitude des ruses employées.

On a vu de quelle manière on déjoua la conspiration militaire; les indications qui précèdent apprennent comment je parvins à paralyser les mouvemens des séditieux étrangers à l'armée, comment je mis toute cette faction en déroute. La coalition fut dissoute, par le fait, entre les deux partis engagés dans le complot.

Le jour où les républicains accusés au sujet de cette affaire parurent devant la justice, le 2 août 1836, leur nombre se réduisait à quarante-trois, par suite des mises en liberté ordonnées pendant l'instruction. Ils voulurent se justifier comme ils le faisaient habituellement, c'est-à-dire en mettant leurs actes sur le compte des agens provocateurs, en accusant la police, insultant et menaçant les témoins à charge. Un pauvre jeune homme, le sieur Lucas, appelé en témoignage à la requête du ministère public, déposa avec sincérité des faits à sa connaissance, et ne se laissa point intimider par les cris et les injurieuses apostrophes des prévenus. Eh bien! quand le procès fut terminé, les démagogues surveillaient sa demeure sans discontinuation, et l'attendaient dans chacune des rues environnantes pour l'assommer; il était chez lui comme sous le séquestre, et son quartier avait à son égard les dangers d'une forêt peuplée de bandits. Il se vit contraint d'abandonner l'emploi qui le faisait vivre, et d'aller habiter sous un faux nom une rue très-éloignée de celle où on le connaissait. C'est à mes soins qu'il doit de n'avoir pas été assailli vingt fois par les furieux patriotes, car j'avais placé autour de lui, à son insu, plusieurs agens pour le protéger.

Le procès se termina par la condamnation de quarante-un des accusés. Voici les principales peines appliquées par le tribunal de police correctionnelle :

Blanqui, âgé de trente-un ans; Beaufour, âgé de trente-un ans; Rabier, âgé de vingt-quatre ans; Robert, âgé de trente-cinq ans; Genin, âgé de vingt-trois ans, et Lisbonne, âgé de trente-trois ans, furent condamnés chacun à deux ans de prison, deux ans de surveillance et 3,000 francs d'amende, à l'exception des deux derniers, pour qui l'amende ne fut que de 1,000 francs.

Barbès, à un an de prison et 1,000 francs d'amende, et Lamieussens à une même peine; Canard, à dix mois de prison, deux ans de surveillance et 3,000 francs d'amende; Palanchon, à dix mois de prison et 1,000 francs d'amende; Herfort, à un an de prison et 1,000 francs d'amende; Ed. Venant, Villedieu et Gay, à dix mois de prison et 1,000 francs d'amende chacun; Grivel, à dix mois de prison, deux ans de surveillance et 1,000 francs d'amende; Dupuis, à huit mois de prison, deux ans de surveillance et 500 francs d'amende, etc., etc.

Avant que j'eusse à m'occuper de la *société des Familles* et de toutes les affaires dont on vient de voir les détails, j'avais désorganisé une autre association qui commençait à se former sous le titre de *Légions révolutionnaires*. Une dizaine d'ouvriers, que je regarde comme en ayant été les fondateurs, traduits en justice à cette occasion, y furent condamnés à diverses peines; leur combinaison n'eut pas d'autre suite, et les individus enrôlés dans leur bande se joignirent plus tard la à *société des Familles*. Je pense néanmoins qu'on ne lira pas sans intérêt les pièces suivantes, distribuées par leurs soins dans tous les ateliers de Paris, et dont un grand nombre d'exemplaires lithographiés furent saisis à leurs domiciles.

Ordre du jour.

« Liberté, égalité, humanité.

» Citoyens, encore une fois nous avons vu nos
» espérances trompées; encore une fois nous avons
» vu le pavé des rues rougi du sang de nos frères !
» Mais comme toujours nous nous sommes relevés
» plus forts, aidés que nous étions de l'expérience
» acquise par la défaite, sans cesser jamais de res-
» ter profondément convaincus de l'infaillibilité de
» nos principes.

» Mettons donc à profit un passé de si tristes sou-
» venirs, et écrions-nous : Arrière désormais les oi-
» sifs couverts du masque du travailleur, pour nous
» imposer leur direction toujours si fatale à nos
» intérêts ! Transfuges reconnus de l'armée des ex-
» ploiteurs, rentrez dans vos rangs ! Le peuple,
» trop défiant jusqu'ici dans ses propres forces, a
» compté tous les maux attirés sur lui par vos ca-
» pacités stériles. Vos noms et vos réputations men-
» songères, qui n'ont servi depuis 1830 qu'à pré-
» parer des funérailles aux apôtres les plus dévoués
» de la liberté, il les voue à l'indignation, puis en-
» suite à l'oubli; il n'en veut plus.

» Vrais organes du peuple révolutionnaire, di-
» sons enfin : Point d'espérance hors du prolétaire.
» Loin de nous, comme ennemis, comme rebelles
» à la voix de la nature, ceux qui ne vivent pas du
» produit de leur travail ! car là où il n'existe pas
» ressemblance de position, il ne peut y avoir même

» besoin pressant d'égalité; il ne peut y avoir sym-
» pathie, il ne peut y avoir union profitable à
» tous.

» **Citoyens, vous avez senti comme nous ces vé-
» rités**; seulement, nous avons cru devoir les met-
» tre en pratique : nous avons prêché l'union des
» travailleurs. Oui, unissons-nous et serrons nos
» rangs; car, si notre nombre est déjà grand, vous
» comprenez qu'il a besoin de grandir encore. Nous
» venons aujourd'hui sanctionner vos travaux et
» les nôtres, en assignant à notre société une dé-
» nomination qui présagera sa mission.

» *Légions révolutionnaires;* voilà le nom qui vous
» apprendra quels moyens vous devez employer,
» quel but vous avez à atteindre. Sous ce titre,
» sachez-le, vous ne formerez pas seulement une
» société régicide, mais surtout *le corps extermi-
» nateur* par lequel, après la victoire, doivent être
» anéanties les menées secrètes des nouveaux ex-
» ploiteurs qui ne manqueront pas de se présenter.
» Comprenez bien votre mission : elle est sublime,
» et vous êtes les seuls capables de la remplir.
» Ainsi travaillez sans relâche; vous serez sûrs
» alors que le jour fixé pour la bataille sera le
» jour définitif de nos fiançailles avec la liberté.

» Citoyens, fiez-vous à la parole de ceux que le
» devoir appelle à vous diriger : ils sont peuple
» comme vous, et comme vous ils souffrent. Si un
» gouvernement liberticide et une chambre pro-

» située nous empêchent de nous soumettre à
» votre approbation, nous travaillerons à la méri-
» ter par notre énergie à défendre les intérêts
» communs.

» Ayez donc confiance et courage. Citoyens, la
» connaissance, nous la ferons sur la place pu-
» blique, le fusil et le sabre à la main ; et, prêchant
» ainsi de la voix et du geste, vous jugerez si nous
» sommes dignes de vous [1].

» Salut et fraternité.

» Signé : Le comité central des légions révolu-
» tionnaires. »

[1] On voit par l'ensemble de cette proclamation que les dignes élèves de nos démagogues ont trouvé le moyen de renchérir sur leurs précepteurs. Cette fois on ne se borne plus à vouloir *être régicide,* on veut devenir *les exterminateurs de toutes ces capacités stériles*, c'est-à-dire de tous ces brouillons loquaces qui, depuis 1830, ont fait à leur manière l'éducation du peuple, et qui faisaient égorger leurs concitoyens, tandis que du fond de leurs cachettes ils rêvaient de nouvelles machinations ! C'est à tous ces comités directeurs, à tous ces boute-feu, à tous ces publicistes furibonds, à tous ces orateurs de taverne, à tous ces idéologues sans bonne foi, sans expérience, que s'adressent les menaces des *Légions révolutionnaires,* aussi bien qu'aux défenseurs des lois du pays ! Malheureux histrions politiques, vous vouliez museler le tigre populaire ; le tigre populaire se préparait à se ruer sur vous, quand il aurait assouvi sa soif de sang sur les victimes que vous vouliez offrir à sa fureur. Votre tour serait arrivé : vous n'auriez pas échappé à cette grande hécatombe humaine, indiquée par vous comme indispensable aux réformes sociales ! Déjà, vous le voyez, les hommes égarés par vos doctrines captieuses, ceux-là même qui devaient servir de marche-pied à votre ambition, ceux-là même qui vous connaissent le mieux, car ils vous ont vus de plus près, ceux-là vous répudient et vous démasquent.

On trouva joints à cette proclamation les statuts de la société, contenant, entre autres dispositions, celles ci-après :

Art. 2. Le récipiendaire ne doit connaître que celui qui l'a reçu.

Art. 4. La société ne se rassemblera que sur les places publiques, et tous les quinze jours, pour passer la revue, qui ne devra durer qu'un quart d'heure.

Art. 10. Les traîtres, les indiscrets, sont voués à la justice du peuple, qui sera rigoureuse et infaillible.

Art. 12. Toutes les opérations concernant la société ne doivent se faire que verbalement.

Chaque membre doit prêter serment, etc.

Je ne cite que ces extraits, parce qu'en général ces sortes de documens semblent calqués sur ceux qu'on a maintes fois publiés.

Une pièce servant de corollaire aux statuts portait ce qui suit :

« Vous choisirez cinq commissaires. Les cinq
» commissaires se choisiront chacun cinq quintu-
» rions ; les vingt-cinq quinturions choisiront
» chacun cinq décurions ; les cent vingt-cinq dé-
» curions choisiront chacun dix sectionnaires ; les
» douze cent cinquante sectionnaires choisiront
» chacun vingt éclaireurs ; ce qui formera un total
» de vingt-cinq mille hommes. »

Vers cette même époque, où les anarchistes s'efforçaient principalement de corrompre l'esprit de l'armée, je constatai l'existence d'une autre association dont les membres appartenaient à plusieurs régimens.

Un sieur Pesquy, décoré de juillet, sous-officier au 14e de ligne, en garnison à Tours, reçut un congé illimité et une feuille de route pour se rendre à Marseille; au lieu de suivre cette destination, il vint à Paris. L'autorité militaire, instruite de sa présence subreptice dans la capitale, le fit arrêter et reconduire par la gendarmerie, de brigade en brigade, à son corps.

Dans ces entrefaites une lettre anonyme m'annonça que Pesquy était animé des plus mauvaises passions; qu'il était lié avec Kersosie, Cavaignac, Guinard et autres républicains bien connus, et qu'enfin il prenait part à des menées dangereuses pour le gouvernement. Je fis saisir ses malles; elles contenaient diverses pièces de nature à corroborer ces avis, notamment un paquet de cartouches, la collection du *Réformateur du Midi*, dix-neuf pièces imprimées ou manuscrites, parmi lesquelles le règlement de la *société des Droits du peuple*, la liste de quarante-six militaires affiliés, plusieurs discours empreints d'exaltation révolutionnaire, exposant avec violence les plus funestes doctrines, et une brochure intitulée *la Marseillaise*, écrite dans les mêmes sentimens. Celles de ces productions qui se rattachaient à la *société des Droits du peuple* contenait ce qu'on va lire :

« Nous, patriotes du 14e de ligne, reconnaissant
» l'urgence de nous unir à tous les bons citoyens,
» pour résister aux empiétemens du pouvoir sur la
» liberté si chèrement acquise en 1830, et concou-
» rir avec eux pour la chose publique, nous som-
» mes réunis et avons fondé *la société des Droits du
» peuple*.

» Après avoir adopté à l'unanimité cette déno-
» mination, nous avons procédé à la prestation du
» serment formulé ainsi qu'il suit :

« Je jure haine aux rois, fidélité aux principes
» immuables des droits de l'homme et du citoyen,
» et dévouement sans bornes à la cause de la li-
» berté et de l'égalité. Je jure également de tra-
» vailler à la propagation de nos doctrines, et de
» ne rien négliger pour la prospérité de la société. »

» Chacun de nous a répondu : « Je le jure ! »

Suivent les signatures.

Après la fondation de la société, une commission s'occupa de rédiger une profession de foi, et, sur son rapport, les affiliés adoptèrent la déclaration suivante :

Déclaration des principes politiques de la société des Droits du peuple.

« Art. 1. La société reconnaît l'existence de Dieu et l'immortalité de l'âme.

» Art. 2. Elle est persuadée que le gouvernement républicain, le seul légitime par ses principes et par les stipulations de son contrat social, est aussi le plus conforme à la dignité de l'homme et le plus favorable au développement de ses facultés, au bonheur et à la liberté du peuple.

» Art. 3. Elle professe le dogme de l'égalité politique et de la souveraineté du peuple.

» Art. 4. Elle ne reconnaît d'autre noblesse que celle des vertus, d'autres titres aux fonctions publiques que les talens et la confiance du peuple.

» Art. 5. Elle repousse la loi agraire dans toute sa rigueur ; mais elle pense qu'il faut rapprocher le plus possible les extrêmes, afin que nul ne soit assez riche pour corrompre et acheter, et personne assez pauvre pour se vendre.

» Art. 6. Elle est convaincue que les lois doivent être l'expression de la volonté générale, et qu'on n'est tenu d'obéir à celles qui ne remplissent pas ces conditions, ou qui sont injustes et tyranniques, qu'autant qu'on y est obligé par la force.

» Art. 7. Elle est également convaincue que toute puissance doit émaner du peuple, et que l'insurrection devient pour lui le plus sacré des droits et le plus saint des devoirs dès que le pacte social est violé ou qu'un ambitieux s'est emparé de l'autorité souveraine.

» Art. 8. Elle adopte la définition de la Convention nationale sur la liberté, et le pouvoir qui appartient à l'homme d'exercer à son gré ses facultés ; elle a la justice pour base, les droits d'autrui pour bornes, la nature pour principe, et les lois pour sauvegarde.

» Art. 9. La société adopte également dans tout son contenu, et comme entièrement conforme à ses principes, la déclaration de la même assemblée sur les droits de l'homme et du citoyen. (Suit la copie de la *déclaration proposée* par Robespierre à la Convention, qui, quoi qu'on en dise, ne l'a point votée.)

» Art. 10. Le but de la société est l'établissement d'une sage république, et le maintien des droits naturels et imprescriptibles de l'homme : la *liberté* et l'*égalité*, etc. »

Cette affaire fut portée devant un conseil de guerre, qui, vers le 20 avril 1836, condamna Pesquy et plusieurs de ses co-sociétaires. Beaucoup d'autres furent envoyés en Afrique par ordre du gouvernement, et le colonel du 14e de ligne demanda lui-même l'éloignement d'un bon nombre de sous-officiers, en outre de ceux compris dans la liste des quarante-six affiliés.

Je n'ai plus heureusement qu'un seul fait à citer pour clore la nomenclature nécessairement monotone de toutes ces combinaisons auxquelles ont recouru les anarchistes pour amener un bouleversement. Si la collection de ces tripotages politiques où se produisirent au grand jour l'ambition, la méchanceté, la mauvaise foi de nos tribuns mirmidons, a paru fastidieuse et quelquefois dépourvue d'intérêt, ce n'est pas à moi qu'on doit en faire le reproche ; on ne peut, en bonne justice, s'en prendre qu'à ces bateleurs démagogues, détestables plagiaires des scènes hideuses dont l'histoire de 93 offre le tableau. Si nous retrouvons dans leurs actes et dans leur langage une même physionomie, le même fond et souvent les mêmes formes, c'est que dans leur intelligence ils n'ont pas su rajeunir les épisodes d'un drame où l'on vit autrefois, comme acteurs, les terribles modèles que nos agitateurs prétendaient surpasser.

Quant à moi, narrateur consciencieux, j'ai dû raconter les faits tels qu'ils se sont produits, sans lacune, afin de mieux faire connaître les hommes et les choses qui, pendant six années, ont exercé une influence quelconque sur les affaires de notre pays.

Voici le dernier fait de ce genre auquel je viens de faire allusion. Le 1er septembre 1836, et conséquemment peu de jours avant ma retraite, une réunion de républicains dont je surveillais depuis quelque temps les manœuvres, fut surprise chez un sieur Lesage, demeurant impasse Saint-Sébastien. Onze individus, presque tous ouvriers mécaniciens, avaient passé la nuit dans ce local, occupés à fondre des balles et à fabriquer des cartouches ; on les arrêta, malgré une très-vive résistance, pendant laquelle un officier de paix et plusieurs agens recurent des blessures et des contusions. On les trouva nantis de 440 cartouches de pistolet, de 420 cartouches de fusil, de 471 balles, de 16 poignards, de poudre, de plomb, de capsules, e tout en assez grande quantité.

Ces hommes, condamnés pour ce fait à diverses peines en 1837, n'étaient qu'une fraction d'une bande considérable qui méditait une révolte à main armée pour le 6 du même mois. C'était la continuation du plan avorté en juillet ; mais la capture faite impasse Saint-Sébastien, et les dispositions militaires ordonnées à ma demande pour le jour indiqué, paralysèrent les derniers efforts de la faction démembrée.

Les conspirations dont ce chapitre et le précédent contiennent les détails ne sont pas, comme on pourrait le supposer au premier coup d'œil, en contradiction avec ce que j'ai dit sur l'impuissance à laquelle les factions étaient réduites depuis les journées d'avril et le grand grand procès devant la pairie. J'ai dit que cette impuissance d'agir en masse pour écraser le gouvernement devait inspirer le dévouement personnel de quelques fanatiques, et que, pour ce motif, tant de projets régicides avaient successivement menacé les jours du roi. Je maintiens cette proposition : le parti républicain ne pouvait plus engager contre la royauté une lutte à force ouverte, mais il ne s'ensuivait pas que des fractions de leur armée disloquée ne cherchassent à réaliser, en se faisant illusion sur l'étendue de leurs ressources, les plans que la faction en masse n'avait pas pu exécuter. Ces réflexions me semblent expliquer pourquoi nous avons vu tout à la fois des attentats contre le roi et des projets insurrectionnels. Ceux-ci, lors même que l'inaction du pouvoir leur eût laissé le temps de se mûrir et d'arriver jusqu'au moment d'éclater, n'auraient pu mettre en péril l'ordre établi : une collision de quelques instans eût suffi pour en faire justice.

La situation n'exigeait qu'une attention soutenue de la part de l'autorité, à surveiller les débris des cohortes révolutionnaires ; et je reste persuadé que la police, telle que je l'avais laissée organisée, n'avait besoin que d'un chef tant soit peu vigilant pour assurer le maintien de la tranquillité publique.

CHAPITRE SIXIÈME.

VI

Théâtres; pièce de M. Victor Hugo : *le Roi s'amuse*. — Les masques. — Le bœuf gras. — Service de la navigation; bain du quai de l'École. — Canal Saint-Martin; éclairage au gaz. — La Morgue. — Commerce des bois et charbons. — Boulangerie; quantité de pain consommé à Paris; manière de faire la taxe. — Charcutiers, liquoristes, confiseurs, et autres commerçans. — Recherches de malfaiteurs; hôtels garnis; ponts à bascule; poids publics. — Sommiers judiciaires. — Montfaucon; équarrissages. — Bains gratuits en rivière. — Voitures en commun; combien MM. Debelleyme et Mangin en ont autorisé; nouvelles lignes concédées par moi. — Budget de la préfecture de police; économies; modifications proposées dans la perception des droits de consommation.

J'ai enfin terminé le récit des événemens politiques et les explications sur ceux de mes actes qui s'y rattachaient. On a pu remarquer qu'à l'exception de ce que j'ai dit dans mon premier volume, je me suis abstenu de parler des matières administratives, afin de ne pas scinder la narration des faits qui touchaient à l'ordre public. Je vais consacrer maintenant quelques chapitres à traiter des questions et des mesures qui n'ont qu'un caractère municipal. Tous les services placés dans les attributions du préfet de police ont été successivement, de ma part, l'objet d'une étude spéciale dans les intervalles où les affaires politiques me laissaient la possibilité de porter mes soins sur des choses moins urgentes. Dans toutes j'ai introduit des améliorations, ou indiqué par des essais préalables le moyen d'en réaliser. Mais je n'ai pas l'intention de passer en revue la longue série des branches d'administration auxquelles l'édilité doit donner des soins, ni de récapituler les combinaisons qui ont assuré ou qui obtiendront dans l'avenir les résultats satisfaisans que j'en attendais.

Je restreindrai mes citations à un petit nombre, et je ferai en sorte de ne toucher qu'à des questions sur lesquelles j'aurai à développer des détails et des observations capables, si je ne me trompe, d'intéresser le lecteur.

Théâtres et bals publics.

A l'occasion d'une œuvre de MM. Dupeuty et Fontan, j'ai parlé dans mon premier volume de la dégradation dont le théâtre était menacé par la licence; le même esprit qui poussait les novateurs à s'affranchir de toutes les règles pour offrir au public du neuf et surtout de l'extraordinaire les disposait aussi à enfreindre les injonctions de l'autorité en ce qui concernait la propriété des priviléges et l'exploitation des salles de spectacles;

chacun croyait avoir le droit de créer de nouvelles entreprises de ce genre sans la permission du pouvoir et sans respect pour les droits acquis.

Dans les deux premières années qui suivirent la révolution de 1830, plus de quinze théâtres furent établis dans le département de la Seine, en vertu du droit et de la liberté que l'on prétendait avoir été conquis en juillet. C'est ainsi que s'ouvrirent successivement les théâtres du *Belveder*, barrière Fontainebleau ; de *Génard*, rue de Lancry ; celui de *M. Laurent*, à Tivoli ; un autre au faubourg Saint-Antoine, le théâtre *Molière*, un aux *Batignolles*, un à *Bercy*, un à *Saint-Denis*, un rue *Tait bout*, un rue *Chantereine*; tandis que plusieurs autres, tolérés jusque là, mais seulement comme spectacles forains, tels que ceux dits *Bobino*, *Saqui*, des *Funambules*, etc., prenaient leurs coudées franches et donnaient de véritables représentations dramatiques.

En outre, une foule de personnes, et principalement des artistes peu connus, faisaient aussi des spéculations analogues ; et, sous prétexte d'une soirée musicale ou littéraire, on invitait deux ou trois cents *amis* ; mais les *amis* étaient presque toujours les premiers venus, auxquels on vendait, sous le manteau, des cartes d'invitation. La distribution des billets, au lieu de se faire comme à l'entrée des théâtres, se faisait par l'entremise de commissionnaires chargés de les colporter de maison en maison.

La périodicité de ces réunions, des dispositions locales, des coulisses, une rampe, un orchestre, et enfin une troupe d'acteurs, les assimilaient parfaitement aux théâtres publics. La seule différence consistait dans les précautions dont s'entouraient ces spéculations anonymes.

Un tel état de choses ne pouvait être toléré..... Le nombre des spectacles se trouvait plus que doublé, et cependant, sauf une légère progression résultant soit de l'augmentation de la population, soit d'une situation plus heureuse, la somme consacrée à ces sortes d'amusemens est toujours à peu près la même, et ne s'élève guère au-delà de 8,000,000 par année. Or, à l'époque dont il est question, le chiffre des recettes était loin de pouvoir s'accroître, puisque des causes majeures produisaient un malaise général et avaient éloigné de Paris beaucoup de familles opulentes : les craintes de la guerre, les émeutes, les révoltes, le choléra, tous ces sujets d'inquiétudes et de souffrance exerçaient une influence fatale sur la propriété des théâtres; donc, puisque, par le fait des usurpations que je viens d'indiquer, le produit annuel devait se répartir entre trente théâtres au lieu de quatorze ou quinze légalement autorisés, il en résultait inévitablement la ruine de toutes ces entreprises et la décadence de l'art dramatique..... Pour avoir des artistes du premier ordre, et pour offrir une perspective encourageante à nos bons auteurs, il faut qu'ils puissent trouver dans le succès d'une entreprise théâtrale une digne récompense de leurs travaux; et comment serait-il possible de la leur assurer si les recettes étaient réduites de moitié?

La concurrence entre tous ces établissemens obligeait leurs administrateurs et toutes les parties intéressées à rechercher quelque nouveau moyen d'attirer la foule. Ce fut alors qu'on vit paraître des productions informes, où la question littéraire, le bon goût et souvent les bonnes mœurs, étaient sacrifiés au besoin impérieux de produire de l'effet; où l'on voulait à toute force frapper les imaginations. L'abus engendré par ces luttes déplorables fit même une irruption jusque sur la scène française : nous avons vu un homme d'un esprit supérieur, entraîné par les égaremens de l'époque, présenter à un public habitué aux vers de Molière, de Racine et de Corneille, une œuvre monstrueuse, indigne de son beau talent, et qui semblait uniquement destinée à caresser les passions démagogiques.

M. V. Hugo, l'on s'en souvient, avait fait représenter à la Comédie Française une pièce intitulée *le Roi s'amuse*. Le scandale causé par quelques scènes de ce drame et la nature immorale de l'ouvrage motivèrent une décision ministérielle qui en défendit la représentation. A la suite de cette mesure, M. V. Hugo écrivit aux journaux de l'opposition, et dit en substance : *Instruit du projet formé par les jeunes gens des écoles de se rendre aux Français pour y réclamer* LE ROI S'AMUSE, *défendu par le ministre, et pour protester hautement contre l'acte arbitraire dont cet ouvrage est frappé, je crois, monsieur, qu'il est d'autres moyens d'arriver au châtiment de cette mesure illégale ; je les emploierai. Permettez-moi donc d'emprunter dans cette occasion l'organe de votre journal pour supplier les amis de la liberté, de l'art et de la pensée, de s'abstenir d'une démonstration violente, qui aboutirait peut-être à l'émeute que le gouvernement cherche depuis long-temps.*

En publiant cette lettre, *la Tribune* ajouta qu'elle se proposait de faire une sévère critique de la pièce de M. Hugo, *jetée dans ce moule bizarre où Hernani fut conçu, mais que la brutalité stupide de M. d'Argout devait lui imposer silence.* Elle terminait en disant que toutefois M. Hugo s'exagérait l'importance de son œuvre, et la sympathie qu'elle excitait, en pensant qu'il pourrait y avoir là sujet d'émeute.

Cette fois, *la Tribune* avait raison en ce qui concernait la conception dramatique d'une œuvre où l'auteur n'avait pas craint d'offrir en spectacle François Ier dans un mauvais lieu, ayant pour auxiliaire un misérable accoutumé à trafiquer de la prostitution !

M. Hugo s'est doublement trompé dans cette circonstance ; il a produit un ouvrage de mauvais goût, et s'est fait illusion sur l'importance du rôle qu'il semblait vouloir s'attribuer comme homme de parti : vainement il se posait en adversaire déclaré de nos institutions; vainement il faisait un appel aux sympathies des républicains, qu'il qualifiait du titre adulateur d'*amis de l'art et de la pensée*; il a dû voir dans le peu de mots de *la Tribune* que l'on protestait contre sa prétention de remuer les masses. Il ignorait donc que les apôtres de l'égalité se réservaient exclusivement le droit de soulever, de diriger leurs adeptes, et ne leur permettaient pas de se choisir un nouveau chef de file, fût-ce même un homme de génie.

Le moyen auquel M. Victor Hugo faisait allusion pour *arriver au châtiment d'une mesure illégale* consistait à plaider contre le ministre et la Comédie Française; c'est effectivement le parti qu'il adopta en les assignant devant le tribunal de commerce; mais là il éprouva un nouveau déboire, les juges consulaires s'étant déclarés incompétens.

La pénurie croissante des théâtres secondaires exigeant des efforts multipliés, on voulut suppléer à la qualité des ouvrages par la quantité; les représentations se composèrent bientôt de neuf, dix, et quelquefois de onze actes dans une soirée; les représentations se prolongeaient jusque après minuit, et même assez souvent jusqu'à une et deux heures du matin. La durée des spectacles ne provenait pas seulement du nombre des pièces, elle résultait aussi de la longueur démesurée des entr'actes, qui fatiguait les spectateurs, et donnait libre carrière aux esprits brouillons : le spectacle, oisif sur la scène, passait fréquemment dans la salle, transformée chaque soir en une arène tumultueuse.

On conçoit que des inconvéniens graves pouvaient en être la suite dans un temps où beaucoup d'autres causes d'agitation se manifestaient dans la capitale. On comprend aussi combien il était désagréable pour les personnes livrées au repos d'entendre, à deux heures du matin, des individus qui, à la sortie du spectacle, trouvaient amusant d'exercer la force de leurs poumons, de faire un tapage infernal dans les rues, et de causer des émotions pénibles; quelques garnemens, simulant une querelle, criant *au voleur! au feu! à l'assassin!* et courant à toutes jambes, non sans frapper aux portes des maisons, aux volets des boutiques, suffisaient pour mettre tout un quartier en émoi....... Des scènes pareilles se reproduisaient toutes les nuits.

Ce n'est pas tout : les cafés s'autorisaient de l'exemple des théâtres pour rester ouverts tant que duraient les représentations. De là découlaient encore des désordres de plusieurs natures.

La plupart des administrations théâtrales autorisées, voyant graduellement baisser leurs recettes, firent des démarches auprès du ministre de l'intérieur et auprès de moi, exposèrent leur situation, demandant que le pouvoir mît un terme aux abus. Leur désir se trouvait d'accord avec les vues de l'autorité; elle tenait d'autant plus à ce qu'on respectât les droits acquis, que le nombre des priviléges antérieurement accordés répondait largement aux besoins publics, et attendu d'ailleurs les autres considérations ressortant des remarques que je viens de faire.

En conséquence, le ministre ordonna, sauf quelques exceptions consenties par lui, la fermeture des petits théâtres ouverts irrégulièrement. Je fis exécuter cette décision; mais la lutte dura plusieurs années; il y eut des procès, et ce ne fut qu'en 1835 que toutes choses rentrèrent dans les limites de la légalité.

Dans beaucoup de circonstances les tribunaux de simple police et de police correctionnelle avaient renvoyé les contrevenans de la plainte portée contre eux, déclarant exempt de reproche le fait imputé. C'était consacrer de véritables usurpations; mais l'appel de ces jugemens, toujours infirmés par la cour royale et par la cour de cassation, imposa enfin une jurisprudence conforme à l'esprit et au texte des lois.

Il en a été de même à l'égard des bals publics. Les personnes qui en ouvraient sans mon autorisation et que je faisais poursuivre se voyaient presque toujours acquittées par les juges compétens. Voici dans quels termes le tribunal de simple police motiva une décision rendue en ce sens :
« Attendu que l'administration a bien le droit

» d'exiger une déclaration de la part de celui qui
» veut ouvrir un bal public, afin de mettre l'auto-
» rité en mesure de surveiller ; mais qu'elle ne peut
» avoir le droit de refuser, le tribunal acquitte, etc. »
La préoccupation des magistrats en pareille matière sacrifiait l'action régulatrice de l'autorité à une prétendue liberté de faire dont ils n'apercevaient pas les suites funestes. Ils confondaient deux choses bien distinctes, l'*autorisation* légale, sans laquelle ces sortes d'établissemens ne peuvent exister, avec la *déclaration* préalable de la partie intéressée. Cette déclaration paraissait suffisante aux tribunaux de premier degré, et c'est en cela qu'ils commettaient une grande méprise. Si la cour suprême n'avait pas fait prévaloir les saines doctrines, on aurait vu naître une confusion et de fâcheux désordres dans cette branche de l'administration publique.

Quant à la longueur des entr'actes et des représentations théâtrales, j'avais fait plusieurs fois constater par des procès-verbaux les infractions commises aux règlemens de police qui ordonnent la fermeture des établissemens publics à onze heures du soir. Il m'avait été répondu que les théâtres ne pouvaient pas être assujettis à cette disposition générale ; qu'ils formaient une classe à part, et qu'il fallait absolument un arrêté spécial pour les astreindre à l'obligation de clorre à une heure déterminée. MM. Persil et Desmortiers, partageant eux-mêmes cette opinion, me pressaient de remplir une lacune qui ne permettait jamais aux tribunaux d'appliquer une pénalité quelconque. Publiez une ordonnance, me disaient-ils, fixez l'heure où l'on doit baisser le rideau, et alors nous pourrons sévir en cas de contravention. Par suite de ces observations, je rendis le 15 février 1834 une ordonnance dont voici les principales dispositions :

« Nous, conseiller d'État, préfet de police ;
» Vu la loi du 24 août 1790, titre onze, la loi
» du 19 janvier 1791, l'arrêté du gouvernement
» du 12 messidor an VIII, les réglemens d'adminis-
» tration publique des 8 novembre 1780 et 21 mai
» 1784, relatifs à l'heure de fermeture des lieux
» publics, et l'article 46 de la loi du 22 juillet 1791 ;
» Vu la lettre à nous adressée le 10 février 1834,
» par laquelle M. le ministre du commerce et des
» travaux publics donne son approbation aux dis-
» positions de la présente ordonnance ; considé-
» rant, etc.
» Ordonnons ce qui suit :
» ART. Ier. A l'avenir et en tout temps, les repré-
» sentations dramatiques se termineront, dans les
» théâtres de la capitale, à onze heures de la nuit, etc.
» ART. II. Dans le cas de représentations extra-
» ordinaires ou à bénéfice, il pourra être dérogé
» par le préfet de police à cette disposition, etc., etc. »

Il est d'usage dans les cas analogues d'accorder par tolérance une demi-heure de plus que celle fixée ; j'adressai une circulaire aux commissaires de police pour leur recommander d'agir conformément à cette habitude ; et en conséquence, il leur fut défendu implicitement de dresser des procès-verbaux toutes les fois que le spectacle ne se terminerait pas après onze heures et demie. C'était, ce me semble, une heure assez avancée pour ne mécontenter personne. Après la chute du rideau, il faut au moins une demi-heure pour que la salle soit complètement évacuée ; le départ des derniers spectateurs ne peut donc avoir lieu que vers minuit ; et pour peu qu'ils demeurent à une distance éloignée, la journée pour eux se prolonge jusqu'à une heure du matin.

En bonne conscience, la mesure réglementaire dont il est question n'accordait-elle point une latitude assez large ? L'autorité pouvait-elle aller plus loin sans se rendre complice des abus, sans devenir moralement responsable des désordres, des dangers dont la masse de la population avait à souffrir ? Et puis, remarquons encore que les sapeurs-pompiers, les gardes municipaux, les sergens de ville, et autres agens de la force publique, obligés de rester les derniers à l'intérieur et à la porte des théâtres, ne pouvaient, même d'après mon ordonnance, se reposer qu'après minuit : or, comme ils sont tenus d'être sur pied à cinq ou six heures du matin, avaient-ils trop de temps pour se remettre de leurs fatigues ? Je persiste donc à soutenir que j'avais accordé tout ce qu'il était permis d'accorder aux exigences, et je ne doute pas que plus tard toutes les personnes raisonnables désireront l'observation plus rigoureuse de la règle imposée par moi.

Cependant elle a soulevé des réclamations universelles; je ne parle pas seulement des hommes accoutumés à blâmer tout ce qui émane de l'autorité, mais encore de ceux ordinairement impartiaux. On trouvait fort mauvais qu'un préfet osât gêner les amusemens du public. Bref, on criait contre moi comme si j'avais voulu ramener le temps où les prévôts de Paris faisaient sonner le couvre-feu à huit heures du soir et arrêter comme suspects les gens rencontrés dans les rues après le signal de la retraite. Concluons de tout ceci que nos oisifs, nos sybarites Parisiens, sans égard pour le besoin d'un sage emploi du temps dans l'intérêt des masses laborieuses, auraient voulu que l'autorité favorisât leurs goûts, et tendît, conjointement avec eux, à intervertir l'ordre de la nature en faisant du jour la nuit et de la nuit le jour.

Les habitués des théâtres royaux étaient ceux dont les réclamations étaient les plus vives et les plus dénuées de fondement, puisque mon ordonnance ne pouvait pas s'étendre aux théâtres subventionnés; ceux-ci sont placés dans les attributions ministérielles, et régis en vertu de traités spéciaux qui déterminent les conditions et les limites de leur exploitation; c'est donc le ministre et non pas l'autorité municipale qui s'occupe des dispositions réglementaires; le préfet de police n'intervient que pour le maintien du bon ordre en ce qui concerne ces établissemens exceptionnels.

Terminons ce que j'avais à dire des théâtres en rappelant qu'une des lois de septembre 1835 a décidé que les pièces anciennes ou nouvelles ne pourraient être représentées sans la permission du gouvernement. En vertu de cette disposition, une commission de censure fut créée auprès du ministre de l'intérieur. Je me garderai bien de rappeler les clameurs que souleva cette institution à son origine. Il n'est pas un esprit sage qui n'en reconnaisse maintenant l'utilité.

Les masques et le bœuf gras.

Une des erreurs accréditées généralement, c'est de croire que la police fait affubler de divers costumes une foule d'individus à l'époque du carnaval, et surtout pendant les jours gras. Combien de fois nos moralistes se sont émus à cette pensée! combien d'entre eux ont déclamé contre le pouvoir! Quoi! s'écriaient-ils, quoi! les dépositaires de l'autorité, ceux-là même qui devraient s'efforcer d'inspirer au peuple l'amour de l'ordre et le respect des bienséances, lui donnent au contraire le spectacle des amusemens grossiers et tumultueux! l'on paye une multitude de bateleurs pour promener dans la capitale du monde civilisé leurs hideux travestissemens!... Ainsi, au lieu de moraliser le peuple, on emploie l'argent des contribuables à perpétuer chez nous l'usage de ces bacchanales, habituellement terminées par des orgies de cabaret et des querelles sanglantes!...

On a développé sur ce texte bien des lieux communs et débité les plus belles maximes... Théoriquement on avait raison, mais en fait on se trompait. La police n'avait pas les torts qu'on voulait bien lui supposer, du moins depuis 1830, et, sauf ce que je dirai tout-à-l'heure à l'occasion du bœuf gras, elle n'a jamais encouragé ces plaisirs désordonnés, peu dignes en effet de notre nation. Il faudrait qu'un gouvernement fût bien ennemi de sa dignité, de sa force, pour exciter ces turpitudes. Et dans quel but? car, si j'en crois les censeurs, il s'agissait uniquement de produire aux yeux des masses les accès d'une joie factice... Ce serait donc pour la vaine satisfaction de tromper le pays à l'aide de ces démonstrations d'une apparente gaieté que le pouvoir aurait recours à ces saturnales dégradantes!

Je répète qu'il n'en est rien; les individus qui, pendant le carnaval, promènent dans les rues et souvent dans les ruisseaux les accoutremens ridicules sous lesquels ils se cachent n'y sont encouragés que par leur mauvais goût. L'autorité est loin de s'applaudir de la multiplicité de ces travestissemens, ils sont pour elle une cause d'embarras sérieux. Tous les agens de la police et la présque totalité des gardes municipaux, obligés d'être sur pied tant que dure la période où l'usage permet ces amusemens, font un service excessivement pénible, reçoivent quelquefois de mauvais traitemens quand ils s'interposent pour empêcher des rixes ou réprimer des excès, et n'ont aucune récompense de leurs fatigues.

Indépendamment des considérations que je viens d'énoncer, la coutume de se masquer offre plus d'un danger pour la tranquillité générale dans un pays toujours agité comme le nôtre par des luttes politiques; le masque peut favoriser de mauvais desseins et fournir à des séditieux le moyen de faire éclater leurs haines. N'avons-nous pas vu des gens déguisés traînant sur les boulevards de Paris des emblèmes outrageans pour les magistrats, pour les ministres et même pour le chef de l'État? Que leur importe une arrestation, une détention momentanée, une légère condamnation? ils ont eu le plaisir de rire et de faire rire aux dépens de ceux qu'ils appellent leurs ennemis politiques. L'on n'a pas oublié non plus qu'une mascarade où des hommes représentaient d'une manière grotesque les membres du ministère Périer fut, en 1832, la cause d'une révolte à Grenoble, révolte bien grave, puisque la garnison, composée alors du 35e régiment de ligne, fut obligée de quitter la ville.

Je voudrais donc voir abandonnée par tout le monde ou défendue par le pouvoir, cette vieille coutume de se déguiser et de se masquer. J'avais le même désir quand je dirigeais la Préfecture de police, et j'ai fait en sorte de le réaliser. Les masques ont été interdits d'une manière absolue pour les hommes dans les établissemens publics, tels que bals, spectacles, etc.; on les tolérait seulement à l'égard des femmes. Cette interdiction était d'autant plus nécessaire, qu'alors les amateurs de ces amusemens licencieux se livraient avec une sorte de frénésie aux plus déplorables écarts; la décence aussi bien que l'urbanité étaient bannies de leurs réunions. Nos élégans, les hommes de la haute société semblaient prendre à tâche d'imiter la classe la plus abjecte et de renchérir sur les obscénités dont celle-ci avait jusque là le privilége de nous donner le spectacle. On avilissait le caractère chevaleresque de notre nation, et c'étaient les scandaleuses brutalités de mauvais lieux qui remplaçaient les manières gracieuses et galantes de nos pères. Je regrette d'avoir à signaler ces déplorables égaremens que beaucoup de personnes bien élevées ont eu à se reprocher. On aurait dit que ces travers devenaient communs à tous les rangs et à toutes les familles. Plus de cent jeunes gens du grand monde ont été arrêtés en 1835 et 1836, ou expulsés des bals publics, à cause des actes indécens commis par eux.

Eh bien! si l'on se livrait à ces désordres à visage découvert, au risque d'être connu et de voir divulguer des actions honteuses, qu'on juge jusqu'où on serait allé si le masque avait protégé l'incognito!

Les choses se passent-elles encore de même actuellement? je l'ignore; mais si l'on n'est pas revenu à des habitudes de meilleur goût, il sera permis de croire que l'esprit de vertige a succédé aux grelots de la folie. Quoi qu'il en soit, persister dans de pareils écarts, c'est corrompre les mœurs et nous ravaler au niveau des peuples sauvages.

Ces motifs paraîtront sans doute plus que suffisans pour justifier la prohibition prononcée par moi au sujet des masques, et je voudrais avoir pu donner un caractère général à cette mesure partielle.

L'usage de promener un gros bœuf dans Paris pendant les derniers jours du carnaval remonte sans doute à une époque très-reculée; mais, quoique cette institution populaire soit bien vieille, en est-elle plus respectable? Je ne le pense pas, et je m'étonne qu'elle ait survécu aux autres de même genre dont le temps a fait justice, telles que les fêtes de *l'Ane*, de la *Mère Sotte*, des *Fous*, les *Mystères*, la *Danse Macabre*, etc.; car elle n'est ni plus utile ni moins ridicule que ses devancières.

Il n'est personne qui ne puisse voir dans les extravagances du carnaval une pitoyable imitation des fêtes de *Bacchus*, et dans notre *bœuf gras* un grotesque simulacre de la marche triomphale du *bœuf Apis* chez les Égyptiens; tout le monde sait que ces fêtes, les réjouissances, les cérémonies que nous parodions d'une façon burlesque, avaient une signification religieuse parmi les sectateurs du culte de Bacchus et d'Osiris; alors le bœuf était un symbole; et, si plus tard l'ignorance des peuples a substitué l'image à la chose qu'elle représentait, il n'en est pas moins vrai qu'on voyait toujours un but utile, une manifestation de sentimens pieux dans la célébration des mystères.

Mais aux temps actuels, grâce à notre religion, et surtout grâce à une connaissance moins imparfaite des harmonies de la nature, quel sens mystique pourrions-nous attacher à ces momeries de l'antiquité?

On n'y voit plus qu'une chose, c'est une occasion de se livrer à des penchans dissolus. Quelles raisons avons-nous donc de conserver ces vestiges d'une théocratie stupide? Pourquoi perpétuer les formules de l'idolâtrie? N'est-ce pas faire un anachronisme de vingt siècles?

Sans avoir besoin de chercher dans les hautes régions de la philosophie des argumens contre le *bœuf gras*, j'en trouvais d'autres, plus concluans à mes yeux dans un ordre d'idées vulgaires.

J'ai dit tout-à-l'heure pourquoi la suppression des masques me paraissait une chose désirable, et j'ai repoussé une partie des reproches adressés injustement à la police. A présent il me faut avouer franchement les torts du pouvoir.

Ces torts consistent, suivant moi, à dépenser chaque année 3 à 4,000 francs pour faire circuler dans Paris le cortége du bœuf gras. N'est-ce pas rendre l'administration complice de tout ce qui se passe de regrettable en carnaval, exciter l'émulation parmi les amateurs de travestissemens, et contribuer, d'une manière directe, à la conservation d'une coutume qu'il serait, au contraire, utile d'abroger?

Les préposés de la police, chargés de la surveillance des marchés aux bestiaux, composent ordinairement, avec une douzaine de garçons bouchers, le cortége du *bœuf gras* ; ce sont eux qui représentent *Jupiter, Junon, le Temps, Mercure, Vénus, Mars, Hercule* et autres dieux ou demi-dieux de l'Olympe. On les habille le plus richement qu'il est possible, et souvent ceux d'entre eux qui en ont le moyen font personnellement quelques dépenses pour ajouter des ornemens de fantaisie à la beauté de leurs costumes ; ils ne sont pas masqués, et, sous ce rapport du moins, l'administration se montre conséquente avec ses principes.

Le chiffre annuel des frais excède 5,000 francs ; on y pourvoit en partie au moyen des dons volontaires faits par le roi, les princes, les ministres et les grands fonctionnaires chez qui le bœuf gras est conduit ; l'insuffisance est couverte par les fonds du budget de la police, ce qui coûte 2 à 3,000 francs par année à la ville de Paris.

J'ai voulu supprimer cette gothique cérémonie ; trois fois, à un an d'intervalle, je me suis adressé au ministre de l'intérieur pour en obtenir l'autorisation ; malgré mes instances il m'a été impossible de faire accueillir cette idée ; le ministre a toujours reculé devant la crainte de mécontenter la population en détruisant ce vieil usage. Cependant je proposais de consacrer à de bonnes œuvres les fonds dépensés pour une chose bizarre et déraisonnable ; je demandais notamment que l'on donnât aux familles pauvres dix mille livres de viande et du pain, pour les consoler de ne plus voir le bœuf gras. C'était, ce me semble, faire un meilleur emploi des deniers municipaux.

Je comprends fort bien l'utilité pour l'agriculture et pour l'amélioration des races d'animaux d'accorder des primes d'encouragement au propriétaire d'un bœuf énorme présenté à quelque comice agricole ; je voudrais même qu'on en donnât, comme cela se pratique en Angleterre, pour les bestiaux exposés en vente sur les marchés publics ; rien de mieux, rien de plus efficace que ces récompenses : mais qu'on veuille nous faire grâce enfin de l'éternel bœuf gras, traîné péniblement dans les carrefours de la capitale !

Service de la navigation, bains du quai de l'Ecole et autres bains en rivière, bateaux-lessive.

Le service de la navigation est un des premiers auxquels j'ai fait subir des modifications qui ont produit d'heureux résultats. Le crédit annuellement consacré à cette branche d'administration s'élève à peu près à 50,000 francs, somme qui ne se trouvait plus au niveau des besoins, attendu le grand accroissement que l'approvisionnement de Paris a donné à la navigation. J'ai voulu néanmoins faire face à ces nouveaux besoins sans augmenter le chiffre des dépenses, et j'y suis parvenu en faisant une meilleure distribution du personnel, en supprimant des fonctions parasites, et en établissant l'égalité d'appointemens entre les préposés chargés d'une même besogne; avant moi plusieurs avaient obtenu, par faveur, des allocations supérieures à celles que comportaient leurs occupations. Ensuite, voulant que le nombre des employés fût en rapport avec l'étendue du service, et qu'il n'en coûtât rien de plus à la ville de Paris, j'ai créé des emplois de surnuméraires, et, à l'aide d'un mode d'avancement donnant des garanties contre les passe-droits, j'ai assuré l'avenir de tous ceux qui se vouent ainsi gratuitement à des travaux pénibles. Le bon effet de cette mesure n'a pas tardé à se faire sentir, et je l'ai successivement appliqué aux diverses subdivisions de la préfecture de police. Dès le moment où chacun a vu en perspective la certitude d'un avancement à mesure des vacances, il y a eu plus de zèle, plus de dévouement, moins de rivalité et d'intrigue, pour arriver à une situation privilégiée, que l'on savait d'avance être contraire à la règle invariablement observée.

Je ne ferai cette remarque qu'une seule fois, parce qu'elle est commune à toutes les parties des services que je dirigeais, puisque dans toutes le même système a été introduit par moi; c'était substituer au régime arbitraire qui mettait le favoritisme à la place des droits acquis un ordre d'avancement régulier dans la hiérarchie des emplois.

Si mes successeurs ne dérangent rien à cette organisation équitable, il en résultera qu'ils n'auront point à leur disposition absolue le choix des nominations à faire, et que leurs protégés ne pourront pas, comme cela s'est vu trop fréquemment, usurper les positions avantageuses au détriment de ceux qui les auront méritées.

Après avoir opéré ces réformes dans le personnel, je m'occupai d'améliorer aussi les choses matérielles. On se souvient sans doute que, pendant les mois d'été, la Seine était entièrement couverte de bateaux de bains, de bateaux à lessive, de bateaux de cotrets, de bateaux chargés de charbon, et d'une foule d'autres qui obstruaient le lit de la rivière, empêchaient l'écoulement facile des eaux, et causaient, sur beaucoup de points et principalement sous les bouches des égouts, des amoncellemens de gravats, de vase et d'immondices d'où s'échappaient, au temps des basses eaux, des émanations putrides. Ainsi, au lieu de contribuer à l'assainissement de Paris, la Seine n'était plus, en quelque sorte, qu'une cause d'infection.

On se rappelle aussi le hideux aspect que présentait l'ensemble de ces établissemens nautiques, presque tous mal construits, avec des pieux grossiers, des planches et des madriers à peine ébauchés et recouverts de vieilles tentures, de vieux linge de toutes couleurs, qui ne tardaient pas à devenir de véritables haillons, laissant pendre de tous côtés leurs sales lambeaux. C'était un tableau repoussant que le public avait constamment sous les yeux au centre de la capitale.

J'ai voulu nettoyer, autant qu'il était en mon pouvoir, cette partie importante de la voie publique, assurer le courant de l'eau, condition essentielle à la santé des habitans. En conséquence, j'ai indiqué des lieux de stationnement pour chaque espèce de bateaux, suivant la nature de leur destination ; j'ai exigé des embellissemens remarquables à l'intérieur et à l'extérieur de tous ceux qui, par leur usage, occupent une station permanente, tels, par exemple, que les bateaux-lessive ; quant aux bains d'eau froide, ils ne peuvent s'édifier que pour la belle saison et qu'en vertu d'une permission spéciale, valable seulement pour une campagne. Je n'ai consenti le renouvellement de ces autorisations qu'à la condition formelle de se soumettre à un plan de construction qui réunisse l'avantage d'être tout à la fois plus commode, plus sûr pour les baigneurs, et d'offrir un coup d'œil agréable. C'est depuis lors que la rivière, dégagée de ce qui lui donnait l'apparence d'un marché de friperies, n'a plus qu'un aspect décent, et qu'on y voit placés avec ordre les mêmes établissemens décorés de peintures variées.

Ces améliorations, assez notables pour que tout le monde puisse les remarquer, dépendaient de la seule volonté du préfet de police, puisqu'il lui appartient d'accorder ou de refuser les autorisations demandées, et qu'il peut y mettre pour condition tout ce qu'il croit nécessaire à l'intérêt public. Ce droit, quoique pouvant s'exercer sans contrôle et sans secours, est pourtant soumis à des restrictions d'équité. On en peut faire usage; mais toutefois dans les limites de la justice distributive : par exemple, il est des propriétés, de la nature de celles dont je m'occupe, qui, par leur ancienneté et par les mutations nombreuses, toujours ratifiées par l'autorité, dont elles ont été l'objet, sont devenues, pour les exploitans, des quasi-immeubles.

En remontant à l'origine de ces concessions, j'ai appris qu'au nombre des bateaux-lessive il en existe qui furent créés par un sieur *Marie*, par suite d'un accord avec la ville de Paris, relatif à la construction d'un pont, appelé *pont Marie*, du nom de son fondateur. Il y avait, dans ce cas, une concession à titre onéreux ; et s'il est incontestable que le pouvoir municipal a le droit de supprimer ces bateaux aussi bien que tous les autres, il est évident que, dans cette situation, l'exercice de ce même droit paraîtrait généralement trop rigoureux.

Quant à moi, je n'ai froissé aucun intérêt, je n'ai révoqué aucune des permissions accordées par mes prédécesseurs, et je n'en ai délivré de nouvelles qu'en échange des précédentes et en faveur des mêmes personnes. Je ne crois pas qu'il soit possible de porter le scrupule plus loin. Mais, en respectant les positions faites, j'ai dû, au moins, user de mon autorité pour obliger les parties intéressées à opérer les modifications reconnues utiles, et c'est à cela que je me suis borné.

Cependant cette remarque comporte une exception que je regarde comme justifiée par son objet : il s'agit du marché de cotrets qui, depuis quarante ans, existait au quai de l'École. Je l'ai supprimé sans compensation, parce que sur aucun point de la rivière les inconvéniens que j'ai signalés n'étaient aussi graves que ceux résultant de la présence, dans cette partie de la Seine, de vingt à trente bateaux chargés de ces fagots et groupés en tout temps de manière à gêner la navigation. Deux égouts ont leur issue précisément sous le parapet du quai de l'École, et ces égouts sont à peu près, sauf le grand égout de Chaillot, ceux de tout Paris qui déchargent un volume plus considérable d'eaux bourbeuses. Le barrage produit par les bateaux de cotrets ne permettait pas l'écoulement de ces eaux ; il s'ensuivait un attérissement énorme de vase et de matières en putréfaction, qui s'était formé entre l'emplacement des bateaux et le pont Neuf. Il n'y avait pas moyen de curer cet espace sans éloigner tout ce qui l'encombrait, et lorsque arrivait l'époque des chaleurs, ce banc considérable d'immondices, restant à découvert par la baisse des eaux, se mettait en fermentation et répandait une odeur insupportable. Il y avait, dans l'intérêt de la santé publique, urgence à le faire disparaître.

Un autre motif non moins impérieux commandait également cette opération : c'était l'extrême embarras causé par la vente et le transport incessant de milliers de cotrets livrés journellement à la consommation; du matin au soir une procession d'acheteurs et de colporteurs chargés de fagots traversait le quai de l'École, excessivement étroit à cette époque, et ajoutait considérablement à la difficulté de la circulation sur une des voies les plus fréquentées de Paris, puisque c'est à la descente du pont Neuf. Des accidens, souvent répétés, m'avaient déjà obligé à faire exercer au quai de l'École, par quelques sergens de ville, une surveillance permanente, afin de protéger la foule contre les encombremens multipliés, et à ordonner que les voitures ne pourraient le descendre que lentement.

Sous l'empire de ces considérations, plusieurs de mes prédécesseurs avaient, à diverses époques, rendu des ordonnances pour supprimer le stationnement des bateaux et le commerce de cotrets dont il est question; mais toujours leurs décisions étaient restées sans effet, soit qu'on les eût éludées, soit qu'on eût opposé une force d'inertie ou fait valoir des motifs spécieux pour obtenir de nouveaux délais. On mettait en avant l'intérêt des classes indigentes. C'était à elles, disait-on, que le voisinage de ce marché était profitable; et à l'aide de ces allégations adroites, l'on parvenait quelquefois à s'étayer de la recommandation des bureaux de charité; les personnes bienfaisantes, qui n'examinent jamais les choses de bien près quand il s'agit de faire une bonne œuvre, donnaient avec plaisir leur appui aux réclamations basées sur une opinion aussi respectable.

L'on n'a pas manqué de mettre en œuvre auprès de moi les mêmes moyens; mais je me suis demandé comment les pauvres consommateurs de cotrets pouvaient trouver un avantage quelconque à ce que les vendeurs eussent la faculté de les débarquer au quai de l'École plutôt que sur tout autre port de Paris. En cherchant à résoudre cette question, j'ai acquis la certitude que les cotrets se vendaient aussi cher dans le quatrième arrondissement, c'est-à-dire à deux pas des bateaux, que dans les quartiers les plus éloignés; qu'ils valaient absolument le même prix dans toutes les localités, et qu'enfin d'autres commerçans en faisaient venir à Bercy, à la Villette, etc., qu'ils livraient aux mêmes conditions que le spéculateur du quai de l'École. Je découvris en outre que le prétendu intérêt philanthropique consistait dans les bénéfices qu'une certaine dame retirait depuis quarante ans de ce petit trafic, bénéfice qui provenait principalement de la faveur dont elle jouissait exclusivement de faire stationner à cette place toute une flottille, sans payer d'autres droits qu'une redevance insignifiante, ce qui lui présentait une économie de 7 à 8,000 fr. par année. Voilà donc pour quel *intérêt sacré*, pour quelles familles *indigentes* la ville de Paris supportait depuis si long-temps de grands préjudices et tant d'inconvéniens intolérables.

Je n'ai pas besoin de dire que les éclaircissemens positifs obtenus par moi fortifièrent ma détermination de faire exécuter les décisions de mes prédécesseurs, et ce ne fut pas sans peine que j'en vins à bout; car, après avoir recouru à tous les subterfuges imaginables, la *pauvre* dame alla jusqu'à vouloir opposer la force à la force; il ne fallut rien moins qu'un détachement de sergens de ville et de gardes municipaux pour assurer l'exécution de mes ordres.

Indépendamment de toutes les raisons ci-dessus, qui, j'aime à le croire, justifieront surabondamment la mesure prise à l'égard des bateaux du quai de l'École, renvoyés sur d'autres points de la rivière, un dernier motif, et le plus puissant de tous, est venu m'imposer le devoir d'agir comme je l'ai fait : le conseil municipal ayant voté des fonds pour l'élargissement de ce quai, le préfet de la Seine m'écrivit pour me prévenir que les travaux allaient commencer; que les anciens murs d'appui du quai de l'École seraient démolis, et que les nouveaux murs empiéteraient de vingt-cinq à trente pieds sur le lit de la rivière, afin d'agrandir cette partie de la voie publique, et de la mettre en harmonie avec toute la ligne des quais. Il me priait, en conséquence, de faire disparaître tout ce qui se trouvait à proximité de cet emplacement.

On voit par là que, même en l'absence de toute autre cause, la suppression du stationnement des bateaux-cotrets et du marché était devenue une nécessité immédiate; cela n'a pas empêché la vieille marchande de cotrets de crier, de récriminer, de me menacer des journaux; et j'ai vu même qu'à l'occasion de mon procès contre *le Messager*, elle a eu l'effronterie de me faire reprocher l'acte dont elle se prétendait victime.

Lorsque le nouveau quai de l'École fut achevé tel qu'il existe actuellement, un homme fort recommandable, M. Viel, s'adressa au préfet de la Seine, et lui demanda, moyennant un prix de location, l'espace dont il avait besoin pour établir en aval de la première arche du pont Neuf un bain de rivière à l'instar des bains Vigier. La proposition de M. Viel était fortement appuyée par plusieurs membres du conseil municipal. Le préfet de la Seine se montra disposé à l'accueillir en ce qui le concernait, c'est-à-dire en ce qui avait trait à la location d'un emplacement sur la rivière; mais à l'égard de l'autorisation de construire le bain, il renvoya M. Viel à se pourvoir auprès de moi, puisque ce point rentrait dans mes attributions. En conséquence, la demande dont il s'agit devint l'objet d'une enquête faite par mes préposés, notamment par l'inspecteur général de la navigation, enquête dirigée avec un soin scrupuleux, et qui dura deux ou trois mois. Cette question étant aussi de la compétence de la direction générale des ponts et chaussées, elle lui fut soumise, et cette administration ordonna de son côté un examen attentif de toutes les raisons susceptibles de la faire approuver ou rejeter. L'opinion des ingénieurs se trouva conforme aux résultats de l'enquête du pouvoir municipal; je dus délivrer la permission demandée.

M. Vigier ne voyait pas sans ombrage s'élever un établissement rival des siens; il usa de tout son crédit pour faire échouer les démarches de M. Viel. Mais l'intérêt public l'emporta sur son influence, et c'est le cas de faire remarquer qu'ayant à cette époque l'avantage d'avoir avec M. Vigier des relations fort amicales, je me serais vu nécessairement l'objet des plus vives censures si la demande de M. Viel eût été repoussée. C'est alors que les apparences auraient donné à la décision administrative le caractère d'une injustice, ayant pour but de favoriser les intérêts de M. Vigier.

Il fallait, comme on l'aperçoit, le concours de trois autorités distinctes, savoir : le ministre du commerce, dans les attributions duquel se trouvent les ponts et chaussées ; le préfet de la Seine et le préfet de police, pour statuer sur cette question. Or, M. Vigier étant député et rangé dans la catégorie des amis du ministère, on n'aurait pas manqué de croire et de dire que la crainte de le mécontenter, ou le désir de lui être agréable, avait pu seule faire rejeter le projet de M. Viel. N'a-t-on pas dit cent fois qu'il était monstrueux, que c'était une sorte de prévarication de l'autorité de laisser à la famille Vigier, depuis quarante ans, le monopole des bains chauds sur la rivière ? N'a-t-on pas dit que M. Vigier père, grâce à cette faveur inouïe, avait acquis une immense fortune ? N'a-t-on pas ajouté que, l'usage des bains étant devenu plus général et un besoin pour la grande majorité des habitans, il était bien étrange que l'autorité s'opposât à ce qu'on créât une concurrence à son protégé M. Vigier ? N'a-t-on pas fait observer, d'ailleurs, que le nombre des établissemens de bains formés dans tous les quartiers de Paris avait au moins triplé depuis la construction des bains Vigier, tandis que la rivière, la localité évidemment la plus convenable à ces sortes d'entreprises, ne voyait encore flotter que les quatre bateaux qui y stationnent depuis près d'un demi-siècle pour le compte de M. Vigier ?

Si toutes ces réflexions n'étaient pas fondées au même degré, on ne saurait contester la justesse de la plupart d'entre elles ; elles avaient acquis une force décuple en 1835, et surtout depuis le choléra, car ce fléau avait fait sentir la nécessité des bains comme moyen hygiénique.

En présence de ces considérations, je demande s'il était convenable, s'il était possible de ne pas accueillir les offres de M. Viel sans méconnaître ce qu'exigeaient les besoins publics, les principes d'une bonne administration, et sans mériter les justes reproches de tout le monde?

Cependant la permission donnée à M. Viel, d'un commun accord entre l'administration des ponts et chaussées, la préfecture de la Seine et la préfecture de police, a trouvé un censeur. C'est donc, va-t-on me dire, un concurrent désappointé, ou bien un de ces hommes acharnés après les dépositaires du pouvoir, habitués à blâmer tout ce qu'ils font? Non, ce n'est rien de tout cela ; c'est un pitoyal ergoteur, c'est l'ancien avocat général Plougoulm, qui, pour mériter les bonnes grâces des ministres du 15 avril, s'est fait lâchement le diffamateur de ma réputation et de mes actes. Si la toge de magistrat dont il était couvert lui garantit l'impunité de ses grossiers outrages, je veux du moins que le public puisse apprécier sa conduite à mon égard. J'aurai donc encore à parler de cet homme, aujourd'hui parvenu à une place de procureur général, comme récompense du méprisable courage qu'il lui a fallu pour s'associer à mes calomniateurs. Savez-vous sous quel prétexte il a voulu me salir dans son langage saugrenu? Je vais l'expliquer. Un jeune homme, digne d'estime et d'intérêt sous tous les rapports, avait été attaché par M. Treilhard, alors préfet de police, à son cabinet en qualité de secrétaire. Sa capacité et son excellente conduite lui conservèrent le même emploi sous MM. Baude et Vivien. Je n'ai pas non plus touché à sa position, et il travailla cinq années sous mes ordres. Par suite de l'affection qu'il me portait, il ne voulait pas rester attaché à l'administration après mon départ; et comme il savait que ma retraite était prochaine, qu'elle pouvait avoir lieu d'un jour à l'autre, il cherchait à se procurer une occupation utile dans une autre carrière, pour quitter la Préfecture en même temps que moi. Ce jeune homme, appelé Coffyn, était lié avec M. Viel, qui lui parla de son projet relatif au bain. M. Coffyn, croyant voir dans cette spéculation des chances de succès, accepta l'offre de s'y associer pour un quart, à frais et périls communs. Informé de cette circonstance par M. Coffyn, je n'y vis qu'une chose bien naturelle, bien légitime, puisqu'il exposait sa petite fortune pour courir les chances bonnes ou mauvaises d'une opération commerciale. Il pouvait perdre, comme il pouvait gagner; aucun avantage ne lui était assuré; il se trouvait sous tous les rapports, et dans la proportion de sa part sociale, sur le même pied que M. Viel lui-même. Ajoutons que, dans tous les cas, l'entreprise ne pouvait marcher avant l'époque de ma retraite, car il fallait plus d'une année pour la construction de ce bateau-bain. Ainsi, dans la prévision certaine de la renonciation à son emploi, M. Coffyn, d'accord avec son co-intéressé, préparait une spéculation commerciale chanceuse, quant à ses résultats, et à laquelle il voulait consacrer son avenir.

Est-il rien de plus simple, de plus loyal? Cependant, M. Plougoulm a osé attaquer la moralité de cette affaire; il a stupidement prétendu qu'un employé d'une administration publique ne pouvait jamais s'associer à une opération sur laquelle la police exerce un droit de surveillance. Les sophismes délayés par ce rhéteur ne méritent vraiment pas une réfutation sérieuse. Comment! aucun fonctionnaire ne pourra placer des capitaux dans une entreprise industrielle ou commerciale? Mais, à ce compte, il serait interdit à tout employé du gouvernement d'acheter des actions de chemin de fer, de prendre un intérêt dans une usine; il serait interdit à un commis de la préfecture de police de quitter sa place pour devenir épicier, boucher, boulanger ou marchand de vin? Car, remarquons-le bien, tous ces établissemens, ces différens commerce, sont l'objet d'une surveillance et quelquefois d'une intervention de l'autorité, comme peuvent l'être les maisons de bain. Je dirai même que la police s'occupe beaucoup plus d'une boutique de charcutier, de marchand de vin ou d'herboriste, qu'elle ne le fait à l'égard des bains publics.

Je me suis appesanti sur tous ces détails fort peu intéressans, j'en conviens, pour le lecteur, par la raison que l'autorisation délivrée à M. Viel, conjointement, ainsi que je l'ai dit, avec deux autres grandes administrations, a été un des trois ou quatre actes que M. Plougoulm a eu le front d'attaquer, en les présentant comme entachés d'indélicatesse.....

Quant à M. Coffyn, ce n'était pas un vain prétexte qu'il mettait en avant pour s'associer à M. Viel; ce n'était pas un témoignage d'attachement hypocrite qu'il voulait me donner, puisqu'en effet il a quitté la préfecture de police le même jour que moi, et que, depuis lors, sa seule occupation est de diriger le bain du quai de l'École.

On serait surpris de ne trouver dans ce chapitre aucun détail relatif à la navigation des bateaux à vapeur, et en effet ce moyen de locomotion présente trop d'intérêt pour qu'il ait pu être négligé par moi; mais, afin d'abréger les explications, je me borne à recommander la lecture de l'ordonnance que j'ai rendue sur cette matière, le 9 novembre 1835; elle se trouve copiée à la fin de ce volume. Les dispositions qu'elle renferme me dispensent d'en démontrer l'importance et l'opportunité.

Canal Saint-Martin.

Le service administratif dont mes subordonnés

s'occupaient au canal Saint-Martin offre trop d'analogie avec celui de la navigation dont je viens de parler, pour que je ne doive pas m'en occuper à la suite des détails qu'on vient de lire.

Jusqu'au mois d'octobre 1834, la surveillance n'avait pour objet que le stationnement et le passage des bateaux, et l'observation des clauses du traité conclu entre la compagnie concessionnaire et la ville de Paris; deux préposés s'en acquittaient, et je crois qu'ils suffisent encore aux exigences du service; mais des accidens multipliés m'ont fait sentir le besoin d'augmenter les moyens de les prévenir, par de nouvelles précautions.

Le nombre des personnes noyées dans le canal Saint-Martin s'est élevé annuellement au chiffre désolant de quarante à cinquante. Ces malheurs, pour la plupart, proviennent, soit d'une funeste et volontaire détermination des victimes, soit de l'absence d'un parapet ou de garde-fous. Les abords du canal ne sont protégés que par des bornes placées de distance en distance et liées entre elles par des chaînes de fer trop rapprochées du sol. Il suit de là que chaque soir, et principalement les jours fériés, une quantité innombrable d'individus descendant des barrieres du nord quelquefois en état d'ivresse, pendant l'obscurité de la nuit, sont exposés à tomber dans le canal, d'où ils n'ont aucun moyen de se retirer, fussent-ils très-bons nageurs. La Seine, sous ce rapport, présente moins de danger, parce qu'il y existe des berges et des bancs de sable qui offrent des moyens de salut. Un faux pas, la moindre déviation dans la marche, le moindre choc peuvent causer une chute dans l'eau, puisque le canal n'est pas séparé de la voie publique par des barrières ou des murs d'appui, comme le sont les quais de la Seine.

Combien aussi un tel état de choses ne peut-il pas favoriser les intentions coupables! N'est-il pas possible qu'une partie des événemens déplorables regardés comme des accidens soient, au contraire, l'effet d'un crime? Il est si facile à des malfaiteurs de mettre à profit la configuration du sol pour imprimer une secousse à quelqu'un marchant à côté d'eux, que je suis porté à croire à beaucoup de faits de cette nature.

Pour les empêcher autant que possible, j'ai établi dans toute la longueur du canal Saint-Martin des gardiens de nuit ayant chacun une courte distance à parcourir et à surveiller, et munis de perches, de crochets, en un mot, des divers moyens de sauvetage les plus convenables pour offrir de prompts secours. Cette institution a répondu à mon attente; non-seulement la quantité de personnes tombées dans le canal est devenue moins considérable, mais encore on en a retiré beaucoup sans danger pour leur vie.

Afin de rendre au conseil municipal la justice qui lui est due, je constaterai ici son empressement à m'allouer les fonds d'ont j'avais besoin pour couvrir ces dépenses.

Désirant compléter les mesures de précaution et de sûreté que réclame cette partie de la ville, je voulais éclairer au gaz les bords du canal ; mais une somme de 150,000 francs devenait nécessaire, et, jusqu'à l'époque de ma retraite, on a reculé devant l'importance d'un tel sacrifice. Cependant, j'avais entamé des négociations avec les compagnies de gaz, et probablement je serais parvenu à faire admettre une combinaison moins onéreuse pour la ville de Paris.

A la même époque je fis voter par le conseil municipal un crédit pour éclairer toute la ligne des boulevards, et pris toutes les dispositions préparatoires pour assurer la prompte exécution des travaux. C'était là une des choses les plus utiles que pût faire l'administration dans l'intérêt public. Lorsque le moment de ma retraite fut arrivé, mon successeur n'eut à cette occasion qu'à laisser suivre l'impulsion donnée. Puisqu'il s'agit du gaz, je rappellerai que c'est moi qui fis appliquer ce mode d'éclairage au pont Neuf, aux quais depuis le Louvre jusqu'à la place de Grève, aux halles et à toutes les voies de communication qui y aboutissent, de sorte que l'immense population venant toutes les nuits apporter sur nos marchés d'approvisionnemens les objets de consommation, n'était plus exposée aux inconvéniens inséparables d'une obscurité quelquefois complète avant ces améliorations.

La Morgue, boîtes de secours, suicides, aliénés.

La Morgue, cet établissement dont la destination est généralement connue, a été presque en totalité reconstruite en 1835 sur un plan mieux entendu, avec des distributions intérieures et des dispositions sanitaires qui ont fait disparaître en grande partie ce qu'il y avait d'incommode et d'insalubre. Un fourneau d'appel, des feux constamment allumés, un lavage fréquent et l'emploi habituel de préparations chimiques désinfectantes ont, depuis cette époque, complété la somme des innovations utiles dont ce local funèbre était susceptible.

On dépose annuellement à la Morgue de trois à quatre cents cadavres; mais notons bien que ce nombre est loin de présenter le chiffre des suicides et des morts accidentelles. On ne transporte à la Morgue que les cadavres des individus non reconnus ou non réclamés; ils y restent exposés pendant trois jours aux regards du public, et sont ensuite inhumés pendant la nuit, sur l'ordre du procureur du roi, quand personne ne s'est présenté pour les retirer.

Quant aux suicides, on n'en comptait guère avant la révolution de juillet que de deux cent cinquante à trois cents par année; mais il y a eu, à partir de 1831 jusqu'à la fin de 1836, une progression effrayante non interrompue, au moyen de laquelle ce nombre s'est élevé successivement à huit cents! Il y aurait peut-être un intérêt philosophique à rechercher les causes de cet accroissement rapide; je ne veux pas toutes les énumérer; mais j'indiquerai comme la plus puissante cet amour effréné de la fortune et des hautes conditions sociales, qui faisait fermenter toutes les têtes à cette époque d'agitation et d'effervescence.

Les secousses violentes que donnent les passions politiques, le désespoir que l'ambition déçue entraîne à sa suite, ont inspiré à bien des gens le dégoût de la vie, et les ont portés, dans un accès de démence, à s'en débarrasser. Lorsque les imaginations bouillonnent, elles sont plus accessibles aux peines du cœur, aux chagrins domestiques, aux désappointemens de tout genre, et perdent la force morale qui donne le courage de supporter un revers. J'irai plus loin et je dirai que, d'après l'expérience des faits, l'action même de la température agit d'une manière fatale sur les esprits que des circonstances quelconques ont ainsi disposés.

Un autre fait qui me paraît démontrer jusqu'à l'évidence la justesse de ces observations, c'est que les nouvelles aliénations mentales constatées ont subi un accroissement proportionné à celui des suicides. Il y eut toujours une quasi-parité entre eux; ainsi, dans les années 1835 et 1836, on a compté à peu près huit cents cas de morts volontaires et autant de cas de démence. Ceci ne prouve-t-il pas que les événemens de l'époque ont été les principaux agens de tous ces malheurs ?

Les employés attachés spécialement à la Morgue ne constituent pas une charge bien lourde pour la ville de Paris, leurs appointemens ne formaient qu'un total de 3,900 francs par année; il en coûte près de six mille pour le retrait des noyés, attendu que la préfecture de police alloue 25 francs à tout individu qui sauve la vie à une personne, et 15 fr. à celui qui retire de l'eau un noyé. La dépense pour le transport des cadavres à la Morgue excède 1,500 francs, et l'on paye plus de 4,000 francs pour les blessés et les malades recueillis sur la voie publique.

Les abus trouvent moyen de se glisser partout, et certaines gens parviennent à entacher de fraude les choses qui en paraissent le plus exemptes. Croirait-on que la prime de 25 francs, accordée à ceux qui retirent de la Seine et des canaux une personne vivante ou que les soins rappellent à la vie, a donné lieu plus d'une fois à des collusions entre plusieurs compères? Un homme tombe comme par accident dans la rivière, il semble lutter contre le courant qui l'entraîne; bientôt il disparaît; mais le *hasard* conduit sur les lieux *un ami de l'humanité*; il n'hésite pas à se précipiter sur les traces de la victime, et, tout joyeux, il la dépose saine et sauve sur la berge voisine. Voilà 25 francs de gagnés; voilà une bonne action..... Oui, en apparence; car le *noyé* et le *sauveur* étaient d'accord; c'était une simulation pour extorquer la prime qu'ils iront peut-être demain dépenser ensemble au cabaret.

Quoique l'administration puisse être dupe de temps en temps de ces petites ruses, on comprend que, dans un but philanthropique, elle ne doit pas se montrer trop sévère, dans la crainte d'être injuste envers les hommes vraiment généreux qui s'exposent afin de secourir leur semblable. Ajoutons d'ailleurs que ces cas frauduleux sont rares, tandis que chaque jour de nouveaux services rendus à l'humanité constatent l'utilité de ces encouragemens. Je ne me rappelle que trois ou quatre occasions où la rouerie m'a semblé évidente, entre autres celle où deux gaillards s'étaient mutuellement retirés de l'eau plusieurs fois. Pour ne pas mettre d'autres compères dans la confidence, ils se réservaient à eux deux le profit de leur prétendu dévouement.

La moitié environ des suicides se fait par submersion; viennent ensuite dans l'ordre des chiffres, les asphyxiés par le gaz carbonique, puis les suicides par les armes à feu, la strangulation, etc.

Grâce aux progrès de la science médicale, le quart au moins des personnes asphyxiées, soit par l'eau, soit par les gaz délétères ou par la strangulation, sont rendues à l'existence. Dans la seule année de 1834, sur cent trente-neuf individus privés de sentiment, offrant toutes les apparences de la mort, quelques-uns même ayant les membres raidis, le corps glacé, le visage violet ou noir, il en a été sauvé cent quinze. Ainsi, cent quinze cadavres, qui seraient restés cadavres sans l'efficacité des secours, ont recouvré l'usage des sens. Quelques-uns avaient séjourné plus d'une heure dans l'eau.

On voit par là quel intérêt on doit attacher à la bonne administration de cette partie des services publics; combien il importe d'exiger la plus grande vigilance de la part de ceux qui sont commis à l'application des moyens curatifs. Aussi, j'ai donné à cette branche philanthropique de mes attributions une attention soutenue; j'ai multiplié les boîtes de secours, augmenté les médicamens et les appareils qu'elles contiennent; j'ai fait imprimer et répandre dans le public une instruction populaire, rédigée par les savans membres du conseil de salubrité, et dans laquelle on indiquait les moyens les plus efficaces pour secourir les personnes asphyxiées; enfin, j'ai rendu une ordonnance, le 1er janvier 1836, pour prescrire la marche à suivre dans tous les cas possibles, et fait un règlement complet pour tout ce qui a trait à cette matière. Je regrette de n'avoir connu que trop tard l'excellente idée de M. le docteur Marc, au sujet des hommes instruits et spéciaux qu'il proposait de charger du soin de faire un usage intelligent des boîtes de secours. Cette conception heureuse conserverait probablement la vie à bon nombre de personnes, qui succombent faute de soins administrés par des hommes expérimentés.

Bois à brûler, charbons de bois, mesurage, plombage, charbonniers.

Il existe à Paris environ cent quatre-vingts chantiers de bois à brûler. Le commerce des bois est à peu près libre, en ce sens que chaque marchand est maître d'acheter son bois comme il l'entend, de le faire arriver quand et par telle voie qu'il juge à propos, et de le vendre au prix qu'il lui convient de fixer. Il reste seulement soumis aux règlemens de police, en ce qui concerne les questions de sûreté et de salubrité; car si les chantiers n'ont pas le caractère des établissemens très-dangereux, ils sont au moins insalubres, incommodes pour le voisinage, et réclament une certaine attention dans l'intérêt de la sûreté publique. *L'insalubrité* résulte des émanations que le bois exhale, surtout à l'époque des grandes chaleurs, et principalement quand il est nouvellement extrait de la rivière. Tout le monde sait que la presque totalité des bois de chauffage arrive à Paris disposés en *trains*, qui séjournent quelquefois des années entières sous les eaux avant d'en être retirés. Or, on comprend que ces bois, après leur retrait, étant amoncelés dans les chantiers, il s'en échappe des émanations fétides. *L'incommodité* résulte des rats, qui se multiplient prodigieusement dans les chantiers, et qui, de là, envahissent les habitations voisines. En outre, le mouvement continuel des charrettes, qui obstruent et dégradent la voie publique aux abords des chantiers, et les travaux manuels des ouvriers qu'on y emploie, présentent sans contredit de véritables inconvéniens.

Quant à la *sûreté publique,* elle y est intéressée sous ce rapport, que la chute des piles de bois, élevées à une grande hauteur, pourrait écraser les passans dans les rues.

Voilà en quoi consiste la nécessité d'une intervention et d'une surveillance de la police au sujet de ces établissemens. Mais ce n'est pas à cela seulement qu'elles se bornaient avant les réformes introduites par mes soins.

Un arrêté ministériel du 16 février 1809, pris en exécution d'un décret impérial, daté du 16 juin 1808, avait imposé un droit de mesurage sur les bois vendus dans les chantiers de Paris. Les préfets de police, au temps de l'empire, instituèrent en conséquence une inspection spéciale pour recenser le mesurage des bois vendus aux consommateurs, et percevoir le droit fixé.

Déjà, à cette époque, il y avait plus de cent soixante chantiers ouverts; il aurait donc fallu un nombre au moins égal d'inspecteurs pour la surveillance et les recouvremens dont il est question. Mais, attendu qu'un personnel aussi considérable aurait coûté quatre fois plus que le droit ne pouvait produire, on s'était contenté de confier ce soin à trente-quatre préposés.

Sous le rapport fiscal, la création de cet impôt était plus onéreuse que profitable; et si on l'envisageait au point de vue de la garantie qu'elle pouvait offrir aux consommateurs, elle n'était pas moins contraire aux saines doctrines d'économie politique et d'économie commerciale..... Quelle utilité pouvait-il y avoir à faire intervenir l'autorité dans les transactions entre les vendeurs de bois et les acheteurs? Pourquoi voulait-on exercer un contrôle sur le mesurage des bois, quand on ne prenait point la même décision à l'égard des autres objets de consommation? Pour être logique, il aurait fallu soumettre à la même surveillance le pesage de la viande, des articles d'épiceries et de tous ceux qui se vendent au poids, de même que le mesurage des grains, des farines, du vin et autres liquides, des étoffes, etc., etc., en un mot, tout ce qui se vend au poids, à la mesure de capacité ou à la mesure de longueur. On ne l'a pas fait par une raison bien simple, c'est que la chose n'était pas possible..... Quel motif existait-il donc pour en faire, par exception, une application au bois de chauffage? Aucun..... ou du moins aucun susceptible de justifier une pareille dérogation.

Mais il y a plus, car dès l'origine on se plaçait dans l'impossibilité d'atteindre, même sous ce rapport, le but proposé : en effet, l'on a vu qu'il existait cent soixante chantiers, et qu'il ne fut créé que trente-quatre inspecteurs ; ceux-ci avaient chacun cinq chantiers à surveiller. Or, comment auraient-ils pu se trouver à la fois sur cinq points différens, pour savoir ce qui s'y passait, et vérifier le mesurage des bois qu'on vendait ? Leur ubiquité n'allait certainement pas jusque là. Il y avait donc impossibilité matérielle à ce qu'ils s'acquittassent de leur mission. Qu'en est-il résulté? C'est que, ne pouvant faire que la cinquième partie de leur tâche, ils ont jugé qu'il valait mieux ne rien faire du tout, et se borner à demander mensuellement aux marchands une déclaration des quantités de bois par eux vendus..... On sera naturellement porté à croire que ces commerçans, même les plus honnêtes, mettaient peu de scrupule dans l'exactitude de leurs énonciations. Ils fixaient à leur gré le nombre de stères de bois sortis de leur établissement, et payaient le droit sur cette évaluation. Si l'on supposait que les choses auraient pu se passer autrement, on serait sous l'empire d'une étrange illusion.

Il en résultait aussi que le produit de cette taxe ne suffisait pas à couvrir la dépense du service administratif, lequel figurait au budget de la police pour une somme d'environ 55,000 francs par année.

Malgré la bizarrerie de cette situation, elle a subsisté jusqu'à mon arrivée à la préfecture de police; mais, dès que je m'en fus rendu compte, il me parut convenable et facile d'y remédier. Je proposai en conséquence, au préfet de la Seine et au conseil municipal, de convertir le droit de mesurage en droit d'octroi, ce qui alors assurait à la ville de Paris la perception sur la totalité de ce qui serait consommé, et porterait à 200,000 francs par année le produit net de cette taxe.

Une autre considération militait en faveur de ce projet; c'est que les marchands de bois établis hors barrière n'étaient pas assujettis au droit du mesurage, quand ce droit ne se percevait que dans les chantiers de Paris. Ils livraient aux habitans de la capitale une partie du bois nécessaire à la consommation, sans avoir à supporter une charge qui pesait exclusivement sur leurs concurrens établis à l'intérieur. C'était tout à la fois une inconséquence et une injustice.

Ma proposition, acceptée avec empressement, fut convertie en une ordonnance royale, le 17 août 1832. Il s'en est suivi un accroissement de perception au profit des finances de la ville, de 200,000 francs par chaque exercice, et une dépense de 40,000 francs sur les dépenses du personnel, puisque je réduisis à douze préposés, soit à un seul par chaque arrondissement, le nombre de ceux chargés d'assurer l'exécution des règlemens de police relatifs à la sûreté et à la salubrité des chantiers de bois.

Une autre décision, non moins importante sous

plusieurs rapports, fut l'objet de deux ordonnances, que je publiai les 1er septembre et 15 novembre 1834, à l'effet d'éloigner les chantiers des quartiers populeux, pour les reporter vers des points excentriques, où leur présence offre moins d'inconvéniens. Voici les principaux considérans et la partie essentielle du dispositif de ces ordonnances :

« Nous, conseiller d'État, préfet de police,
» Considérant que les modifications qu'a subies,
» depuis la publication de l'ordonnance de police
» du 27 ventôse an X, l'aspect général de la ville
» de Paris, sous le rapport des constructions, du
» percement de nouvelles rues et de la formation de
» quartiers neufs, rendent nécessaire la révision de
» ce règlement ;
» Qu'il convient de fixer d'autres limites aux
» portions de la ville où peuvent être établis les dé-
» pôts et chantiers de bois de chauffage, et d'indi-
» quer les quartiers où, vu la multiplicité et la
» hauteur des bâtimens, le peu de largeur ou la
» déclivité des rues, ces établissemens peuvent don-
» ner lieu, soit à des incendies, soit à de fréquens
» embarras de la voie publique, soit encore à des
» accidens sous le rapport de la salubrité de l'air ;
» Ordonnons ce qui suit :
» Art. 1er. Les chantiers de bois de chauffage
» dans Paris ne pourront être formés à l'avenir que
» dans l'espace compris entre les murs d'enceinte

» de la ville et une ligne passant par le milieu des
» rues, boulevards et places ci-après désignés ; sa-
» voir :

» Sur la rive droite de la Seine :

» La rue Contrescarpe, le long de la gare de
» l'Arsenal ; le boulevard Saint-Antoine ; les bou-
» levards des Filles-du-Calvaire et du Temple ; les
» rues du Faubourg-du-Temple, des Marais, du
» Faubourg-Saint-Martin, de la Foire-Saint-Lau-
» rent, du Faubourg-Saint-Denis, de Chabrol, de
» Bellefonds, de la Tour-d'Auvergne, de Laval,
» Pigal, Chaptal, Blanche, de Hambourg, de Cli-
» chy, de Navarin ; la place de l'Europe ; les rues
» de Vienne, de la Pépinière, la Grande-rue-Verte,
» la Petite-rue-Verte ; la rue de Matignon ; l'allée
» des Veuves, jusqu'à la Seine.

» Et sur la rive gauche de la Seine :

» L'esplanade des Invalides, le boulevard des
» Invalides, le boulevard Mont-Parnasse, la rue de
» la Bourbe, les rues Saint-Jacques, des Capucins,
» le champ des Capucins, les rues des Bourgui-
» gnons, de l'Oursine, Censier, de Buffon et le bou-
» levard de l'Hôpital jusqu'à la rivière. »

Tous les autres articles étant réglementaires, je
ne les reproduirai pas ; mais je dois faire remarquer que l'économie de mes ordonnances laissait
aux marchands de bois la faculté de conserver jusqu'à l'expiration des baux les emplacemens qu'ils
occupaient dans les localités prohibées.

Un autre commerce, celui des *charbons de bois*, qui offre beaucoup d'analogie avec le précédent, était également soumis à des conditions encore plus gênantes, plus onéreuses.

D'après d'anciennes ordonnances qui remontent au temps des prévôts de Paris, l'autorité intervenait dans tout ce qui se rattachait à l'exploitation de ce commerce : le chargement des bateaux de charbon devait se faire, même dans les départemens éloignés, sous les yeux de préposés *ad hoc;* on constatait le contenu du chargement; on appliquait à chacun d'eux un numéro d'ordre; on les forçait de stationner sur tel ou tel point de telle rivière ou de tel canal, et enfin, après leur arrivée dans Paris, ils ne pouvaient être mis en vente qu'à tour de rôle, sans que les propriétaires eussent le droit de faire opérer le déchargement de leurs charbons pour les transporter et les vendre sur d'autres marchés. La police de Paris exerçait, comme on le voit, une sorte de tutelle préjudiciable et vexatoire sur les transactions relatives à cette marchandise.

Ce système avait pour conséquence de déprécier la qualité du charbon, de faire pourrir les bateaux et leurs agrès par un long séjour sur les rivières, et de retarder considérablement l'époque de la vente; elle ne pouvait avoir lieu, terme moyen, qu'après un délai de trois à quatre ans, depuis la date du chargement. Un pareil laps de temps augmentait beaucoup la dépense, par la perte des intérêts, la réduction du volume des charbons, la détérioration des bateaux et les droits de navigation et de stationnement. Qu'on juge, en outre, si de telles entraves ne choquaient pas toutes les idées reçues et les règles de l'équité, et si enfin elles n'obligeaient pas les négocians à vendre le charbon à des prix assez élevés pour couvrir tant de charges et de préjudices !

On m'objectera peut-être que ces prix n'ont guère diminué pour le consommateur parisien, depuis la mise en vigueur des réformes opérées par mes soins; la raison en est bien simple : c'est que les bois se vendent actuellement un tiers de plus qu'ils ne valaient il y a cinq ou six ans.

J'ai voulu aplanir toutes ces difficultés tracassières, abandonner enfin l'ornière d'une vieille routine, et rendre libre cette branche de commerce, qui n'a pas plus besoin que toute autre de l'initiative du pouvoir.

Une ordonnance royale, en date du 5 juillet 1834, rédigée par moi et contresignée par M. Duchâtel, ministre du commerce, a définitivement affranchi les marchands de charbon de tout ce qui nuisait à la liberté de leurs opérations et à leurs intérêts. Elle a décidé notamment que les charbons seraient vendus indistinctement sur les bateaux ou dans les ports, et que leurs chargemens pourraient être conduits, soit sur les marchés publics spéciaux, soit dans les magasins particuliers, soit au domicile du consommateur ; que les bateaux seraient admis dans les ports de vente, non plus en raison de la date de leur chargement, mais d'après celle d'arrivage aux points les plus rapprochés de Paris ; elle a supprimé le *tour de vente*, et décidé que chaque marchand aurait la faculté d'ouvrir sa vente simultanément.

De plus, elle a autorisé la création dans Paris de magasins et de dépôts particuliers ; le tout, sous la seule réserve de se conformer aux règlemens de police, comme toutes les branches d'industrie et les établissemens publics qui, par leur nature, comportent la surveillance de l'autorité : il y a donc eu dès lors une assimilation à peu près complète entre le commerce des charbons et celui des bois à brûler.

Ces modifications, conformes aux principes libéraux de notre gouvernement, ont pu froisser quelques intérêts privés, quelques positions prises sous le régime précédent ; mais elles reposent sur des bases trop équitables, elles sont trop en harmonie avec les progrès de la raison, trop conformes aux intérêts publics, pour ne pas recevoir l'approbation générale et la sanction du temps.

Je ne voulais point borner à ces réformes les avantages que j'espérais assurer à mes administrés, en mettant aussi un terme à d'autres abus.

Il est peu de ménages, et surtout peu de cuisinières à Paris, qui n'aient un charbonnier attitré, lequel fait payer à ses pratiques un prix invariable de huit francs pour un sac de charbon, appelé *voie*, plus un franc cinquante centimes pour le transporter à domicile.

Remarquons d'abord que les charbonniers se font allouer, pour le seul colportage d'un sac pesant une centaine de livres, une somme égale à ce qu'il en coûte pour conduire, d'un bout à l'autre de la ville, une voie de bois qui pèse vingt fois plus. Cependant il faut pour ce dernier transport une charrette, un cheval et un conducteur; notons que les charbonniers retirent de ce seul travail une somme annuelle de douze à treize cent mille francs.

Comme je viens de le dire, le charbonnier exige régulièrement huit francs pour le coût primitif de son charbon : c'est une sorte d'abonnement qui ne connaît ni la hausse ni la baisse; cependant il y a du charbon à divers prix, puisqu'il y en a de diverses qualités : la première sorte est la seule que l'on vende au cours *maximum* de huit francs; mais les qualités secondaires, les charbons menus, ceux de bois blanc, ceux avariés, se vendent cinquante centimes et jusqu'à deux francs de moins. Le porteur *médaillé* peut donc mettre la différence dans sa poche.

Ce n'est pas tout : non content de gagner sur le prix exorbitant de la course et sur le prix de l'objet, il est plus d'un charbonnier qui veut ajouter à ces bénéfices les profits encore plus illicites d'un trafic particulier. J'ai su, de la manière la plus positive, qu'un bon nombre de ces hommes avaient chez eux, ou dans un local à ce destiné, de petits dépôts de charbon; que là ils faisaient des mélanges, dans lesquels entraient des charbons de médiocre qualités, achetés par eux à des cours inférieurs, et qu'ainsi ils ne livraient pas à leurs chalands la marchandise telle qu'ils l'avaient obtenue sur les places de vente. Je ne crois pas me tromper en évaluant à un franc la voie le bénéfice déloyal qu'ils y trouvent. Quelques-uns vont même plus loin, car j'ai fait constater d'autres fraudes : par exemple, celle d'un individu qui, avec quatre voies de charbon, en composait cinq pour ses pratiques. Supposons encore qu'une telle supercherie puisse, dans certains cas, occasionner une perte au consommateur, et supputons ce qu'il en coûte aux habitans de Paris pour faire arriver à leur domicile le charbon vendu sur les marchés publics, je crois que le chiffre total ne va pas à moins de trois millions par année, ce qui représente au delà du quart de la valeur de ce combustible.

Avant la révolution de juillet, on ne comptait à Paris qu'environ douze cents charbonniers; mais les préfets de police qui m'ont précédé depuis 1830 avaient délivré trois cents nouvelles médailles, dans l'intention de secourir autant de familles malheureuses. Le nombre s'en élevait donc à quinze cents. C'était trop pour les besoins; la concurrence qui en a été la suite fut peut-être la seule cause qui fit recourir à la fraude. Du moment où cette petite industrie ne donna plus des résultats suffisans, quelques individus ont pu, afin de trouver la compensation d'un bénéfice qui leur échappait, abuser de la confiance du public.

Quoi qu'il en soit, l'espèce de corporation que forment les charbonniers et le monopole qu'ils exploitent m'ont paru trop onéreux à la population, pour que je n'essayasse pas de porter remède au mal.

J'ai commencé par décider que l'entremise des charbonniers *médaillés* ne serait pas obligatoire, et que tout acheteur pourrait à son gré faire porter par qui bon lui semblerait le charbon acheté. L'arrêté que je pris à cet égard remonte au mois de décembre 1832; mais dès qu'on le mit à exécution, les charbonniers résistèrent violemment, et il fallut en arrêter plusieurs pour rétablir le calme. En droit, ma décision reste en vigueur, mais en fait, la force des habitudes a triomphé d'une sage mesure. Les charbonniers ont trouvé le moyen de conserver leur clientelle, et l'insouciance des consommateurs ne les a pas engagés à profiter du droit que j'accordais à tout le monde. Bref, les choses se passent encore aujourd'hui comme elles se passaient il y a quinze ans. Néanmoins, j'ai posé un bon principe, et j'espère que l'avenir en assurera l'application. Déjà même plusieurs entreprises se sont formées pour conduire le charbon à domicile sur des voitures, moyennant une rétribution de cinquante centimes; si le public parisien veut quelque jour ne plus faire un sacrifice inutile, il usera enfin de son droit et pourra, moyennant deux ou trois cent mille francs, faire faire une besogne qui lui coûte peut-être actuellement trois millions.

Pour compléter, relativement à cette branche de service, la série des réformes dont elle était susceptible et fournir à mes administrés une garantie contre les fraudes, j'ai publié, le 25 mars 1833, l'ordonnance suivante, qui n'a pas besoin de longs commentaires :

« Considérant que depuis long-temps on se plaint
» d'infidélités dans le transport du charbon de bois
» dans Paris; qu'il arrive souvent que les sacs con-
» venablement mesurés sur les ports de vente et
» sur les marchés publics ne parviennent point
» intacts au consommateur; que les sacs sont li-
» vrés comme contenant du charbon d'une qualité
» supérieure à celle qu'ils renferment réellement;
» que d'autres sacs contiennent des mélanges de
» diverses sortes, qui sont payées par les consom-
» mateurs au prix de la qualité supérieure; qu'il
» importe de donner au public les moyens de se ga-
» rantir de semblables fraudes;

» Ordonnons ce qui suit :

» Art. 1er. Il sera établi, sur chaque port et
» place de vente de charbon de bois, un contrôle

» auquel on pourra s'adresser pour faire vérifier le
» mesurage.

» Il sera ajouté dans chaque sac une carte qui
» indiquera le marché de vente sur lequel le
» charbon aura été mesuré et le prix des deux
» hectolitres de combustible. Les sacs seront en-
» suite fermés avec soin et liés avec une ficelle,
» dont les deux bouts seront scellés suivant le
» mode qui sera adopté par nous.

» Art. 2. Un préposé nommé par nous sera
» attaché à chacun des ports de vente et marché
» publics de charbon, afin d'appliquer le scellé de
» garantie aux sacs.

» Art. 3. Les sacs qui seront présentés pour
» recevoir le scellé devront être en bon état et
» cousus en dedans, de manière à ce qu'on ne
» puisse en soustraire, changer ou dénaturer le
» contenu.

» Art. 4. Pour rembourser les frais du scellé, il
» sera payé, pour chaque sac qui aura été présenté
» au préposé, une rétribution de cinq centimes,
» laquelle devra être payée avant l'enlèvement du
» sac. »

Afin de mettre immédiatement ce mode nouveau en vigueur, j'avais attaché à chacun des trois ports et des quatre places de vente un vérificateur chargé de contrôler le mesurage du charbon, de vérifier si la carte introduite dans le sac avant la fermeture indiquait exactement le prix du combustible, et de sceller le sac à l'aide d'un plomb comme cela se pratique à la douane.

Dès lors et moyennant la modique rétribution d'un sou par sac, les consommateurs se mettaient parfaitement à couvert contre les fraudes de tous genres. Si l'on faisait tant que de vouloir conserver le même porteur de charbon en lui payant trente sols pour une besogne qu'il eût été facile de faire faire pour vingt-cinq ou cinquante centimes, du moins était-il naturel qu'on ne voulût pas lui laisser la possibilité de tromper sur le prix, sur la quantité et sur la qualité.

Si tous les charbonniers eussent été parfaitement honnêtes, ou si les habitans avaient voulu ménager leurs propres intérêts, il ne serait pas sorti des marchés publics un seul sac de charbon qui n'eût été accompagné d'une carte indicative du prix, et scellé ainsi que ma combinaison l'indiquait. Mais il paraît que ces mesures ne faisaient pas le compte des charbonniers, car ils se sont opposés avec acharnement à leur mise en vigueur, et sont parvenus à persuader à leurs pratiques qu'il s'agissait d'une précaution purement vexatoire pour avoir un prétexte de prélever une taxe au profit de la police : la population les a crus au lieu de suivre la marche indiquée par moi, car fort peu de consommateurs ont réclamé le scellé et la facture que je leur donnais le droit d'exiger.

Cette indifférence a donc fait tomber promptement en désuétude une disposition utile; ici encore la routine l'a emporté sur le bon sens; mais comme en définitive il ne s'agissait pas dans la question d'une mesure d'ordre public, mais seulement de la faculté que j'offrais à chacun de se soustraire à une sorte d'exaction, je n'avais pas de motifs sérieux d'insister sur l'exécution de l'ordonnance précitée. Elle avait pour unique objet l'intérêt des consommateurs; or, puisqu'il plaisait aux consommateurs de continuer à être dupes, je n'avais plus rien à dire. Je désire cependant que, mieux éclairé sur ces faits, on se décide à mettre, comme je le voulais, un terme aux abus.

Il me reste à dire quelques mots d'une vieille institution que j'ai modifiée d'un commun accord avec le conseil municipal, et qui se rattachait au commerce des bois et charbons dont je viens de parler.

Dans les anciens temps, le pouvoir municipal de Paris, préoccupé de la crainte de voir la capitale exposée à une disette, intervenait activement dans la plupart des opérations concernant l'approvisionnement de cette grande cité. Je suis loin de nier l'utilité d'une telle prévoyance, à une époque où les relations commerciales n'étaient pas encore bien établies, où les corporations et les maîtrises avaient le monopole des affaires de commerce et d'industrie, et auraient pu, si l'incurie de l'autorité le leur avait permis, affamer une ville dans un intérêt de spéculation.

C'est en raison de cet état de choses que les ordonnances des prévôts de Paris, toutes les fois qu'elles avaient rapport à son approvisionnement, étaient obligatoires dans toute la France.

Ce système, on le comprend, entraînait la nécessité d'avoir, dans les provinces circonvoisines, des agens chargés de concourir à l'achat et à l'expédition des denrées. Mais une organisation qui avait alors son bon côté a dû changer de forme et disparaître successivement, à mesure que des relations plus libres, plus actives, se sont ouvertes entre toutes les parties du royaume et entre les citoyens.

A l'époque actuelle, ce n'est plus la consommation qui doit aller chercher le producteur; c'est au contraire la production qui cherche le consommateur. L'on peut donc se reposer sur le besoin que les fabricans, les marchands, les cultivateurs, ont de vendre, et se bien persuader que Paris étant un centre immense de consommation, la certitude d'y trouver un débouché y amènera toujours en quantité suffisante ce qui est nécessaire à la population.

Cette dernière opinion a prévalu sur les vieux erremens administratifs, et pourtant il existait encore, à l'égard des charbons et des bois, un vestige de ces institutions surannées.

La préfecture de police, jusqu'en 1832, conservait en résidence, principalement dans les départemens de Seine-et-Oise, de Seine-et-Marne, de l'Yonne, du Loiret et de l'Aube, une cinquantaine de préposés, ayant mission de faire observer un ensemble de formalités et de précautions relatives au flottage des bois sur les ruisseaux, à la construction et à la marche des trains sur les canaux et rivières, et au chargement aussi bien qu'à la navigation des bateaux de charbon. Ce service parasite coûtait annuellement à la ville de Paris 80,000 ou 90,000 francs, qui figuraient au budget de la préfecture de police.

Le conseil municipal a réclamé contre cette dépense inutile, et je me suis empressé d'en consentir la suppression. Seulement, et attendu le devoir d'équité de ne pas réduire brusquement à la misère la totalité des employés attachés à cette branche d'administration, il a été réservé temporairement une somme de 30,000 francs par année, laquelle est payée, moitié par le ministère du commerce, moitié par la préfecture de police, pour conserver encore quelque temps une fraction des anciens inspecteurs en service sur les rivières et canaux.

Il est résulté de cette réforme une économie de 75,000 francs pour la ville de Paris, et un partage plus logique des attributions et des dépenses; car c'est aux départemens que traversent les ruisseaux, canaux et rivières utilisés pour le flottage ou pour la navigation des charbons et des bois, à faire la police locale et à en supporter respectivement tous les frais.

Boulangers, taxe du pain.

Depuis l'époque de ma retraite, j'ai remarqué plusieurs fois que la Préfecture de police s'engageait dans une voie fausse et dangereuse à l'égard de la boulangerie. Il me semble qu'elle encourage un peu trop les actes de sévérité, et qu'au lieu de combattre, elle tend à fortifier les préventions populaires et les mauvaises dispositions du public à l'égard des boulangers. L'autorité ne devrait pourtant pas oublier que cette classe de commerçans est bien souvent l'objet de reproches immérités et d'une injuste rancune; c'est à eux que le public attribue, dans les temps de disette, l'insuffisance et la cherté du pain; et c'est justement dans les circonstances calamiteuses que les boulangers se ruinent au lieu de s'enrichir. Est-il sage, est-il équitable de faire *chorus* avec ceux dont l'ignorance reporte sur cette industrie toute l'aigreur que donne un état de souffrance? Si le pain est cher, est-ce la faute des boulangers? Peut-on faire peser sur eux la responsabilité d'une pénurie qu'il n'est au pouvoir de personne de prévoir ni d'empêcher?

Combien de fois les préjugés de la foule n'ont-ils pas suscité des malheurs irréparables? N'a-t-on pas vu, dans les temps où le pain était à un prix excessif, les établissemens des boulangers envahis, pillés, dévastés par des masses furieuses? Rappellerai-je encore que sous la terreur le peuple mettait les boulangers à la lanterne ou les égorgeait lorsque ceux-ci ne pouvaient pas satisfaire aux exigences des masses poussées par la faim?

Quelles sont les suites ordinaires de ces désordres et de ces crimes? c'est précisément d'arriver au résultat contraire à celui qu'on veut obtenir. Quand on avait pillé ou pendu un boulanger, sa boutique, le lendemain, était-elle mieux approvisionnée? Un juste effroi ne s'emparait-il pas aussitôt de tous ses confrères? Ceux qui avaient quelques moyens n'abandonnaient-ils pas une profession aussi périlleuse? Et dès lors la boulangerie ne tombait-elle pas dans une détresse qui n'offrait plus aucune garantie? Les établissemens se fermaient, et des gens sans ressources osaient seuls se livrer à une industrie où la fortune et la vie de l'homme étaient toujours menacées.

Ajoutons encore que les propriétaires de grains dans les départemens et les meuniers habitués à approvisionner les halles de Paris se gardaient bien de faire de nouveaux envois, dans la crainte du pillage, ou dans la crainte au moins de ne pouvoir vendre qu'à des gens insolvables. Ainsi les arrivages discontinuaient à l'époque même où l'on en avait le plus besoin.

Voilà où mènent l'ignorance et la brutalité du peuple. Sous ce rapport, son instruction n'est pas même commencée; témoin ce qui se passe aujourd'hui dans une trentaine de nos départemens, où la fureur et les excès populaires arrêtent les expéditions de blés et de farines.

Le devoir de l'autorité est d'éclairer le peuple, et non de caresser des préjugés stupides; et les principes d'une administration paternelle devraient l'engager à venir au secours de l'opprimé. Or, quel est l'opprimé dans les jours de disette et de cherté du pain? c'est le boulanger, et non le consommateur.

Une autre réflexion, dont la justesse n'échappera point aux hommes instruits, c'est qu'il vaut infiniment mieux que le corps des boulangers soit dans une situation prospère que d'avoir en perspective une ruine presque certaine. Cette industrie est placée sous la main du pouvoir municipal; on peut augmenter ou réduire à volonté le nombre des établissemens de ce genre : le préfet de police aurait le droit d'ordonner la fermeture d'une ou de plusieurs boulangeries, et d'en créer un plus grand nombre s'il le jugeait à propos. Eh bien! si les fonds de boulangers ont acquis une certaine valeur par les succès habituels de l'exploitation, les possesseurs tiendront beaucoup à les conserver, et se prêteront sans se plaindre à tout ce que l'édilité exigera d'eux dans l'intérêt de la population. Lorsque les temps deviennent difficiles, lorsque les apparences de la récolte inspirent des inquiétudes, les boulangers, s'ils sont riches, obéiront avec empressement aux injonctions qui auraient pour but d'assurer la subsistance de la capitale ; ils s'associeront aux efforts de l'administration pour préserver Paris d'une calamité possible ; et, dans ce cas, qui profitera de l'effet de ces sages précautions? ce sont les habitans.

Mais si au contraire les fonds de boulangers n'étaient la représentation d'aucune valeur, par suite des pertes ou des tracasseries capables de décourager ceux qui les possèdent, comment pourrait-on espérer un concours utile de leur part? Comment pourraient-ils supporter un sacrifice quelconque pour conserver un établissement qui ne vaudrait rien?

Concluons de tout ceci que l'intérêt commun des administrateurs et des administrés est d'assurer au commerce dont nous nous occupons une position assez favorable pour que des familles aisées consentent à s'y livrer, ou ne soient pas tentées d'y renoncer. C'est évidemment là ce qu'il faut désirer pour la population plus encore que pour les boulangers.

Si je ne me trompe, c'est tout le contraire qu'on obtiendra en persistant à suivre la marche erronée où le pouvoir s'est engagé depuis près de quatre ans; car je vois chaque jour dans les feuilles publiques des récriminations acerbes contre une bonne partie des boulangers de Paris, et j'y vois que l'autorité s'y fait adresser des félicitations et s'applaudit à l'occasion des mesures de rigueur prises envers ces commerçans.

J'ai cru devoir énoncer les idées générales qu'on vient de lire pour rappeler les saines doctrines et démontrer le tort qu'on peut faire à la chose publique en accréditant les erreurs, en fortifiant les préjugés. Je n'entends pas toutefois, comme on le pense bien, défendre la cause de ceux qui se rendent coupables d'abus de confiance; je trouve fort bien qu'on use à leur égard de toute la sévérité possible; mais ne confondons pas l'honnête homme qui se trompe accidentellement avec la duplicité qui spécule sur la fraude; ayons à l'égard de chacun des règles d'équité. D'ailleurs, plus les contraventions sont fréquentes, plus elles signalent un état de malaise. Une industrie qui prospère n'a pas recours ordinairement à des moyens illicites pour grossir un peu la somme de ses bénéfices. Je suis donc porté à croire, par la multiplicité des poursuites récentes exercées contre les boulangers, que les conditions imposées à leur profession sont trop rigoureuses. Je dirai tout-à-l'heure comment on peut rétablir l'équilibre.

Il existe à Paris six cent deux ou six cent quatre boulangers; on les divise en quatre classes. Ils sont soumis à l'obligation de fournir un cautionnement en nature, c'est-à-dire en farine, dont la quotité est fixée à vingt sacs chacun; ils sont en outre tenus d'avoir en magasin un approvisionnement dont le maximum, calculé d'après l'importance des établissemens, doit être de cent quarante sacs pour les boulangers de première classe, de cent dix pour ceux de la deuxième, de quatre-vingts sacs pour ceux de la troisième, et de trente sacs pour les boulangers de la quatrième classe. Ce seul approvisionnement suffit aux besoins de la capitale pour vingt-sept ou trente jours.

La consommation quotidienne approche de deux mille sacs; elle exige donc environ sept cent mille sacs de farine par année, lesquels produisant deux cent quatre kilogrammes de pain chacun, donnent un total de deux cent quarante-deux millions cinq cent mille kilogrammes. Si nous évaluons le pain, terme moyen, à 70 centimes les deux kilogrammes, nous aurons une dépense annuelle de cinquante millions de francs pour la consommation de pain dans Paris.

L'énormité de ces deux chiffres constate la gravité de toutes les questions qui se rattachent au commerce des grains et farines et à la boulangerie; il est donc bien essentiel de ne pas adopter un système vexatoire d'administration, qui entraverait la marche des opérations, ou les rendrait préjudiciables aux parties intéressées.

Le prix du pain est fixé le 14 et à la fin de chaque mois par le préfet de police. La taxe est réglée pour toute la quinzaine suivante. Une commission composée de trois ou quatre des principaux boulangers et d'employés supérieurs de la préfecture de police, arrête à l'avance les élémens de cette fixation. La mercuriale, c'est-à-dire le tableau journalier des ventes de farine faites à la halle de Paris, sert de base aux calculs. On détermine le taux moyen auquel se sont placées, durant les quinze jours précédens, les farines de première et de deuxième qualité. L'on ajoute à ce prix moyen une somme de 11 francs par sac, pour couvrir le boulanger de toutes ses dépenses, telles que son loyer, le salaire de ses ouvriers, le bois de chauffage, les frais d'entretien de son établissement, l'intérêt des capitaux, et pour représenter le bénéfice légitime de sa profession.

Admettons que le prix moyen des farines, établi comme je viens de le dire, soit de soixante francs par sac, pesant cent cinquante-neuf kilogrammes; les onze francs ajoutés à cette somme la porteront à *soixante et onze francs*. Voilà, d'après la marche suivie, ce qu'aura coûté au boulanger le pain provenant de ce même sac de farine.

Il a été constaté par des expériences que les cent cinquante-neuf kilogrammes de farine composée de première et de seconde qualité rendaient cent deux pains de deux kilogrammes, cuits à un degré convenable. Ce rendement est alors devenu, d'un commun accord entre l'administration et les boulangers, le diviseur du coût de la farine, ensemble les frais de la panification. Procédons d'après ces règles pour fournir un exemple : nous trouverons que 71 francs divisés par 102 donnent pour quotient 69 centimes et trois cinquièmes de centime par chaque pain de deux kilogrammes. C'est donc à ce taux que, d'après la mercuriale, on devrait fixer dans le cas ci-dessus le prix du pain de quatre livres; mais tout le monde comprend l'impossibilité d'admettre dans cette fixation des chiffres rompus, on ne peut pas fractionner des centimes. Il a donc été convenu que le prix du pain ne pourrait monter ou descendre que par fractions rondes de deux liards à un sou; c'est pour cela que la taxe du pain se fait toujours, soit en hausse, soit en baisse, en chiffres de : par exemple, douze sous ou douze sous et demi; treize sous ou treize sous et demi, etc., les deux kilogrammes, sans jamais admettre les chiffres intermédiaires.

Cependant la mercuriale ne présente jamais un chiffre en rapport exact avec la taxe; il y a constamment les fractions en plus ou en moins. Comment procède-t-on alors pour concilier autant que possible tous les intérêts? je vais l'expliquer :

Supposons que la division de la dépense faite par cent deux pains, comme je l'ai dit ci-dessus, produise, pour chaque pain de deux kilogrammes, soixante-huit centimes et soixante-quatorze centièmes de centime : dans ce cas, le prix du pain sera fixé à treize sous et demi, parce que les soixante-huit centimes soixante-quatorze centièmes sont plus près de soixante-sept cinquante que de soixante-dix. Mais si le même produit de cette division était de soixante-huit centimes et soixante-seize centièmes de centime, la taxe serait portée à quatorze sous, soit à soixante-dix centimes, attendu que soixante-huit centimes et soixante-seize centièmes sont plus rapprochés de soixante-dix que de soixante-sept cinquante. C'est toujours ainsi qu'on procède.

On voit par cet exemple quelle différence imperceptible peut suffire quelquefois pour augmenter de deux centimes et demi le prix du pain pendant toute une quinzaine. Ces deux centimes et demi, au bout de quinze jours, font une somme de soixante-douze mille francs : ainsi une misérable fraction de centime sur la mercuriale peut augmenter ou réduire de soixante-douze mille francs par quinzaine le produit en argent de la quantité de pain fabriqué dans cette période. Les boulangers ont donc un immense intérêt à ce que les fractions négligées tournent à leur profit et jamais à leur détriment. Il se présente assez fréquemment des cas où ils peuvent obtenir ce résultat sans de grands efforts : au moyen de l'achat de quelques sacs de farine à des cours élevés, ils opèrent une variation sur les élémens de la mercuriale, jusqu'à ce qu'ils parviennent à trouver le point qui amène une taxe à leur convenance.

Raisonnant dans l'hypothèse que j'ai présentée

plus haut, où les boulangers verraient que la mercuriale n'arrive qu'à soixante-huit centimes et soixante-quatorze centièmes de centime, ils se hâteraient d'acheter à un cours forcé une petite quantité de farine, afin de faire monter ce chiffre jusqu'à soixante-huit soixante-quinze. Quelques sacs payés un franc de plus que le prix moyen suffiraient pour assurer cette augmentation. La conséquence serait de porter la taxe à deux centimes et demi de plus, et de produire pour la boulangerie un avantage bien réel de soixante-douze mille francs dans une seule quinzaine.

Pour peu qu'on soit familiarisé avec les calculs, ces démonstrations feront comprendre le vice du mode actuel. Je vais maintenant présenter un moyen dont je regrette de n'avoir pas eu l'idée quand j'étais en mesure de la mettre à exécution, et qui me paraît obvier aux inconvéniens de la marche suivie.

Ce moyen consisterait à reporter chaque fois sur la future mercuriale les différences en plus ou en moins qui existeraient dans les fractions de la mercuriale précédente. Ainsi, dans le cas où les boulangers auraient profité pendant une quinzaine d'un centime ou d'une fraction quelconque, la compensation s'établirait dans la prochaine mercuriale; il en serait de même si la position des chiffres leur avait été momentanément préjudiciable. De cette manière, les boulangers n'auraient plus aucun intérêt à forcer le prix de la marchandise pour faire augmenter le taux de la mercuriale.

Je n'irai pas plus loin dans ces détails, parce qu'ils sont trop spéciaux, trop minutieux et dénués d'attraits pour la plupart des lecteurs.

Je disais tout-à-l'heure que la position des boulangers réclamait une amélioration, et, loin de la leur offrir, je viens d'exposer le plan d'une réforme qui certainement ajouterait à leur malaise : cette circonstance serait diamétralement opposée à mes vues, puisque je désire la prospérité de leurs affaires comme une chose utile à l'intérêt public.

Je voudrais donc leur offrir une équitable compensation, et je proposerais de porter à douze francs au lieu de onze la somme qui leur est allouée pour la manipulation d'un sac de farine. L'augmentation est d'ailleurs justifiée par l'accroissement de leurs frais; car les loyers, la main d'œuvre, le prix du bois, sont aujourd'hui beaucoup plus chers qu'à l'époque ou l'allocation de onze francs a été déterminée. Je voudrais aussi que l'on réduisit à cent pains de deux kilogrammes le produit présumé d'un sac de farine; car il m'est démontré qu'en prenant une moyenne de quinze à vingt années, le sac de farine ne peut pas rendre plus de deux cents kilogrammes de pain cuit d'une manière convenable.

Quant au poids du pain, dont je n'ai encore rien dit, je crois qu'on peut l'exiger exactement, et faire vendre le pain au poids comme on vend presque toutes les autres denrées. Le public prendrait aisément l'habitude de se conformer à cet usage, si quelques boulangers commençaient à l'adopter; ils échapperaient par là aux investigations journalières, aux procès-verbaux fréquens, et à tous les ennuis que l'administration leur cause sous le régime en vigueur. On vend bien la viande à la livre, pourquoi n'appliquerait-on pas la même règle à la vente du pain? Seulement, dans ce cas, il serait juste de varier la taxe suivant la forme du pain.

Il va sans dire que tous ces raisonnemens n'ont trait qu'au pain taxé, et à l'égard du pain de luxe ou de fantaisie, il continuerait à se vendre à prix débattu entre le boulanger et l'acheteur.

Je ne terminerai pas sans faire observer qu'on se trompe gravement en supposant aux boulangers un intérêt quelconque, sauf ce que j'ai dit au sujet de la mercuriale, à la hausse réelle du prix des farines. Que leur importe le coût primitif, puisqu'on ne leur donne jamais qu'une somme invariable de 11 francs pour convertir en pain un sac de farine? Quel que soit le prix de la matière première, comme on se borne à le leur faire retrouver dans la taxe du pain, ils ne peuvent avoir, en thèse générale, aucune espèce d'avantage à ce que ce prix soit élevé. Ils éprouvent même dans ce cas un léger préjudice, puisqu'il leur faut un capital plus considérable pour alimenter leurs établissemens.

Pendant la durée de mon administration, je n'en

ai supprimé aucun, et n'en ai pas augmenté le nombre; il était donc le même à l'époque de mon départ qu'à celle de mon entrée à la préfecture de police. Mais un fonds de commerce de cette nature n'avait à peu près aucune valeur en 1831, tandis qu'en 1836, grâce au rétablissement de la tranquillité publique, et grâce aux principes d'équité que j'ai toujours observés, cette valeur était revenue à un point aussi élevé qu'aux époques les plus heureuses.

Quelques autres professions.

La nécessité d'être bref ne me permet pas de donner les développemens qu'elles pourraient comporter à mes observations sur plusieurs branches d'industrie; et pourtant il me serait possible d'exposer à l'égard de chacune d'elles des remarques, et de signaler des faits qui peut-être mériteraient l'attention. Mais il faudrait faire, dans ce cas, une analyse spéciale des questions qui s'y rattachent, et une espèce de traité *ex-professo* de chaque matière; ceci me conduirait trop loin, et comme je tiens à terminer mon travail avec ce quatrième volume, je passerai sous silence les mesures que j'ai prises au sujet de professions qui ont cependant exigé de ma part beaucoup de travaux et de soins. De ce nombre sont les *bouchers, marchands de vin*, nourrisseurs, crémiers et laitières; les maisons de santé, les sages-femmes, les herboristes, teinturiers, tripiers; les fabricans de produits chimiques, les artificiers, les chiffonniers en gros, ayant des dépôts d'os et de chiffons; les bureaux de nourrices, au sujet desquels j'ai créé, dans l'intérêt des familles, des rapports avec les maires de toutes les communes où les enfans étaient en nourrice. J'ai eu aussi à m'occuper accidentellement des pharmaciens, droguistes, liquoristes; des marchands d'eaux minérales factices, des marchands de couleurs et vernis, des marchands de comestibles; des afficheurs, à l'égard desquels j'ai publié une ordonnance le 6 août 1836, pour défendre l'affichage sur les monumens publics, etc., etc.

Mais ce qui a réclamé de ma part une attention toute particulière et presque incessante, ce sont les *établissemens classés,* c'est-à-dire tous ceux considérés comme dangereux, insalubres ou incommodes. Ils sont au nombre de *quatre mille deux cents* dans le département de la Seine; aucun ne peut être ouvert qu'après les formalités d'une enquête *de commodo et incommodo,* et en vertu d'une autorisation préfectorale, qui réglemente tout ce qui concerne les questions de sûreté, de salubrité et d'incommodité. Je faisais exercer une surveillance pour m'assurer si l'on observait exactement les conditions imposées. Qu'on juge si cette matière occasionne de nombreux travaux, et si elle n'a pas une grande importance pour le public!

Quant aux charcutiers, je me contenterai de rappeler les visites périodiques et générales que je faisais faire chez eux pour examiner l'état de leurs ustensiles et saisir les marchandises gâtées. Je me souviens que, dans une seule de ces visites, mes préposés ont confisqué plus de dix mille livres de charcuterie avariée. On plaça sur vingt charrettes les jambons, saucisses, saucissons et cervelas, à moitié pourris, qui furent conduits à Montfaucon, et jetés dans les bassins. Peut-être croira-t-on difficilement que la nuit suivante plusieurs bandes d'individus vinrent à Montfaucon repêcher ces objets à l'aide de crocs, et en pénétrant aussi loin que possible dans ces affreux cloaques. Ils reprirent ainsi tout ce qu'on avait jeté.

Quand on pratiqua de nouvelles saisies, les employés firent couper, même hacher fort menu, les viandes gâtées, et à l'aide d'un mélange avec la matière fécale ils purent enfin les soustraire à l'avidité des amateurs.

A l'égard des confiseurs et distillateurs, j'ordonnais également de visiter leurs magasins à l'approche du nouvel an, à l'effet d'empêcher la mise en vente d'objets dans la confection desquels seraient entrées des substances vénéneuses, et de les saisir au besoin. Il y a plus de danger qu'on ne pense à employer quelques-uns des ingrédiens qui servent à colorer les bonbons et les liqueurs et à fabriquer le papier qui les enveloppe. Si l'on ne mettait pas de discernement pour le choix des substances, on s'exposerait à introduire dans ces objets de consommation un poison très-actif.

Secondé par les lumières du conseil de salubrité, je rendis une ordonnance, le 11 août 1832, qui enjoignait les précautions nécessaires afin d'éviter les retours des accidens graves qu'on m'avait signalés : plusieurs enfans étaient morts empoisonnés pour avoir sucé le papier dont les bonbons se trouvaient enveloppés; je prohibai en même temps l'emploi des substances dangereuses, et j'indiquai celles exemptes de tout inconvénient. Au surplus, l'ordonnance dont il s'agit sera copiée à la fin du présent volume, et peut-être ne lira-t-on pas sans utilité les dispositions qu'elle renferme.

Ayant appris que des fraudes se commettaient pour altérer le sel de cuisine, dans lequel on faisait entrer des sels de Warech, et d'autres retirés du salpêtre ou provenant de diverses opérations chimiques, je fis faire aussi des perquisitions chez quelques débitans désignés comme se rendant coupables de ce trafic. On constata chez plusieurs épiciers un mélange pernicieux pour la santé des consommateurs et fort répréhensible, puisqu'ils trompaient le public sur la qualité du sel débité par eux. Cinq ou six délinquans furent condamnés à ette occasion par le tribunal de police correctionnelle.

D'autres mesures adoptées par moi avaient pour objet la visite fréquente des ustensiles dont se servent les marchands de vins traiteurs, aubergistes, restaurateurs, pâtissiers, bouchers, fruitiers, etc., pour faire tenir constamment en bon état d'entretien les vases et ustensiles de cuivre ou de plomb en usage dans ces établissemens. Cette partie a été aussi l'objet d'une ordonnance en date du 23 juillet 1832, que je ne crois pas devoir reproduire à cause de son étendue.

Ayant été le premier préfet de police qui soit resté, après la révolution de juillet, assez long-temps en fonctions pour étudier et connaitre tout ce qui entre dans les attributions de cette magistrature, je me suis vu par conséquent le premier en situation d'introduire dans toutes les branches du service les améliorations et les réformes qui me semblaient être la conséquence des changemens heureux apportés à nos institutions politiques et des principes libéraux et philanthropiques de notre gouvernement.

La réunion des ordonnances que j'ai successivement publiées sur chaque matière, et par lesquelles je crois avoir à peu près complété l'œuvre de la réforme en ce qui touche la Préfecture de police, composerait une volumineuse collection dans laquelle on trouverait sans peine tous les élémens d'un code administratif. Je n'ai eu en mon pouvoir qu'une faible partie de ces documens, et pourtant leur insertion occuperait trop de place dans mon ouvrage pour que je puisse les y faire entrer. Je n'en extrairai plus qu'un seul ; c'est une ordonnance, en date du 25 novembre 1834, relative aux amphithéâtres d'anatomie et de chirurgie. On la trouvera transcrite à la fin de ce volume, et l'on pourra y voir que c'est moi qui ai supprimé les amphithéâtres de dissection existant alors dans plusieurs hôpitaux, et dont le voisinage pouvait être pour les malades un sujet d'émotions fort pénibles.

Quelques mesures de sûreté et d'intérêt public.

La surveillance des hôtels et maisons garnis occupe, comme je l'ai expliqué dans mon premier volume, un personnel assez nombreux. Je ne répéterai pas ce que j'ai dit au sujet de la mission de ces employés ; c'est sous un autre rapport que j'ai maintenant à parler des lieux publics où on loge en garni.

Tant que dure la belle saison, une multitude d'individus sans asile, et ceux qui ont des motifs particuliers pour se cacher, tels que les voleurs, les vagabonds, les repris de justice venus dans la capitale sans permission, peuvent, à cause de la douceur de la température, passer les nuits soit dans les localités obscures de l'intérieur de Paris, sous les arches des ponts, dans les chantiers de pierre, dans les quartiers inhabités rapprochés des murs d'enceinte, soit au milieu des champs cultivés, soit enfin dans les carrières avoisinantes. Quels moyens la police a-t-elle, en pareil cas, de surveiller la conduite de ces hommes et de les rechercher pour les livrer à la justice quand il y a lieu? Il n'en existe qu'un qui soit bien efficace, c'est d'entourer à une heure avancée de la nuit, les lieux où les malfaiteurs se sont retirés, et de fouiller les cavités, les réduits, dont le nombre est immense aux environs de Paris. C'est aussi ce que je faisais faire à des intervalles rapprochés, souvent même à plusieurs reprises dans un seul mois. Mes agens, secondés par la gendarmerie, cernaient les repaires nocturnes et arrêtaient les individus qui s'y trouvaient. Il était rare que parmi eux on ne reconnût des criminels sur qui pesaient de graves accusations, et des forçats ayant rompu leur ban.

L'efficacité de ces expéditions engageait quelques maires de la banlieue à en solliciter le renouvellement, dans l'intérêt des habitans de leur commune; on vint même plusieurs fois réclamer le concours de mes agens pour faire des battues de ce genre dans des cantons qui n'étaient pas du ressort de la préfecture de police.

Mais, pendant la saison rigoureuse, toute cette population errante, tous ces malheureux qui vivent ordinairement de vols et de rapines, se voyaient obligés de chercher un refuge chez les logeurs de bas étage, dans quelques bouges où l'on donne l'hospitalité moyennant 10 centimes par nuit, et où l'on entasse souvent jusqu'à vingt personnes dans une chambre obscure et sale. C'est donc là que mes agens pouvaient découvrir les malfaiteurs recherchés ; c'est là aussi que d'après mes ordres ils dirigeaient leurs investigations. On faisait en hiver, dans les lieux publics dont il est question, et dans les hôtels garnis de la dernière classe, des fouilles générales qui n'étaient jamais sans résultats utiles.

On sait en quoi consistait, après que je l'eus réorganisé en 1831, le service des *rondes de nuit*, et l'on a vu que les changemens introduits ont répondu à mon attente. Néanmoins, j'ai augmenté sensiblement, pendant les années 1835 et 1836, les garanties de sûreté qu'il offre à la population parisienne. Les agens qui en composent le personnel, quel que fût leur zèle, n'étaient pas assez nombreux pour explorer tous les quartiers, tous les points où leur présence pouvait devenir nécessaire. Il est même arrivé mainte fois que leurs petites escouades de trois hommes n'avaient pas assez de force pour opérer une importante capture quand ils rencontraient une réunion de mauvais sujets. D'ailleurs, lorsque ces escouades avaient circulé quelque temps dans une localité, elles devaient l'abandonner pour en visiter une autre; leur départ laissait le champ libre aux malfaiteurs. Mais aussitôt que la situation des affaires politiques m'a permis d'appliquer à un intérêt municipal la presque généralité des inspecteurs et des sergens de ville, je les ai soumis à l'obligation de fournir, à tour de rôle, un contingent assez considérable pour doubler les moyens de surveillance pendant la nuit. A l'aide de ces renforts, il a été possible de combiner un système de patrouilles disposées de manière à se prêter un mutuel appui, et à parcourir sans interruption les rues de la capitale. Plusieurs journaux de l'époque ont enregistré les bons effets de cette organisation.

Je passerai sous silence les mesures que j'ai prises pour remettre en vigueur la législation relative aux *livrets d'ouvriers* et de domestiques. Cette matière fut réglementée par moi dans toutes ses parties.

Je dirai peu de chose aussi du service de vérification des *poids et mesures,* et de celui des *ponts à bascule;* seulement il me sera permis de noter les soins tout particuliers dont ils ont été l'objet de ma part. J'ai introduit quelques modifications salutaires dans le mode de procéder pour le classement des diverses professions, en ce qui concerne la vérification des poids et mesures, et j'ai mis un terme à de nombreux abus qui se commettaient dans le service des ponts à bascule.

Sommiers judiciaires.

Le titre de cette subdivision de mon chapitre ferait difficilement comprendre à quoi il se rapporte; je dois donc l'expliquer.

Il existe à la préfecture de police un bureau où l'on compose une collection, qui remonte à près de cent vingt ans, de tous les arrêts et jugemens

portant condamnation afflictive, infamante ou correctionnelle, rendus par les cours royales et les tribunaux de France. Afin qu'il n'y ait point de lacune dans ce recueil, les ministres ont soin de transmettre au préfet de police le bordereau des peines appliquées annuellement dans le royaume, avec les noms, prénoms, lieu de naissance, domicile, âge et signalement des individus atteints par les condamnations. On y joint la liste de ceux traduits en justice sous la prévention d'un crime ou d'un délit caractérisé, lors même qu'ils sont acquittés; on y ajoute toutes les indications particulières propres à les faire reconnaître au besoin.

La collection dont il s'agit constitue ce qu'on appelle *les sommiers judiciaires*. Elle contient déjà plus de cinq cent mille noms.

L'utilité de ce travail se démontre tous les jours. C'est là seulement qu'on trouve réunis et qu'on puise les renseignemens qui, dans une foule de cas, font connaître les antécédens d'un accusé traduit en justice : plus cet accusé a commis antérieurement de mauvaises actions, plus aussi il a intérêt à cacher son identité, à prendre un faux nom, à faire usage de faux papiers. Mais ses ruses sont heureusement déjouées par l'infaillible exactitude des sommiers judiciaires.

Quoi de plus ordinaire que de voir un prévenu qui, devant ses juges, ne croyant pas à la possibilité de découvrir son origine, de savoir ce qu'il a fait de mal, et de le reconnaître sous les différentes métamorphoses auxquelles il a eu recours, soutient hardiment la vérité de quelque fable inventée par lui pour sa justification?

Quoi de plus ordinaire aussi que d'entendre le président lui dire à peu près l'équivalent de ce qui suit : « Accusé, vous prétendez que votre
» nom est Nicolas Lebrun, que vous êtes né à tel
» endroit dans la Corrèze, que vous avez trente-
» deux ans, que vous exercez la profession de
» cordonnier, et que jamais on n'a eu de repro-
» ches à vous faire; cependant nous trouvons
» jointe à votre dossier une note qui nous paraît
» mériter plus de confiance que vos déclarations;
» elle nous apprend que vous vous nommez *Fran-
» çois Dupont*, que vous êtes âgé de trente-cinq
» ans, que vos parens habitent la commune
» de.............. département de........... où vous
» êtes né; que vous avez successivement exercé
» les métiers de maçon, de jardinier, de cuisinier,
» de portefaix, etc.; que vous avez paru sous le
» nom de *Pierre Dubois*, le 10 décembre 1818,
» comme prévenu de vol, devant le tribunal de
» Limoges, qui vous a condamné à deux ans de
» prison. Vous avez subi cette peine dans la mai-
» son centrale de.............. Ensuite, le 15 mars
» 1822, on vous arrêta auprès de Niort, sous une
» prévention de complicité dans l'exécution d'un

» vol à main armée ; vous parûtes à ce sujet devant
» les assises de la Cour royale de............ sous le
» nom de *Jacques-Guillaume Patou*. On vous ac-
» quitta faute de preuves suffisantes. Six mois plus
» tard, vous eûtes un nouveau démêlé avec la jus-
» tice : la Cour royale de Bordeaux vous condamna
» à cinq ans de réclusion pour vol qualifié ; on vous
» connaissait à cette époque sous le pseudonyme
» de *Jules Gaillard*. On vous a vu encore figurer
» sur les bancs de la Cour d'assises de Dijon en
» 1829, et devant la police correctionnelle de Pa-
» ris le 19 juin 1831, où vous avez subi de nou-
» velles condamnations sous d'autres noms d'em-
» prunt. Si vous niez l'exactitude de ces renseigne-
» mens, nous aurons un moyen simple de constater
» votre identité, car, pendant que vous subissiez
» une détention à..............! l'on s'est aperçu
» que vous portiez au côté gauche une tache vio-
» lette, ayant la forme d'une feuille de chêne ; de
» plus, vous avez reçu, dans une querelle avec
» d'autres détenus, un coup de couteau qui vous
» a blessé au bras droit, et dont l'empreinte existe
» encore à trois pouces de l'épaule. »

Comment le plus audacieux coquin ne se ver-
rait-il pas accablé par la désespérante précision de
ces énonciations, et comment, en l'absence des
sommiers judiciaires, la justice pourrait-elle savoir
les antécédens et la moralité d'un accusé ? Combien
de malfaiteurs échapperaient à l'application des

peines pour les cas de récidives si ce précieux et unique recueil n'existait pas!

Je n'ai pas besoin de m'appliquer à en faire ressortir davantage l'incontestable utilité.

Disons seulement que tous les individus mis à la disposition du procureur du roi à Paris sont à l'instant même l'objet de recherches dans les *sommiers judiciaires,* et qu'ainsi l'on ajoute une note explicative et confidentielle aux dossiers de ceux qui ont de fâcheux précédens.

Jusqu'en 1833, quatorze employés chargés de ce travail avaient peine à s'en acquitter complètement. On va voir qu'en effet la besogne était excessivement difficile : quatre cents gros registres, successivement remplis de toutes les notes parvenues à ce bureau, et inscrites à la suite les unes des autres, sans qu'on s'assujétît à aucune autre méthode pour le classement des matières, formaient cette grande collection.

Comment retrouver dans quatre cents registres, les détails relatifs à tel ou tel individu? C'était à peu près impossible. On avait donc établi un répertoire où étaient inscrits par ordre alphabétique les cinq cent mille noms des gens sur lesquels on avait recueilli des renseignemens, et les numéros de renvoi indiquant les registres et les pages où se trouvaient les notes relatives à chacun d'eux. Mais ce répertoire était devenu lui-même une chose embarrassante et difficile à consulter; il se composait dè feuilles volantes, précaution indispensable pour permettre d'en intercaler de nouvelles, lesquelles feuilles remplissaient quarante caisses en bois.

Un seul exemple va faire juger la difficulté des recherches : plus de quarante mille noms commençaient par la lettre B, et près de dix mille par les deux lettres BA; plus de trois mille noms propres étaient identiques, et un millier avaient les mêmes prénoms; il fallait parcourir une trentaine de grandes feuilles, sur lesquelles on ne voyait inscrits que des *Martin*; il en était de même pour beaucoup d'autres, tels que les *Dubois*, les *Dupuis*, les *Lebrun*, les *Legrand*, etc., etc. Bref, les quatorze employés avaient peine à remplir leur tâche, et il va sans dire que, plus on marchait dans cette voie, plus les difficultés augmentaient, puisque le nombre des matériaux augmentait annuellement. J'ai modifié ce travail de telle sorte, que, maintenant, deux hommes peuvent le faire. Tous les registres et le répertoire sont remplacés par de petites feuilles de carton léger, qui, sous le titre de bulletin, contiennent chacune tout ce qui concerne un même individu. On a fait le dépouillement des anciens registres, et transcrit sur les nouveaux bulletins tout ce qui pouvait être bon à conserver. Il a suffi, après cela, de placer ces bulletins dans des rayons, par ordre alphabétique, pour rendre les recherches excessivement faciles et promptes. Effectivement, veut-on savoir ce qu'a fait le nommé Pierre-François Lebrun? on extrait des rayons le bulletin qui le concerne, et on n'a plus qu'à le copier pour en transmettre le contenu à la justice. La besogne est devenue aussi simple qu'elle était compliquée. Quatre années de travaux ont été nécessaires pour opérer cette grande amélioration, et cependant elle n'a motivé qu'une dépense de 15,000 francs une fois faite.

Vidange des fosses d'aisance. — Montfaucon.

La multiplicité des infractions commises aux règlemens de police, en ce qui concerne la vidange des fosses, motiva l'ordonnance que je fis paraître le 5 juin 1834; elle présente un travail complet sur cette partie des services. Mais, en raison de son étendue, car elle contient quarante-sept articles, je ne la copierai pas.

Jusqu'à cette date, peu de nuits se passaient sans qu'on signalât quelque fait punissable, dont il était impossible de découvrir les auteurs. Par exemple, il arrivait souvent que les conducteurs de tonneaux chargés du liquide extrait des fosses abrégeaient leur course; au lieu de se rendre à Montfaucon, ils ouvraient pendant le trajet un robinet des tonneaux, et laissaient écouler les eaux vannes sur la voie publique: il en résultait une infection qui motivait des plaintes fort légitimes. Mon ordonnance et les précautions mises en vigueur ont rendu très-difficile le renouvellement de pareils actes et d'une foule d'autres non moins dangereux.

Le 6 juin 1834, je publiai un nouvel arrêté, ayant pour but la suppression des grosses voitures de vidange, en usage depuis long-temps, et dont le poids énorme offrait plus d'un inconvénient. Le dispositif de cet arrêté est assez justifié par le considérant qui le précède, et que je vais transcrire :

« Considérant que les voitures de vidanges,
» chargées de tonnes ou vaisseaux quelconques,
» excédant ensemble la capacité de deux mètres
» cubes, écrasent le pavé, causent la rupture des
» conduits d'eau, dégradent et enfoncent les voûtes
» d'égouts; que les secousses occasionnées par leur
» passage ébranlent les maisons et peuvent déter-
» miner l'écroulement des bâtimens ou partie de
» bâtimens en mauvais état; enfin, que la diffi-
» culté de diriger et arrêter à volonté ces masses
» énormes donne lieu à des dégradations de pro-
» priétés et à des accidens de nature à compromet-
» tre la sûreté des passans, etc.; arrêtons, etc. »

La spécialité des choses dont je m'occupe me conduit naturellement à parler de *Montfaucon*.

L'emplacement qui porte ce nom est situé au pied des coteaux de Belleville, entre la route d'Allemagne, qui traverse Pantin et ces même coteaux. Il n'est distant que d'une centaine de mètres de la barrière du Combat. Son étendue est d'environ trente arpens, dont la moindre partie est la propriété de la ville de Paris, qui occupe, comme locataire, le surplus, appartenant, je crois, à M. Boursault. La configuration du terrain et les cavités des carrières, dont l'exploitation remonte à plus de quinze siècles sur ce point, ont permis d'y former plusieurs bassins à différentes hauteurs. Le versement des matières fécales se fait dans les bassins de la partie supérieure, et à l'aide de vannes, dont le niveau peut baisser ou s'élever à volonté, on fait écouler dans les réservoirs inférieurs la partie liquide. De là, après un séjour de deux ou trois années, qui a pour objet d'y faire déposer tout ce qu'il y reste de matières solides, ces liquides, nommés les *eaux vannes*, s'échappent par des tuyaux qui les conduisent dans l'égout latéral au canal Saint-Martin, et viennent se mélanger avec les eaux de la Seine à la pointe orientale de l'île Louviers. La quantité d'eaux vannes qui s'écoule ainsi journellement est d'environ deux cent vingt mètres cubes. Le volume des matières fécales portées quotidiennement à Montfaucon est de trois cents mètres, lesquels, ainsi qu'on le voit, se réduisent à quatre-vingts mètres de poudrette, en raison du départ des liquides. Ce que l'on conduit à Bondi représente le tiers de la quantité versée à Montfaucon, d'où il suit que la moyenne des vidanges faites chaque nuit à Paris forme un volume de quatre cents mètres cubes.

La ville de Paris donne à fermage l'exploitation

de ces voiries ; elle en retire un produit annuel d'environ cent soixante mille francs. Les fermiers fabriquaient autrefois la poudrette en exposant sur le sol et à l'action de l'air les matières solides ; la dessiccation produisait la métamorphose ; mais actuellement on fait usage d'un procédé qui abrége le travail : le mélange de la tourbe carbonisée désinfecte instantanément la matière, et la solidifie assez pour qu'on puisse la livrer sans retard à l'agriculture.

Il y a plus de neuf siècles que Montfaucon a été consacré à la même destination. C'était là que les habitans de Paris allaient déposer leurs immondices, avant que les murs d'enceinte de la capitale eussent franchi les quartiers du centre. On sait que la distance entre l'ancien Paris et Montfaucon était alors de plus d'une demi-lieue. La voirie a précédé l'érection des fourches patibulaires, qui, d'ailleurs, n'étaient pas situées dans l'emplacement actuel de Montfaucon, mais bien sur un terrain compris maintenant dans l'enceinte de Paris, et sur lequel on a élevé plusieurs rues entre la partie excentrique du faubourg du Temple et du faubourg Saint-Martin.

Malgré l'extension successive de la circonférence de Paris, Montfaucon n'a jamais cessé d'être à peu près ce qu'il est encore ; mais si le voisinage de ce cloaque infect était tolérable lorsqu'il se trouvait éloigné de toute habitation, il est devenu non moins insalubre et incommode que repoussant depuis que des populations nombreuses, notamment celles de Belleville, de Pantin, de la Grande et Petite-Villette, des faubourgs Saint-Martin et du Temple, se sont établies à proximité.

Il y a déjà près de trente ans que le pouvoir municipal, frappé de la nécessité de supprimer Montfaucon, a acheté une partie suffisante de la forêt de Bondi, et dépensé plusieurs millions pour y construire une voirie. Dès que le nouvel établissement fut terminé, on devait défendre le versement des matières à Montfaucon ; mais un obstacle imprévu vint déranger ce plan ; et jusqu'à présent on n'a pu conduire à Bondi, comme je l'ai dit, que le quart des extractions journalières. L'obstacle est provenu de ce que les bassins destinés à recevoir les matières liquides à Bondi se sont promptement remplis, attendu que les filtrations et les évaporations n'ont pu, à beaucoup près, absorber un volume égal au versement quotidien. On a voulu vider les réservoirs dans un ruisseau voisin, qui traverse le vallon de Bondi, et va se jeter dans la Seine à Saint-Denis ; mais ce ruisseau, dans son cours, fait marcher plusieurs usines ; il remplit même des étangs poissonneux, et sert à des habitations d'agrément. De justes réclamations se sont élevées quand on a vu, au lieu d'une eau limpide et potable, des masses d'urine exhalant des odeurs fétides. Il fallut reculer devant ces plaintes légitimes; la conséquence, c'était l'abandon de la voirie de Bondi. On essaya d'un palliatif : la ville de Paris fit construire dans l'enceinte des bassins un certain nombre de puits absorbans; ils fonctionnèrent d'abord d'une manière satisfaisante, mais ils ne tardèrent pas à s'engorger. Je crois qu'au moyen de nouveaux forages on est parvenu au but désiré, ou qu'à défaut la préfecture de la Seine a pris le parti plus rationnel de construire un aqueduc couvert depuis l'établissement de Bondi jusqu'à la rivière auprès de Saint-Denis. La dépense, à vue de pays, ne doit pas excéder 500,000 francs, et certes elle sera bien justifiée par son utilité.

Toutefois, admettant l'une ou l'autre de ces hypothèses, il restait une difficulté à aplanir : comment transportera-t-on à Bondi les quatre cents mètres cubes? On va répondre sans doute : Par le canal de l'Ourcq. C'est très-bien, tant que le canal sera navigable; mais qu'adviendrait-il pendant les gelées, ou lorsque la navigation sera suspendue pour une cause quelconque? On n'aurait plus que la ressource du transport par terre, moyen coûteux, susceptible de détériorer rapidement les appareils, et d'infecter une de nos grandes voies de communication. C'est pour remédier à ces inconvéniens que la ville de Paris a, je le présume, décidé la confection d'un chemin de fer depuis La Villette jusqu'aux bassins de Bondi.

Tous les ans, mu par les vives doléances des habitans, je me suis efforcé de stimuler le bon vouloir de la préfecture de la Seine et du conseil municipal, pour obtenir, sans délai, la suppression de ce hideux cloaque de Montfaucon. J'ai présenté plusieurs moyens qui me semblaient devoir écarter les objections. La difficulté venant de l'embarras qu'occasionnerait le transport de quatre cents mètres cubes de matières par jour, j'ai offert de réduire cette quantité à cent mètres au plus. Voici comment : les vidanges contiennent, terme moyen, quatre cinquièmes de liquides. Or j'avais, par cent cinquante expériences, faites sous les yeux de membres du conseil de salubrité, obtenu la preuve qu'on pouvait extraire des fosses d'aisance, avec une pompe convenablement disposée, la presque totalité des eaux vannes. Je voulais qu'on les versât dans des récipiens, sans les mélanger avec les matières épaisses, et qu'on les fît ensuite couler sans délai dans le même aqueduc qui sert depuis si long-temps à l'écoulement journalier des eaux vannes de Montfaucon. Je voulais, en outre, faire passer dans ce même égout une petite partie des eaux du canal Saint-Martin, afin de produire un mélange qui assurât l'innocuité du versement et du passage des urines.

Si l'on eût admis cette conception, il ne serait resté, comme on le voit, qu'environ cent mètres de résidu à porter à Bondi, et le surplus des vidanges aurait offert moins d'inconvénient que n'en présente l'état de choses actuel, car les eaux vannes arrivent maintenant dans la Seine telles qu'elles sortent de Montfaucon; tandis que, par le moyen proposé, les émanations délétères et leur nature corrosive eussent été neutralisées par une grande quantité d'eau pure. Quant au transport à Bondi, on ne l'aurait effectué que pendant l'ouverture de la navigation, c'est-à-dire qu'on n'eût pas vidé complètement les fosses d'aisances au temps des gelées et dans le cas où le canal aurait été mis à sec. Dans ces deux circonstances, on se serait borné à vider partiellement le liquide des fosses et à y produire un espace libre, suffisant pour attendre une époque plus éloignée.

Je voulais ordonner de plus qu'après la vidange on divisât les fosses en deux compartimens par une cloison pleine : l'un des compartimens aurait toujours reçu les matières à mesure d'émission, et l'autre, avec lequel le premier n'eût communiqué qu'au moyen d'une bonde percée à la partie supérieure de la cloison, n'aurait jamais pu recevoir que le liquide. Les matières solides se déposent au fond des récipiens, en conséquence le liquide se fût écoulé dans la deuxième moitié de la fosse quand la première eût été pleine.

Lorsqu'à l'aide de ce procédé les deux récipiens se seraient trouvés pleins, on pouvait se contenter de vider, avec la pompe, celui contenant l'eau vanne, ce qui se fût opéré en peu d'instans, à très-peu de frais, et aurait néanmoins débarrassé la moitié de la capacité totale. L'ensemble de ce système permettait donc, lorsque toutes les fosses d'aisances eussent été construites comme je l'ai dit, de suspendre pendant une longue période la vidange des matières stercorales. Ainsi l'on pouvait d'avance décider que l'opération générale de la vidange des fosses dans Paris, en ce qui concernait la partie solide, ne se ferait que pendant un trimestre de chaque année. Dans l'intervalle rien ne se fût transporté à Bondi, puisque les vidanges partielles n'auraient produit que des eaux vannes.

Sans attacher aucun mérite à ces idées, il me semble pourtant qu'elles étaient praticables, et qu'elles auraient eu des avantages réels. Mais les hommes de l'art, et principalement les ingénieurs de la ville, m'opposèrent des difficultés d'exécution, des objections de plus d'un genre, qui me parurent tout au plus spécieuses. Il fallut dès lors laisser marcher les choses dans l'ancienne ornière, jusqu'à ce qu'il plaise à l'autorité compétente d'ordonner enfin la fermeture d'une immense et dégoûtante voirie aux portes de la capitale.

Je me suis rendu plusieurs fois à Montfaucon, pour étudier quelques-unes des questions que je viens d'énoncer. J'ai vu les diverses opérations qui s'y pratiquent; j'ai vu des hommes tout nus, passant des journées entières au milieu des bassins, pour y chercher, dans la masse de la matière fécale, les objets de quelque valeur qu'elle pouvait contenir. J'en ai vu d'autres, repêchant des poissons pourris, que les inspecteurs des halles y avaient fait conduire, comme arrivés à l'état de putréfaction. Des maquereaux gâtés et puans qui composaient le chargement de deux tombereaux, venaient d'être versés dans le plus grand des bassins; deux heures plus tard tous les poissons avaient disparu.

Mais ce qui, par dessus tout, soulève le cœur et fait naître une répugnance incroyable, c'est l'existence, au milieu de Montfaucon, de deux établissemens d'équarrissage et d'une boyauderie. Le plus ancien des équarrissages est principalement celui d'où s'échappent des émanations tellement infectes, qu'on s'expose à une asphyxie en les respirant quelques minutes. Il est impossible de comprendre jusqu'où va la puanteur..... Un banc énorme, qui n'a pas moins de quinze pieds de profondeur, formé de gros vers blancs et sur lequel coule sans cesse un ruisseau de sang, provenant des animaux abattus, présente, je crois, au suprême degré, tout ce qui constitue le dégoûtant et l'infect. A côté de ce banc, il en existe un autre qui ne lui cède en rien sous ces deux rapports; c'est un amoncellement d'os et de chairs d'animaux qu'on laisse pourrir exprès pour qu'il s'y forme de petits vers rouges, nommés sticots, objets d'un commerce lucratif.

En franchissant le seuil de cet établissement, une colonne de vapeur atroce vous saisit, vous suffoque à un tel point que beaucoup d'hommes n'auraient pas la force d'aller plus loin; je parcourus néanmoins ces localités méphitiques pour chercher à m'éclairer sur tout ce qui s'y passait. J'en sortis, ainsi que les personnes qui m'accompagnaient, dans un état plus facile à comprendre qu'à expliquer, et lorsque nous revînmes de ce chantier d'équarrissage au bord des bassins de matière fécale, nous respirâmes avec plaisir, avec bonheur, comme si tous les parfums de l'Arabie eussent embaumé l'atmosphère.

Nous allâmes ensuite visiter la *boucherie*, appendice de chaque équarrissage. Là je vis une pièce assez spacieuse, aux murs de laquelle étaient suspendus, proprement dépouillés et parés avec tout le soin possible, des chiens, des chats, de petits poulains extraits du ventre des jumens abattues, des quartiers de cheval dont on avait enlevé les fractions pourries, et enfin tous les résidus d'animaux, trouvés, au moment de l'abattage, dans un état à peu près satisfaisant de conservation. C'était là une des boucheries ayant la clientelle des amateurs parisiens, aussi bien que de ceux de la banlieue; c'est là qu'on leur vend à bon marché de prétendus lapins, de prétendus quartiers de chevreuil bien faisandé, du filet de bœuf, des côtelettes d'agneau, de veau et de mouton, et autres morceaux de choix non moins friands, que l'art culinaire assaisonne au gré des consommateurs.

Je dois dire pourtant que les équarrisseurs ne commettent pas de fraude ; les acheteurs savent très-bien ce qu'on leur vend, et s'ils veulent absolument se faire illusion sur la qualité du gibier et des viandes, ce n'est pas la faute du marchand.

On abat annuellement, à Montfaucon, quatorze mille chevaux, et une quantité moindre, toute proportion gardée, d'autres espèces d'animaux. Si ma mémoire est fidèle, les bassins contiennent plus de trois cent mille mètres cubes d'eaux vannes et de matière fécale. Ajoutez à cet ensemble les établissemens industriels dont je viens de parler, et vous pourrez vous faire une opinion à peu près exacte des exhalaisons qui s'en échappent..... Lorsque le vent arrive des régions du nord, la population du cinquième arrondissement, celle des faubourgs du Temple, Saint-Martin, Saint-Denis et Poissonnière, reçoivent des colonnes d'air chargé de ces miasmes insalubres.

Comme je l'ai dit, j'ai constamment insisté pour que le pouvoir compétent délivrât enfin Paris de ce voisinage. On a vu comment et pourquoi je n'ai pas réussi dans cette entreprise. Il ne me reste donc qu'à souhaiter, dans un avenir très-prochain, ce qui serait obtenu depuis long-temps, si chacun avait apporté, au sujet de ces questions, autant de zèle que moi.

Plusieurs choses dont je ne parlerai pas.

Peu de personnes, sans doute, auront le courage de lire les détails dans lesquels je viens d'entrer, et probablement on trouvera que je leur ai donné trop d'espace. Ce même reproche peut s'appliquer à beaucoup d'autres passages de mon livre, car, malheureusement, je n'ai pas l'art de joindre la clarté à la concision. Je suis obligé d'être prolixe ou obscur, trop heureux quand mes récits ne sont pas à la fois l'un et l'autre. Je puis cependant offrir une sorte d'excuse; c'est que j'aperçois, dans la plupart des questions, un côté utile, car elles touchent à un intérêt administratif et ne sont pas étrangères au bien de la chose publique.

Je dois pourtant abréger beaucoup ce qui me reste à dire; il faut que je trouve moyen de n'en prendre que la substance, et même que je néglige les faits relatifs à plusieurs parties des attributions de la police. Ainsi je ne dirai rien de l'organisation et des jugemens du *tribunal de simple police*, jugemens dont le nombre excède vingt mille par année. Je ne dirai rien des *jeux publics*, qui pourraient être cependant l'objet d'une longue et sérieuse dissertation : une multitude d'incidens plus ou moins bizarres et dont la connaissance ne serait pas inutile à l'étude du cœur humain, se sont produits pendant mon administration, et feraient peut-être envisager sous un aspect tout nouveau les questions qui s'y rattachent. Je dois passer également sous silence les détails statistiques du service des *passeports*, les mesures prises maintes fois pour saisir les *livres*, *gravures* et *emblêmes* obscènes ; celles relatives à l'église de *Saint-Germain-l'Auxerrois*, où j'ai dû faire apposer deux fois les scellés pour empêcher une réouverture clandestine ; celles prises à l'égard de ces baigneurs indécens, que, pendant l'été, on voit venir par bandes et rester aux bords du canal Saint-Martin ou sur les berges de la Seine, dans un état de nudité complète. Il est plus difficile qu'on ne pense de s'opposer à ces actes portant atteinte à la pudeur, car les bains froids sont un besoin presque général lors des grandes chaleurs, et les baigneurs sont en si grand nombre qu'ils résistent presque toujours aux agens de l'autorité.

J'avais conçu un projet dont l'exécution eût satisfait à ce besoin, sans être bien coûteux pour l'administration ; c'était de faire arranger en pleine eau deux vastes emplacemens, l'un en aval, l'autre en amont de Paris ; de les entourer d'un mur en planches, de les couvrir avec soin, de répandre sur le lit de la rivière une couche épaisse de sable, de les disposer, en un mot, convenablement sous tous les rapports, et de les mettre gratuitement à la disposition du public. Dès lors on aurait pu se montrer sévère à l'égard des contrevenans, qui n'auraient plus eu d'excuse à faire valoir.

Je ne parlerai pas non plus des postes de troupe

établis dans Paris et aux barrières, et du peu d'utilité des patrouilles qu'ils font circuler durant la nuit; les militaires ne connaissent pas assez, et quelquefois ne connaissent pas du tout les rues de la capitale, surtout les endroits exploités par les malfaiteurs, et les ruses qu'ils emploient pour ne pas être remarqués. La marche des patrouilles ne sera jamais bien efficace qu'autant qu'elles seraient accompagnées par un guide expérimenté.

Enfin, je ne raconterai pas comment j'avais organisé à la Préfecture de police un bureau de statistique générale, sous la direction de M. Roujoux, ancien préfet, à qui j'avais confié le soin de réunir les élémens nécessaires pour composer par ordre de matières, un travail qui manque et qui eût présenté un ensemble de faits excessivement curieux, fort utiles à consulter. Malheureusement, M. de Roujoux, presque toujours malade, mourut sans avoir réalisé le plan que je lui avais tracé, et des occupations plus urgentes ne me permirent pas de consacrer à cette œuvre le temps qu'elle eût exigé de ma part, car moi seul j'aurais pu former un ensemble des matériaux épars dans toutes les subdivisions de l'administration, et les coordonner de manière à en faire un classement logique.

Voitures en commun.

Ce fut pendant l'année 1828 qu'on vit pour la première fois circuler dans Paris les voitures en commun, sous le nom d'*Omnibus*. Tout le monde apprécia l'utilité de ce moyen de transport, et de nombreux spéculateurs ne tardèrent pas à exploiter la même idée. La création des Omnibus amena dans un bref délai celle des Dames blanches, des Favorites, des Citadines, des Tricycles, des Écossaises, des Béarnaises, des Diligentes, des Orléanaises, etc.

Le préfet de police de cette époque était M. Debelleyme ; il accorda les permissions dont les fondateurs avaient besoin, et avant 1830 deux cent soixante-dix-huit voitures sillonnaient Paris sous ces diverses dénominations, et avaient toutes le même objet, celui de transporter le public, moyennant une rétribution de 30 centimes par personne. M. Debelleyme avait fixé l'itinéraire que parcouraient toutes ces voitures.

Mais, dans l'origine, l'administration et les entrepreneurs n'avaient guère en vue que de faciliter les communications réciproques entre les différens quartiers populeux de la ville, et c'est ce qui explique pourquoi les lignes accordées par le préfet ne s'étendaient que rarement jusqu'aux quartiers excentriques. Ainsi, par exemple, une ligne des Omnibus suivait les boulevards, depuis la Porte-Saint-Antoine jusqu'à la Madeleine ; une autre avait le même point de départ et arrivait à la même destination, en traversant les rues centrales ; une autre encore, toujours desservie par les Omnibus, allait de la rue Grange-Batelière à Saint-Sulpice.

Les Favorites exploitaient trois ou quatre lignes ayant leur point de jonction commune à la place Dauphine, et dont une seule, je crois, s'étendait jusqu'aux barrières. Les Tricycles avaient deux itinéraires qui ne dépassaient pas la limite des boulevards et la chambre des députés. Les Écossaises se rendaient de l'île Saint-Louis à l'entrée du boulevard Montmartre. Les Diligentes allaient de la rue Saint-Lazare au marché Saint-Jean; toutes localités, comme on le voit, qui ne s'éloignent guère du centre de la capitale.

Cependant, quelques-unes des lignes autorisées s'étant prolongées jusqu'aux barrières, l'on ne tarda pas à reconnaître les grands avantages que les voitures en commun présentaient aux quartiers excentriques et aux populations de la banlieue, puisqu'à l'aide d'un service fort économique et non interrompu, les habitans des quartiers les plus éloignés et ceux des communes qui avoisinent les murs d'enceinte de la capitale, pouvaient aisément se mettre en communication avec les différentes sections de la ville. Pour rendre sensibles les avantages qui en résultaient, je rappellerai que les barrières où se rendaient les Omnibus, les Favorites, etc., étaient celles qui voyaient affluer le plus grand nombre de personnes. Ainsi les établissemens publics, les cafés, traiteurs, marchands de vin, dépendant des communes desservies par ces voitures, étaient toujours remplis de consommateurs, parce qu'on avait la facilité de s'y rendre et d'en revenir pour une modique dépense.

Un autre effet, non moins utile, du passage des voitures en commun dans les quartiers peu fréquentés, à cause de leur éloignement, c'était d'en augmenter la population : on ne craignait plus de les habiter quand on savait que, moyennant 30 centimes, on pouvait, à toute minute de la journée, se rendre à une autre des extrémités de Paris. La plupart des employés des ministères et des administrations publiques purent alors prendre leur domicile à une grande distance, afin de respirer un bon air, d'avoir l'agrément d'un petit jardin, et réaliser sur le prix du loyer une économie plus que suffisante pour couvrir la dépense des voitures. Il s'en suivait aussi nécessairement une augmentation de valeur des propriétés, un accroissement d'activité dans le petit commerce de ces localités, jusque là privées de mouvement et de vie.

C'était donc un grand bienfait pour les parties de la ville explorées par une ligne de voitures; mais plus les effets en devenaient notoires, plus aussi tout le monde aurait voulu être à même d'en profiter; il n'était pas une rue, pas une barrière où l'on ne désirât le parcourt des Omnibus. Les établissemens situés là où ces sortes de voitures n'arrivaient pas, se voyaient abandonnés; tandis que leurs confrères des endroits qu'elles desservaient, jouissaient d'une prospérité soutenue.

Cet état de choses soulevait des réclamations continuelles; on ne cessait de harceler l'administration pour qu'elle augmentât le nombre des lignes et qu'elle multipliât ces utiles voitures devenues un besoin public.

Cependant, jusqu'à la fin de 1834, je n'avais voulu apporter aucun changement à la situation constituée par M. Debelleyme, ajournant de statuer sur toutes les demandes jusqu'à l'époque où, débarrassé enfin des luttes politiques, des soins urgens, impérieux qu'elles commandaient, je pourrais me livrer à un examen plus approfondi des questions relatives à cette branche d'administration.

C'est ici le cas de dire qu'en outre des entreprises fondées au temps de MM. Debelleyme et Mangin, il avait été accordé par eux des autorisations pour en créer plusieurs autres; mais les concessionnaires n'en avaient pas fait usage, par la raison, sans doute, qu'ils n'y voyaient pas de chance de succès.

Pendant le premier semestre de 1835, je me fis rendre compte de tous les faits; l'on plaça sous mes yeux, non seulement les sollicitations de ceux qui voulaient être autorisés à augmenter le matériel et à prolonger l'itinéraire des lignes existantes, mais encore les vives instances des communes et des quartiers qui jusqu'alors en étaient privés. Je compris bientôt les nécessités nouvelles auxquelles il était du devoir de l'administration de satisfaire, et, voulant y pourvoir en même temps que faire une application plus logique de ce moyen de transport, je décidai que presque toutes les lignes seraient prolongées jusqu'aux diverses barrières ; ayant en vue par là de les rendre à leur véritable destination, qui doit avoir pour objet de faciliter les communications entre les extrémités et le centre de la ville. J'autorisai, en conséquence, une addition au matériel préexistant, en faveur des entreprises dont les itinéraires se trouvaient ainsi prolongés. On comprend qu'il faut plus de voitures pour parcourir une étendue de trois quarts de lieue, que pour en desservir une de demi-lieue. Au moyen de ces additions, trente-six numéros d'*Omnibus*, de *Favorites*, etc., furent ajoutés aux précédens.

Dans ces mêmes entrefaites, je mis en demeure les titulaires des lignes autorisées par mes prédécesseurs et non encore montées, d'avoir à organiser leur service sous peine de déchéance. Plusieurs aimèrent mieux abandonner leurs droits que de s'exposer au danger d'une mauvaise spéculation, et conséquemment la Préfecture de police put concéder à de nouveaux titulaires les mêmes lignes qu'on refusait d'organiser. Deux d'entre elles furent accordées par moi aux personnes qui les réclamaient, et qui ont dû se mal trouver de leur exploitation ; car les recettes n'ont jamais couvert les dépenses.

Après avoir opéré ces améliorations partielles, il restait plusieurs lacunes à remplir pour compléter l'organisation générale du service des voitures en commun. Les barrières suivantes n'étaient pas encore desservies, savoir : la *barrière Blanche*, voisine de la population considérable établie sur le versant méridional de la butte Montmartre, et voisine aussi du quartier Saint-Georges, déjà presque entièrement peuplé ; les barrières *Rochechouart* et *Poissonnière*, qui sont devenues des centres de grandes populations ; la barrière *Fontainebleau*, la barrière *Saint-Jacques*, celle du *Mont-Parnasse* et presque toutes celles communiquant avec Vaugirard et Passy. Ces diverses localités formaient donc des vides réels dans l'ensemble du service dont il s'agit. Mon but était d'établir une suite non interrompue de rayons convergeans du centre aux extrémités. Je ne voulais pas la laisser dans un état d'imperfection. Il fallait que tous les points fussent traités autant que possible sur le même pied, pour qu'aucune exclusion ne motivât des plaintes fondées. Ce fut donc pour achever de réaliser ce plan général, et mettre en activité les voitures destinées à satisfaire les besoins reconnus que je donnai mon consentement à la création des lignes additionnelles dont je vais parler.

Un sieur Foucaud, d'accord avec un employé de mon cabinet, nommé Hédiard, venait d'acquérir, le 15 mars 1835, de l'ancien titulaire, le droit d'exploiter une des lignes accordées avant la révolution de juillet, et non encore en activité. L'itinéraire tracé par l'ancienne concession allait de la place des Victoires au Père La Chaise, par les rues des Fossés-Montmartre, Neuve-Saint-Eustache, Bourbon-Villeneuve, les boulevards, jusqu'au faubourg du Temple, etc. Pénétré des inconvéniens que présentait cet itinéraire, puisqu'il s'agissait de faire circuler ces nouvelles voitures dans des localités constamment obstruées par celles de même nature qui les parcouraient, et par le passage fréquent des diligences et d'une immense quantité d'autres voitures, qui se dirigent vers la Porte Saint-Denis, je ne voulus pas consentir à l'organisation de ladite ligne sur l'itinéraire anciennement indiqué. Alors les nouveaux propriétaires en cherchèrent un autre, et finirent par me proposer d'y substituer une ligne partant de la barrière Blanche, traversant le quartier Saint-Georges, la rue Laffitte, les rues de Grammont, Sainte-Anne, le Carrousel, le quai Voltaire, etc., et aboutissant à la barrière de Fontainebleau. J'acceptai cette substitution le 6 mai 1835. Le sieur Foucaud s'occupa tout de suite de monter son entreprise; il fit construire des voitures, acheta un terrain à Montmartre, et fit élever des bâtimens dont la dépense excédait 70,000 francs; il passa des marchés, dont la durée était de dix ans, pour l'entretien des voitures, harnais, etc.; ce qui devait coûter pendant cette période au moins 150,000 francs; et enfin il acheta les chevaux nécessaires. Mais quand il fallut payer, Hédiard et Foucaud, ne possédant qu'une faible partie des capitaux indispensables, il leur fallut aviser au moyen de s'en procurer. Jusqu'alors, la bonne opinion qu'ils avaient de leur spéculation leur faisait espérer de trouver un capitaliste qui s'y associerait en leur assurant même un avantage comme fondateurs. Déçus de cet espoir, le sieur Foucaud créa, le 30 juin suivant, une société par actions.

M. Hédiard, ainsi que je l'ai dit, était attaché à mon cabinet, et, ainsi que M. Coffyn, dont j'ai parlé, il ne voulait pas rester à la Préfecture après mon départ, qu'il savait ne pouvoir plus être éloigné. C'est ce qui explique pourquoi il prenait un intérêt dans une entreprise industrielle. Les observations qu'on a pu lire à l'égard de M. Coffyn me dispensent de démontrer derechef combien une telle prévoyance, un tel fait étaient légitimes et à l'abri de tout reproche.

Foucaud n'avait souscrit que pour le quart des actions en commandite créées par son acte social; M. Hédiard en avait pris également le quart; il en restait donc la moitié à placer. Ils en parlèrent à mon gendre, alors tout-à-fait étranger à l'administration et aux affaires publiques, et qui, le 14 juillet, consentit à souscrire le troisième quart des actions. Enfin le dernier quart fut acheté par une dame avec laquelle j'étais lié. Foucaud se hâta d'écrire, le 15 *juillet*, à mon gendre et à cette dame, pour constater leur qualité d'associés commanditaires, et rappeler les obligations à leur charge qui en découlaient. C'est ainsi que la société en commandite, dont le sieur Foucaud s'était réservé seul la gérance, avec un prélèvement de 5,000 francs par année, se trouva définitivement constituée, quatre mois et demi après l'époque où il avait acquis la ligne de l'ancien titulaire, et deux mois et demi après celle où j'avais autorisé le changement d'itinéraire expliqué ci-dessus.

Je ferai observer surabondamment que, sauf les avantages attribués au sieur Foucaud en sa qualité de gérant, la condition des actionnaires était la même pour tous; tous étaient soumis à l'obligation de verser à mesure des besoins le capital des actions souscrites. Jamais société ne fut fondée sur des bases plus loyales, plus irréprochables. Quant à la ligne en elle-même, je l'ai approuvée, en échange de celle qui partait de la place des Victoires pour aller au Père La Chaise, parce que la nouvelle ne suivait que des rues dans lesquelles aucune voiture en commun ne passait, qui d'ailleurs ne sont jamais ni encombrées ni embarrassées; et enfin parce qu'elle satisfaisait au vœu des populations sur des points jusque là exclus des avantages de ces moyens de transport : elle comblait deux des lacunes que j'ai signalées à l'égard de la barrière Blanche et de la barrière de Fontainebleau. J'ai donc fait à ce sujet un acte de bonne administration, et je me serais rendu coupable d'un déni de justice si j'eusse repoussé la demande de Foucaud, puisqu'il avait un droit acquis. Or, si des considérations d'intérêt public me portaient à proscrire le tracé autorisé par M. Debelleyme, c'eût été une véritable spoliation que de ne pas lui en substituer une autre. Je n'ai été préoccupé dans cette affaire que du devoir de concilier les règles de l'équité vis-à-vis du propriétaire avec ce que réclamait l'intérêt de la circulation.

Une autre ligne me fut demandée par M. Léon Pillet. Il savait ma répugnance à augmenter les embarras dans les rues de l'intérieur, et voulut prévenir toute objection de ma part, en me soumettant l'idée conçue par lui de créer une ligne circulaire, composée de rues très-peu fréquentées, en dehors du grand mouvement de la population. Le point de départ était la barrière du Maine; la ligne suivait la rue de Vaugirard dans toute sa longueur, et continuait à décrire un grand cercle rapproché du mur d'enceinte. Il eût été d'une rigueur inouïe de rejeter cette demande, qui ne pouvait nuire à aucune entreprise rivale, qui ne gênait en rien la voie publique, et qui entrait, sous plusieurs rapports, dans les conditions du plan général dont l'autorité devait désirer l'exécution. Quel motif aurais-je pu faire valoir pour justifier un refus?

L'idée de M. Léon Pillet était neuve, c'était sa propriété; lui seul avait le droit d'en revendiquer le bénéfice. M. Léon Pillet, tenant compte de la juste sollicitude de l'administration au sujet des précédentes entreprises, et au sujet du danger d'accroître les entraves de la circulation sur des points où déjà le passage des voitures occasionnait de fréquens accidens, s'était renfermé dans des limites qui ne froissaient aucun des intérêts publics et privés. Je n'eus donc à faire à M. Léon Pillet qu'une seule observation; c'est que, sous le rapport spéculatif, son entreprise me paraissait mauvaise. Je crus devoir le lui dire amicalement, et je ne me suis pas trompé.

Une combinaison, réunissant au même degré les conditions de sûreté et de position inoffensive à l'égard des exploitations en activité, fut conçue par une autre personne. Il s'agissait d'une ligne partant du bassin de la Villette, parcourant dans toute leur longueur les rues La Fayette, Montholon, Coquenard, Saint-Lazare, la rue de la Pépinière, celle de Chaillot, et aboutissant à la barrière de Longchamp. Pour peu que l'on connaisse Paris, on conviendra que cet itinéraire offrait encore moins d'inconvéniens quant aux embarras de la voie publique, et avait encore moins de chances de succès que la ligne précédente. Jamais les personnes familiarisées avec ce genre d'opérations n'auraient voulu entreprendre celle-ci; car, en définitive, il s'agissait de faire parcourir aux voitures une lieue et demie dans des quartiers la plupart inhabités. Je n'avais pas plus de raison, sous le rapport administratif, de refuser mon approbation, que je n'en aurais eu s'il se fût agi de faire circuler des omnibus sur une grande route.

Enfin M. Blanc m'adressa une demande pour être autorisé à créer une nouvelle ligne entre les barrières Rochechouart et Poissonnière et la barrière Saint-Jacques, ce qui achevait de combler toutes les lacunes dont se plaignait la partie de la population intéressée à les voir remplir. Sous ce rapport, j'étais naturellement disposé à donner la permission sollicitée par M. Blanc, que d'ailleurs je n'avais jamais vu. Une autre considération venait encore se joindre à celle-ci : c'est que trois employés de l'administration me recommandaient vivement sa demande et m'annonçaient l'intention de s'intéresser dans l'exploitation de la ligne, en y plaçant des capitaux au même titre que le fondateur. Certainement, et toutes choses égales du reste, je préférais accorder une faveur, si faveur il y avait, à des hommes honnêtes, laborieux, qui avaient rendu des services à la chose publique, partagé mes travaux, quelquefois mes périls, et fait preuve chaque jour d'un dévoûment dont j'étais nécessairement le meilleur juge, plutôt que de gratifier de cette faveur quelque spéculateur ou des inconnus étrangers à l'administration, et ne pouvant faire valoir aucun titre à sa bienveillance.

Il eût été monstrueux de les rendre l'objet d'une préférence sur des employés qui s'étaient consacrés avec moi à préserver la capitale, et peut-être le pays, d'un bouleversement général. Fallait-il leur dire, à la veille de quitter mon poste : « Vous vous êtes attachés à une branche d'administration ingrate et difficile ; vous avez renoncé à la possibilité de suivre une autre carrière ; vous avez subi votre part des préventions stupides qui s'élevaient contre toute personne faisant partie de l'administration de la police ; vous avez vieilli avec moi de cinq années ; vous n'avez touché que de modiques appointemens, sans l'espoir d'une récompense quelconque, excepté celles qu'il dépendait de moi de vous assurer..... et maintenant je vous laisse sans appui, sans savoir peut-être s'il vous sera possible de vous créer une position ; et néanmoins, la grâce toute simple, toute légitime que vous me demandez, je vous la refuse, et je vais en gratifier un homme que je n'ai jamais vu, et qui est peut-être un ennemi du gouvernement.

Si j'avais suivi une pareille conduite et tenu un pareil langage, on m'aurait pris pour un insensé ; il n'est pas un homme consciencieux qui n'eût sévèrement blâmé un procédé aussi révoltant. Mais il y a plus : M. Blanc et ses co-intéressés n'eussent-ils pas été en droit de me dire que je commettais à leur égard une sorte d'exaction ; qu'il ne m'appartenait pas de m'emparer de leur projet, de les en dépouiller au profit d'un tiers? Une conception, bonne ou mauvaise, n'en est pas moins une propriété garantie par les lois; il n'était pas permis, dans la circonstance dont il s'agit, de méconnaître le droit acquis par la priorité d'une idée.

Toutes choses concouraient à faire accueillir la demande de M. Blanc; c'est aussi ce que j'ai fait.

Je sais très-bien qu'à l'époque où l'administration faisait sur ces affaires l'enquête d'usage, beaucoup d'autres lignes de voitures m'étaient demandées par une foule de gens qu'alléchait le succès des Omnibus et des Favorites. Ils savaient qu'autrefois les concessionnaires des meilleures lignes les avaient mises en société ou cédées avec de grands bénéfices, et ils espéraient pouvoir négocier non moins avantageusement les nouvelles permissions qu'ils convoitaient. Mais ils s'inquiétaient fort peu de la question d'utilité publique, et se seraient regardés comme des maladroits de ne pas indiquer dans leurs pétitions les meilleurs itinéraires qu'il fût possible de choisir. Que leur importait les embarras de la circulation, les accidens qu'ils font naître? Que leur faisait l'encombrement des rues centrales, l'affluence prodigieuse dans les quartiers des halles? toutes ces vétilles leur semblaient devoir disparaître devant l'élégance de quelques phrases bien arrondies et l'apostille de quelques députés. Ils ne se mettaient pas en frais d'imagination pour trouver les lignes à leur convenance; c'étaient toujours les boulevards, la rue Richelieu, la rue Neuve-des-Petits-Champs, les rues Saint-Honoré, Montmartre, Saint-Denis, Saint-Martin, le Pont-Neuf, etc., qu'ils proposaient de faire parcourir par leurs voitures. Rien de plus simple, de plus facile, que de telles combinaisons. En les adoptant, j'aurais enrichi sans doute beaucoup de spéculateurs improvisés, et ruiné la plupart des entreprises existantes. Je n'ai pas besoin de répéter les raisons d'ordre public qui ne me permettaient pas d'encourager de pareilles extravagances. Je me souviens qu'une certaine dame vint tout exprès de Lunel à Paris pour prendre part à la curée que rêvait l'avidité des postulans; elle se fit recommander chaudement par M. Barthe, et je me souviens aussi qu'à l'occasion de mon procès contre *le Messager*, cette dame, ou plutôt son protecteur, eut le front de me faire reprocher le tort que j'avais eu, suivant l'un ou l'autre, de refuser ce qu'ils désiraient.

On ne sera pas surpris de me voir donner, à l'égard des voitures en commun, des explications minutieuses, quand j'aurai dit que ce sont les quatre lignes dont je viens de parler, et le bain du quai de l'École, qui ont fourni à M. Plougoulm un prétexte de déclamation et d'insolentes argumentations contre moi. Ce sont elles aussi qui, précédemment dénaturées par de méprisables impostures, ont motivé l'article calomnieux publié par *le*

Messager. Ma rancune s'attache beaucoup moins au journaliste, trompé par le langage de ces misérables, qu'aux hommes assez méchans pour les avoir fait agir. Au surplus, j'aurai encore, malgré ma répugnance, quelques mots à dire sur ces faits.

Il me reste à raconter un épisode qui touche directement à la question des voitures en commun.

Avant l'époque où je pus commencer les améliorations dans l'esprit du système que je viens de développer, un homme dont j'avais reçu trois fois la visite sous prétexte de me fournir des renseignemens de police, me pria de lui permettre de placer sur les boulevards une trentaine de voitures en concurrence avec les Omnibus. Je répondis, comme de juste, que la chose était impossible. Mon refus ne le déconcerta point : il s'aboucha avec des personnes honorables et riches, qui eurent le tort de croire qu'elles pourraient se passer d'une permission administrative. Elles fournirent les capitaux indispensables, et bientôt leur société mit en mouvement de nouvelles voitures appelées les *Algériennes*. Je m'opposai à l'exploitation de cette entreprise illégale; je fis dresser cinq ou six mille procès-verbaux, constatant les contraventions aux réglemens de police. Les tribunaux de simple police acquittèrent les contrevenans et dénièrent la légalité d'une ordonnance rendue à ce sujet par M. Debelleyme, le 18 septembre 1828, et d'une autre, publiée par

M. Vivien le 9 mai 1831. Il fallut que le ministère public se pourvût devant la cour de cassation, qui, je le dis surabondamment, a trop de lumières pour ne pas rectifier de telles erreurs dans l'application des lois. Les *Algériennes* furent donc condamnées par la cour suprême. Les intéressés dans cette affaire essayèrent encore, par d'autres combinaisons, de continuer l'entreprise, et ne négligèrent aucun moyen pour obtenir de ma part une concession qui leur devenait indispensable. Bien des personnes de mon entourage, d'autres avec lesquelles on me savait lié d'amitié, et même un vieux philosophe généralement respecté, me confièrent le secret d'offres considérables qu'on leur avait faites pour obtenir mon consentement ; le philosophe me disait dans son ingénuité et sans connaître la portée de l'acte qu'il sollicitait : « Mon bon M. Gisquet, vous pouvez faire » mon bonheur ; une seule signature de vous, pour » une chose qui me paraît simple, ferait ma fortune ; » on me promet 100,000 francs si je l'obtiens ; ju- » gez comme je serais heureux, si je pouvais dans » mes vieux jours me voir avec ma famille à l'abri » du besoin. » Malgré la satisfaction que j'aurais éprouvée à lui rendre service, je n'eus pas de peine à lui en faire comprendre l'impossibilité.

Bientôt un incident vint compliquer les embarras où se trouvaient les entrepreneurs des Algériennes. Le gérant était ce même homme qui en avait le premier conçu la pensée ; il se faisait appeler *d'Harcourt*.

Mais j'appris que ce prétendu gentilhomme était un réclusionnaire évadé en 1830 des prisons de l'État; qu'après sa fuite, il s'était rendu en Hollande; que la police du roi Guillaume l'avait employé comme agent secret, et qu'en cette qualité, on l'avait envoyé à Bruxelles pour surveiller et seconder des machinations politiques. Afin de multiplier les profits de son état, il offrit ses services au gouvernement belge, et devint tout à la fois l'espion de la Belgique envers la Hollande, et de la Hollande envers la Belgique. Plus tard, et toujours avec le même rôle, cet homme passa en Espagne; il y servit également les deux partis belligérans sans cesser d'appartenir à la Hollande et à la Belgique. Enfin, arrivé à Paris, il voulut augmenter les bénéfices de son métier en faisant aussi des communications à la police française. Dès que ses antécédens me furent connus, j'ordonnai son arrestation; mais il avait disparu. Ses actionnaires ne tardèrent pas à vendre leur matériel, et conséquemment à renoncer à leur exploitation.

Quel que fût le bon droit de mon administration dans un débat avec des tiers, je ne pouvais pas espérer que les organes de la presse seraient favorables à l'autorité. Il me parut donc tout naturel, d'après l'habitude des journaux, qu'ils prissent fait et cause pour les Algériennes, et qu'ils blâmassent amèrement les poursuites suscitées par la police. Je me souviens même que M. Charles Ledru, avocat, publia dans la *Gazette des Tribunaux* une sorte de consultation où la question était traitée en fait et en droit; il est bien entendu que les conclusions étaient conformes aux prétentions de mes adversaires. Je me rappelle aussi que M. Mauguin, avocat du *Messager*, me demanda pourquoi je n'avais pas autorisé les Algériennes. Je répondis à cette question: *Je ne l'ai pas fait, parce que je ne l'ai pas voulu*. Si cette réponse est un peu brusque, elle n'en est pas moins péremptoire et logique, car je ne dois compte à personne des motifs pour lesquels j'ai fait ou n'ai pas fait tel ou tel acte d'administration. Pense-t-on qu'il soit admis de demander judiciairement à un préfet de police, comme à tout autre chef d'administration, pourquoi il a donné une place à M. Pierre plutôt qu'à M. Paul? Pourquoi la police permet-elle d'ouvrir, par exemple, des concerts aux Champs-Élysées, et défend-elle d'en ouvrir au milieu du boulevard des Italiens? Pourquoi elle tolère les boulangers, les bouchers établis, et ne permet-elle pas à des amateurs d'ouvrir de nouvelles boutiques pour exercer ces mêmes professions? Pourquoi elle accorde en hiver, à certains théâtres, la permission de donner des bals publics, tandis qu'elle la refuse à d'autres? Pourquoi elle ne délivre pas à celui-ci des numéros de fiacre ou de cabriolet, à celui-là des charges de facteurs dans les halles et marchés? Pourquoi elle consent à l'établissement d'une fabrique de produits chimiques ou d'un équarrissage dans une localité, et s'oppose-t-elle à ce qu'on en crée auprès de la rue de la Paix ou de la rue de Rivoli?... Pourquoi, pourquoi? Les pourquoi n'en finiraient pas s'il fallait satisfaire à la curiosité de tout le monde. Cependant, comme aujourd'hui je m'adresse au public, seul juge compétent en pareille matière, je ne demande pas mieux que d'expliquer les raisons qui guidèrent ma conduite, et je le ferai pour tous mes actes, s'il en est besoin.

Je dirai donc, à l'égard des Algériennes, que j'ai refusé l'autorisation sollicitée si vivement et de tant de manières, parce qu'elles avaient usurpé la ligne des boulevards accordée depuis douze ans à la première de toutes les entreprises de voitures en commun fondées dans Paris, c'est-à-dire aux *Omnibus*, et qu'il serait impossible de tolérer sur cette partie de la voie publique deux lignes rivales, sans qu'il en résultât des accidens graves et journaliers. Ces inconvéniens furent bien démontrés, lorsqu'en 1828 les *Dames blanches* voulurent circuler aussi sur les boulevards en concurrence avec les Omnibus. Le préfet d'alors se vit obligé, au bout de quinze jours, de les en expulser en leur fixant un autre itinéraire.

J'ai fait supprimer les Algériennes, parce qu'il eût été d'un très-mauvais exemple de sanctionner une prise de possession, une spoliation, faite au mépris des droits acquis, et sans l'adhésion préalable de l'autorité. Un pareil exemple, non seulement rendait très-précaire la situation des anciennes entreprises, mais il eût créé une sorte de jurisprudence à laquelle je n'aurais pas pu me soustraire. Désormais les entrepreneurs, quels qu'ils eussent été, se seraient fort peu inquiétés de l'autorisation légale; l'on eût couvert Paris de cent autres lignes de voitures; fait rouler de nouveaux fiacres, de nouveaux cabriolets de place, et l'on se fût dit : *Allons toujours ! la permission du pouvoir municipal viendra tôt ou tard : on ne voudra pas nous déposséder et nous ruiner quand notre affaire marchera.* En effet, comment aurais-je pu me montrer rigoureux pour ces nouveaux empiétemens, si j'avais créé un précédent en ratifiant une première fois de telles infractions? C'eût donc été dépouiller l'administration du droit précieux de veiller aux intérêts de tous, d'empêcher les choses nuisibles à la santé des habitans, dangereuses pour leur sûreté, et renoncer à une portion d'autorité nécessaire pour maintenir l'équilibre entre la somme des besoins et les moyens d'y satisfaire.

J'ajouterai, en ce qui concerne les Algériennes, qu'elles s'étaient placées encore, sous un autre rapport, dans une position toute exceptionnelle : leurs fondateurs avaient fait construire à grands frais deux vastes établissemens dans les communes de *Neuilly* et de *Bercy*, pour y loger le personnel et le matériel, ce qui leur ôtait le moyen, sans faire d'énormes sacrifices, d'appliquer leurs voitures à desservir d'autres itinéraires que celui sur lequel on les avait placées, puisque c'était la seule voie praticable, communiquant de l'un à l'autre de ces points ruraux.

Qu'on me permette ici une réflexion bien courte et bien simple. Si à l'époque où les feuilles publiques et les tribunaux de police se prononçaient hautement en faveur des Algériennes, j'avais consenti à me créer une fortune par des voies occultes; si je n'avais pas compris toute la sainteté des devoirs que s'impose un citoyen en acceptant des fonctions publiques, il m'eût été bien facile d'imiter tant d'autres gens qui, à force de charlatanisme, ont su mettre à profit, dans leur intérêt privé, le pouvoir dont ils furent dépositaires, et usurper la réputation d'honnête homme. C'est ainsi que bien souvent une opinion factice entoure les intrigans d'une auréole de probité, tandis que la rudesse d'un homme intègre, qui ne fait jamais de capitulation avec sa conscience, lui suscite des haines aveugles et des préventions odieuses, alimentées peut-être par les mêmes charlatans qui ont exploité à leur profit la crédulité du vulgaire !

Pour terminer ce que j'avais à dire au sujet des voitures en commun, je rappellerai que MM. Debelleyme et Mangin en ont autorisé deux cent soixante-dix-huit, et que les trois nouvelles lignes créées pendant mon administration n'ont augmenté ce nombre que d'environ soixante-dix numéros.

On a donné des éloges à mes prédécesseurs, parce qu'ils avaient favorisé ces moyens de transport en concédant des lignes qui firent la fortune des concessionnaires; moi, j'ai organisé tout le service sur un meilleur plan; j'ai voulu satisfaire aux besoins reconnus; j'ai favorisé le public et non les spéculateurs. Je n'ai créé que soixante-dix numéros pour ces nouvelles lignes : ces lignes étaient mauvaises pour les fondateurs; aucune jusqu'à présent n'a été exempte de perte... Le public seul a donc gagné aux modifications introduites par moi; et pourtant, on m'a diffamé à l'occasion de ces mesures! et les impertinences du sieur Plougoulm ont rendu la diffamation encore plus révoltante et plus stupide.

Budget de la Préfecture de police.

Les dépenses de la Préfecture de police, en ce qui concerne les fonds municipaux, s'élevaient à près de huit millions par année à l'époque de mon entrée en fonctions. Dès l'année suivante, au moyen de la nouvelle organisation que j'avais donnée aux diverses branches du service, et au moyen des réformes opérées, elles étaient réduites à *sept millions trois cent soixante-treize mille francs*, montant des crédits votés par le conseil municipal pour l'exercice de 1832. Cependant il est à remarquer que dès cette époque j'avais augmenté de cent quatre hommes le personnel des sergens de ville, ce qui représentait un surcroit de dépense de cent quarante mille francs, et qu'en outre, j'avais porté à ce même budget une somme de cent quarante-huit mille francs pour les émolumens des agens de la sûreté et des rondes de nuit, qui précédemment étaient payés sur les fonds secrets. J'ai expliqué ailleurs l'irrégularité et l'injustice d'une pareille imputation, puisqu'il n'y a pas de service qui soit plus spécialement et plus exclusivement municipal que ceux de la brigade de sûreté et des rondes de nuit.

Si j'étais resté, quant à ce personnel de l'administration, dans les conditions précédentes, on voit que l'économie eût été de près de neuf cent mille francs dès la première année.

Le chiffre du budget de 1832 ne s'est jamais accru dans les budgets ultérieurs, et le dernier qui appartienne à la période de mes fonctions se trouvait réduit à *sept millions cent quatre-vingt-neuf mille cinq cents francs*. J'ai donc introduit, comme on le voit, des modifications heureuses, puisqu'il en est résulté une réduction de dépense équivalente à une somme annuelle de *neuf cent mille francs*.

Indépendamment de ces réductions, j'ai rendu chaque année au trésor de la ville une partie des fonds mis à ma disposition par les votes du conseil municipal. Ces excédans de crédits, non employés par moi, formaient une somme de près d'*un million* à la date de ma retraite. On y voyait figurer une fraction des fonds secrets, alloués par la ville de

Paris pour le service de sûreté, et dont je n'avais aucun compte à rendre, en raison de leur destination spéciale. Ajoutons que je n'ai pas demandé un seul crédit supplémentaire, tant j'étais soigneux de ne point dépasser les chiffres votés.

Ajoutons encore qu'en dehors de ces réductions de dépenses, de ces restitutions de crédits non absorbés, qui, pendant mes cinq années d'administration, ont diminué d'à peu près *six millions* les charges de la ville, j'ai grossi d'une manière assez sensible le produit des recettes municipales; et ceci, distinguons-le bien, est en sus de la plus-value ressortant de l'accroissement successif de la consommation. Deux moyens ont concouru à assurer ces supplémens de perception : d'abord un meilleur mode de prélèvement des droits, et une surveillance plus active contre la fraude; en second lieu, la cessation d'une marche vraiment abusive, toujours suivie avant moi. Voici en quoi consistaient les abus :

Divers crédits figuraient dans les budgets, pour les matériels des services du nettoiement, de l'éclairage, de la garde municipale, des halles et marchés, de la marée, du poisson d'eau douce, de la volaille et du gibier, des abattoirs, des voitures et de la petite voirie. Eh bien! lorsque ces allocations n'étaient pas absorbées par les dépenses à la fin d'un exercice, on disposait des *bonis* pour accorder des gratifications aux employés. On en usait de même à l'égard du produit des amendes imposées aux entrepreneurs du nettoiement et de l'éclairage, et aussi à l'égard du bénéfice réalisé sur la vente des livrets, sur les cantines des prisons, même quelquefois sur les profits de la pistole. D'autres petites rentrées allaient encore grossir la somme dont les préfets gratifiaient irrégulièrement leurs subordonnés. J'ai mis brusquement un terme à cet état de choses : j'ai voulu que tous les excédans de crédits, que toutes les recettes et tous les recouvremens quelconques, fussent portés en compte au budget et versés à la caisse municipale. Voilà quant aux questions d'argent.

Je n'ai pas fait des innovations moins générales dans la manière de classer et de présenter avec clarté les comptes de l'administration. Avant moi, il semblait qu'on s'étudiât à jeter dans les budgets et dans la comptabilité une confusion et un désordre qui ne permettaient pas d'apprécier l'utilité et l'importance des crédits demandés. Il fallait avoir un fil conducteur pour se reconnaître dans cette espèce de labyrinthe; quelques détails vont le prouver.

Les appointemens des inspecteurs d'hôtels et de maisons garnis étaient prélevés sur un crédit alloué pour les *commissariats de police*. La dépense de chaussure et d'habillement de quelques porte-sonnettes se prenait sur les fonds imputés *à l'habillement des sergens de ville*. Une quarantaine de sergens de ville touchaient leurs appointemens sur les produits de la *perception des droits payés par les fiacres et cabriolets*. Douze à quinze inspecteurs de police, des employés des bureaux administratifs, et plusieurs officiers de paix, étaient payés sur le crédit voté pour le *matériel du dispensaire*. Une forte partie des préposés au service du nettoiement recevaient leurs retributions mensuelles sur les fonds votés pour le *matériel* de ce service. Les employés attachés à l'inspection des halles et marchés, à celle des bois et charbons, les six commissaires de police spécialement chargés de l'inspection des poids et mesures, et leurs hommes de peine, se trouvaient tous retribués sur le crédit alloué pour faire *la police des halles et marchés*. On prélevait sur *le droit de stationnement des voitures*, les appointemens de plusieurs employés des bureaux intérieurs de la Préfecture de police, de ceux attachés à l'inspection de la fourrière et de quelques agens de la police municipale.

J'ai composé mon budget sur des bases toutes nouvelles; sous ce rapport, mon ancienne expérience en matière de comptabilité m'a été fort utile. Chaque crédit a eu une affectation spéciale et précise, et l'homme le moins familiarisé avec l'étude des comptes administratifs pouvait comprendre, sans aucun effort, l'économie de la méthode que j'ai mise en pratique. Au surplus, la clarté a frappé l'attention du conseil municipal, qui en a manifesté sa satisfaction.

Je ne clorrai pas ce chapitre sans énoncer une autre modification qui me semblait désirable pour les finances de la ville et les classes les moins aisées de la population. Je voulais faire convertir en droit d'octroi le droit de consommation qui se perçoit dans les halles et marchés sur le beurre, les œufs, la volaille, le gibier, le poisson et les huîtres, lequel produit environ quinze cent mille francs par année.

La perception ne frappe que celles de ces denrées qui sont vendues à la halle par les facteurs ou les préposés de l'administration, et c'est en cela que consiste l'injustice pour les petits consommateurs et la perte pour la ville. En effet, tout ce qui arrive à domicile sans être acheté sur les marchés publics est exempt de cette taxe municipale. Cependant ce sont principalement les personnes riches, ainsi que les gros marchands de gibier, de volaille, de beurre, les grands restaurateurs, etc., qui reçoivent directement leurs provisions et n'achètent jamais, ou presque jamais, rien de ces objets sur les marchés publics. Déjà l'on doit être frappé à cette seule énonciation de l'anomalie que présente un tel état de choses. Les petits ménages qui achètent soit à la halle, soit chez les revendeurs, supportent un impôt qui n'atteint pas les classes opulentes. Un pauvre ouvrier veut-il avoir du beurre salé, des œufs déjà vieillis, du poisson commun, une oie, un canard, un lapin, c'est au marché public qu'il s'adresse ou bien à des femmes colportant dans les rues et vendant au détail. Or, comme dans les deux cas ces marchandises de qualité inférieure proviennent de celles conduites à la halle, elles ont payé le droit, et ce droit, en définitive, retombe sur le modeste consommateur; tandis que les vingt mille familles que la fortune a favorisées reçoivent directement, ou de leurs fermiers, ou de leurs régisseurs, ou des cultivateurs de la banlieue, la volaille fine, le beurre frais, les œufs, le gibier, les fruits, etc., etc., et ne payent aucun droit à la ville.

Faut-il encore citer un autre exemple? Les huîtres d'Ostende, d'une valeur double de celles pêchées sur nos côtes, ne viennent jamais à la halle, et pourtant il en arrive plus de cinquante mille panier tous les ans. Ainsi voilà un produit étranger, une marchandise de luxe, qui se trouve affranchie d'une charge qui pèse sur les huîtres indigènes. Veut-on savoir combien les exemptions réelles que ce déplorable système a créées au profit des riches font de tort aux finances de la ville de Paris? je ne crois pas exagérer en portant l'évaluation à deux millions par année; car je n'estime pas que l'on vende sur les halles et marchés la moitié de ces mêmes denrées consommées dans la capitale. Notons encore que tout le gibier de choix, tel que chevreuils, faisans, bécasses, lièvres, perdreaux, etc., etc., va à peu près exclusivement dans les bonnes cuisines sans avoir été mis en vente publiquement.

Ces observations, quoique très-succinctes, doivent, ce me semble, justifier mes deux propositions, en prouvant que la taxe est injuste et illogique, puisqu'elle ne pèse que sur les petites bourses, et que la ville de Paris néglige une perception qui lui produirait deux millions de plus.

Le moyen de mettre en vigueur un mode rationnel me paraissait d'une grande simplicité : il s'agissait, dans mon plan, de faire payer à la barrière le droit de consommation sur les marchandises dont j'ai parlé, au lieu de le percevoir au moment de la vente. Dans ce cas, rien n'aurait pu échapper à l'impôt municipal, et ces mesures eussent été tellement conformes aux principes d'équité, que personne n'aurait osé s'en plaindre. Ajoutons encore que la marche actuelle a pour conséquence de faire déserter les marchés publics, puisque les approvisionneurs ont un intérêt immense à s'adresser aux consommateurs ou aux marchands en boutique.

Mais toutes ces questions ne touchaient qu'indirectement à mes attributions ; je ne pouvais rien décider : la préfecture de la Seine et le conseil municipal étaient seuls compétens, et ce fut à eux que je communiquai l'idée de cette réforme. On étudia peut-être avec un peu de précipitation mon projet, et l'on s'arrêta devant quelques difficultés d'exécution peu sérieuses à mon avis.

Je persiste à penser qu'on aplanirait aisément tous les obstacles, et peut-être même ne serait-il pas impossible d'appliquer aux droits d'octroi sur les vins une base de taxation plus conforme aux règles de la justice distributive. Je n'admettrai jamais qu'il soit équitable d'exiger, sur une pièce de vin d'une valeur de 50 francs hors barrière un droit d'entrée aussi élevé que celui exigé pour une pièce de vin qui peut valoir jusqu'à 1,200 francs. Je sais bien qu'on n'arriverait jamais à une appréciation parfaitement exacte de la valeur; mais on approcherait beaucoup des conditions d'une bonne assiette de l'impôt en établissant des classes et une taxe graduée en raison de la valeur. Ainsi je dirais: Les vins estimés hors barrière à 100 francs et au-dessous, devront payer 30 francs par pièce; ceux de 100 à 200 francs; payeraient 40 francs ceux de 200 à 300 francs payeraient 50 francs; puis l'augmentation serait un peu plus forte proportionnellement pour les vins au-dessus de ce chiffre, parce qu'alors ce sont des vins de luxe. Ainsi j'exigerais 65 francs pour une pièce de 3 à 400 francs; 85 francs pour celle de 4 à 500 francs, et 120 francs pour tout ce qui excéderait cette évaluation. Ce serait encore là réformer un abus; car c'est un véritable abus de faire payer sur le vin ordinaire, le seul que boivent les classes peu aisées, une taxe égale à celle que supportent les vins exquis de nos sybarites.

CHAPITRE SEPTIÈME.

VII

Filles publiques. — Combien il y en avait en 1831 et 1836. — Comment l'administration les divise en classes. — Détails. — Anecdotes.

Au mois d'octobre 1831, il existait à Paris trois mille quatre cent soixante-dix-neuf filles publiques, inscrites sur les contrôles de la police. Ce chiffre s'est successivement accru, et le total des inscriptions excédait trois mille huit cents lors de ma retraite. Mais ces augmentations n'étaient réellement qu'apparentes; il y avait autant de prostituées en 1831 qu'en 1836; seulement beaucoup d'entre elles, dans un intérêt facile à comprendre, échappaient à la surveillance de la police. C'étaient principalement celles de bas étage, qu'on appelle filles à soldats, et qui vont exercer leur honteuse profession hors barrière. Là, éloignées des points où s'exerce principalement l'activité des inspecteurs, il leur était peu difficile de se soustraire aux conditions des réglemens de police. Pourtant cette classe, dans laquelle les malfaiteurs trouvent presque toujours des auxiliaires, comportait plus que toute autre une surveillance rigoureuse, dans l'intérêt de la sûreté et de la santé des habitans ; car ces malheureuses, désignées en termes de police sous le nom de *filles insoumises*, c'est-à-dire non inscrites, et conséquemment non assujetties aux visites des médecins, sont infectées dans une proportion énorme de la syphilis; on en trouve, terme moyen, plus du tiers atteintes de cette maladie.

Les plaintes nombreuses qui me parvenaient sur les désordres causés par la présence de ces femmes dans la banlieue, et les détails affligeans communiqués par l'autorité militaire sur les ravages qu'elles causaient dans la garnison, me décidèrent à les faire rechercher et arrêter.

En moins d'une année on en découvrit plus de six cents qui furent inscrites et astreintes à l'obligation de se faire visiter tous les huit jours ; celles reconnues malades étaient envoyées à l'hôpital dépendant de la prison de Saint-Lazare jusqu'à parfaite guérison. La conséquence de ces mesures a été de grossir le chiffre des filles inscrites, et de diminuer considérablement le nombre de celles infectées; car on en comptait quarante sur cent parmi les insoumises, tandis que, grâce à la vigilance de l'autorité, aux soins qu'elle apporte à faire arrêter tout de suite et amener au *dispensaire* celles qui tardent d'un seul jour à se présenter à la visite, on ne trouvait plus que trois malades sur cent prostituées enregistrées.

Mon intention n'est pas de faire une pornographie; il existe assez d'ouvrages spéciaux, entre autres celui de *M. Parent Duchâtelet,* qui traitent sous toutes leurs faces les questions relatives à la prostitution. Je ne veux m'occuper que de choses connues de très-peu de personnes, et dans lesquelles la police intervient.

Administrativement parlant, on distingue les filles inscrites en plusieurs classes. La première est composée de femmes d'assez bon ton, ayant, pour la plupart, reçu quelque éducation, mises avec recherche, élégance, et ne provoquant jamais les passans sur la voie publique : elles sortent fort peu. Plusieurs même tiennent des magasins, donnent des leçons de dessin, de musique; d'autres ont des moyens d'existence honnêtes, mais insuffisans pour satisfaire leurs goûts dispendieux ; d'autres enfin, rêvant le luxe, les plaisirs, appartiennent à des familles estimables, et trouvent le moyen de se prostituer à l'insu de leurs parens. Cette classe de femmes publiques est la moins nombreuse, et il n'y a guère dans Paris que quatre maisons de tolérance qu'elles consentent à fréquenter.

La deuxième classe est facile à reconnaître : on peut en voir le type dans les plus jeunes, les plus élégantes de ces belles de nuit, qui prennent pour théâtre de leurs agaceries la partie du boulevard des Italiens où il leur est permis de circuler.

La troisième classe explore les rues Richelieu, Saint-Honoré, les environs de la Bourse, et autres localités des quartiers riches.

La quatrième classe choisit les rues analogues à la rue Traversière-Saint-Honoré. Ces deux dernières classes sont les plus nombreuses dans Paris, parce qu'elles trouvent à peu près dans chaque arrondissement des maisons et des ressources à leur portée.

Vient ensuite la basse classe, désignation qui me dispense de dire quelles espèces de femmes la composent. Elles rôdent dans les rues Pierre-Lescot, dans les rues étroites et sombres de la Cité, etc.

Il existe encore deux classes plus abjectes, dont je tairai le nom pour ne pas effaroucher les oreilles.

Toutes ces malheureuses créatures sont logées, savoir : environ les deux tiers dans leurs meubles ou en garni, et à peu près un tiers dans les maisons appelées *maisons de tolérance*, qui portent ce nom parce que la police en tolère l'existence pour servir de refuge et de domicile aux prostituées privées des moyens d'avoir un logement particulier. On compte à Paris *cent quatre-vingt-quatorze* de ces maisons; elles sont tous les jours surveillées par des agens de police. Il ne peut en être créé qu'avec une permission, qui n'est jamais accordée qu'après une enquête et qu'avec l'adhésion des habitans du voisinage. La permission impose aux maîtresses de maison l'obligation impérieuse de clorre les croisées des chambres donnant sur la rue, où se tiennent les filles, au moyen de persiennes cadenassées; elle détermine le nombre de prostituées que les maîtresses de maisons peuvent recevoir, nombre qui n'excède jamais six ou huit; elle leur défend de laisser sortir plus d'une fille pour circuler dans la rue, et les soumet à la condition de les faire visiter tous les huit jours par les hommes de l'art attachés au dispensaire. Enfin l'acte administratif impose des conditions prudentes en ce qui touche la sûreté publique, la santé, l'ordre, la propreté, etc.

Quant aux filles des premières classes, logées isolément, elles ne viennent à la visite que tous les quinze jours. Les médecins faisant le service du dispensaire ont neuf mille femmes à visiter tous les mois. Ces chiffres résultent de ce que les mêmes femmes sont examinées deux fois, les autres quatre, pendant cette période. Ainsi, dans une seule année, la totalité des visites dépasse *cent mille*. Le nombre des prostituées affectées de la syphilis se réduit successivement et n'offre plus, toute proportion gardée, que la moitié relative du nombre des malades existant il y a quatorze ans.

Les détails donnés par M. Parent Duchâtelet sur la fondation du *dispensaire,* sur les modifications qu'il a subies, sur sa destination et sur son utilité, sont trop étendus pour que je puisse en parler sans m'exposer à des redites. Le même savant a aussi offert des statistiques et des renseignemens sur les causes qui décident les filles à se vouer à cet infâme métier; il a traité enfin *in extenso* des questions que je m'abstiendrai, par cette raison, d'examiner plus attentivement. Je passerai donc à un ordre de faits dont il n'a point pu s'occuper.

J'ai dit précédemment que les prostituées des dernières classes étaient souvent les auxiliaires des malfaiteurs. C'est sous ce rapport qu'elles présentent de grands dangers, et qu'il importe de les tenir sévèrement sous la main de l'autorité. Un dépouillement que j'ai fait faire de leurs dossiers a constaté que plus de cinq cents d'entre elles avaient déjà paru en justice sous la prévention de vol; et l'on sait en outre qu'il se commet chaque soir une foule de soustractions par ces misérables créatures au préjudice des gens qui ne veulent pas s'en plaindre, afin de ne point révéler une faiblesse dont ils rougiraient.

Mais s'ils reculaient devant une action judiciaire qui les eût obligés à paraître comme témoins, beaucoup d'hommes, victimes de ces vols, venaient me prier de faire rechercher les objets soustraits. Les renseignemens fournis par eux mettaient difficilement sur la voie; j'adoptai alors l'idée de faire faire le portrait de toutes les prostituées de bas étage, et d'en composer une galerie qu'on ferait passer sous les yeux des plaignans.

Ces portraits, dont la collection est devenue considérable, s'exécutaient à l'insu des filles, pendant qu'on les visitait au dispensaire. Un peintre fort expéditif, placé de façon à n'être pas vu et de manière à bien voir, saisissait leur ressemblance avec une rare fidélité, et coloriait ses dessins pour les rendre encore plus conformes aux modèles.

On ne tarda guère à faire usage de cette galerie de figures ignobles, et plusieurs hommes dépouillés reconnurent aisément les voleuses qu'ils recherchaient. Quand ils consentaient à se plaindre au procureur du roi, je n'avais plus à m'en mêler que pour assurer l'exécution des mandats judiciaires ; mais quand une répugnance bien naturelle faisait préférer l'action purement administrative, je condamnais moi-même les coupables à une année d'emprisonnement, *maximum* de la peine que, d'après l'usage consacré, les préfets ont le droit de prononcer contre les prostituées.

Cette justice exceptionnelle, qui évite les désagrémens d'une détention préventive et les scandales d'un débat public devant les tribunaux sur des sujets aussi scabreux, n'est peut-être pas en harmonie avec l'esprit général de nos institutions civiles et politiques, mais elle est indispensable, et ce mot répond à tout.

Chaque jour le préfet de police prononce ainsi des condamnations contre une douzaine de prostituées prises en contravention ; les unes ont occasionné volontairement des querelles, une scène tumultueuse; d'autres ont été ramassées au coin de quelque borne, en état d'ivresse et les vêtemens en désordre; d'autres ont poursuivi des passans avec importunité ou prononcé publiquement des paroles obscènes; d'autres encore ont été trouvées dans les cabarets avec des soldats, ce qui leur est expressément défendu, ou dans des localités qui leur sont interdites, telles que les Champs-Élysées, les abords des Tuileries, etc.; d'autres se sont promenées dans les rues après onze heures du soir; et d'autres, enfin, ont négligé de se présenter à la visite dans les délais prescrits. Beaucoup d'autres faits constituent également des contraventions qui sont punies par le préfet de police. L'emprisonnement varie, suivant la gravité des cas, depuis cinq jours jusqu'à un an; les peines les plus ordinaires sont de quinze jours à un mois.

Comment les tribunaux civils pourraient-ils juger les infractions de cette nature? Comment feraient-ils des actes de procédure dans une foule de causes où les avocats ainsi que les témoins éprouveraient une répugnance invincible à s'expliquer? Ce serait un scandale perpétuel, et presque toujours les preuves matérielles manqueraient à la conviction des magistrats. Mais l'un des inconvéniens les plus réels viendrait de l'insubordination que cet état de choses ferait naître parmi les filles. Du moment où l'administration n'aurait plus une action directe sur leur conduite, et où la punition ne suivrait plus immédiatement la faute, elles se moqueraient de toutes les recommandations, injonctions et défenses des agens de police; alors elles offriraient sur la voie publique le spectacle dégoûtant de leurs turpitudes : il serait impossible d'assigner une limite à leurs débordemens. Le frein salutaire qui les maintient dans une condition de dépendance absolument nécessaire serait brisé, et la contagion pourrait s'étendre à un plus grand nombre de personnes de leur sexe.

D'ailleurs, l'usage qui réserve au préfet de police la connaissance de ces sortes d'infractions aux ordonnances et réglemens, et même aux lois relatives à la morale publique, n'est pas le résultat d'une usurpation moderne, il dérive de nos anciennes institutions. Le préfet de police est encore aujourd'hui, sous plusieurs rapports, ce qu'étaient autrefois les lieutenans généraux, et, avant eux, les lieutenans civils, précédés eux-mêmes par les prévôts, successeurs des anciens comtes de Paris, qui furent les grands justiciers de la cité. J'ai expliqué dans mon premier volume comment les lieutenans généraux et les lieutenans civils présidaient plusieurs chambres du Châtelet, où se jugeaient les délits et les contraventions relatifs à la spécialité de leur juridiction. Ils tenaient une audience tous les mois, uniquement destinée au jugement sommaire des contraventions commises par les prostituées, par les cochers et autres classes d'individus placés d'une manière aussi directe sous la surveillance de l'autorité. Ainsi, le droit exercé de nos jours par les préfets de police est une partie des attributions de leurs devanciers; il leur est dévolu par la force des choses, par l'impossibilité de faire autrement, et je dirai même qu'il est virtuellement consacré par notre législation moderne. Le besoin de maintenir une prérogative dont l'expérience a démontré l'utilité n'a point échappé à la perspicacité des législateurs qui ont réformé nos anciennes lois et coutumes; ce qui le prouve, c'est qu'ils ont institué un tribunal de simple police pour punir les contraventions aux ordonnances et réglemens de police. Or, le tribunal de simple police n'est-il pas la représentation de la chambre du Châtelet que présidait le lieutenant civil? Ce tribunal est donc une sorte d'annexe judiciaire au pouvoir du préfet de police; et si la loi a statué que les audiences en seraient tenues par un juge de paix, que les fonctions du ministère public y seraient remplies par un commissaire de police, c'est que l'on a fort bien compris, qu'en raison de l'immensité des occupations du préfet, il lui serait impossible de les présider lui-même.

Telles sont, dans ma pensée, les considérations qui justifient et légalisent les décisions pénales rendues par les préfets de police, en ce qui concerne les filles publiques.

Les punitions sont prononcées sur le vu des procès-verbaux ou rapports, d'après l'avis de plusieurs employés supérieurs de l'administration.

Le nombre des prostituées renfermées à Saint-Lazare, dans le quartier qui leur est affecté, s'élève habituellement de cinq à six cents, toutes condamnées par le préfet de police. Les femmes jugées par les tribunaux ordinaires pour un délit quelconque et celles détenues préventivement occupent une autre partie de la prison, distincte de cette division, et qui n'a pas de communication avec elle.

Il y a beaucoup de ces malheureuses filles publiques pour qui les contraventions deviennent un péché d'habitude. Elles ne sont pas plus tôt libérées d'une condamnation, qu'elles se mettent dans le cas d'en subir une nouvelle. On tient note dans leurs dossiers de toutes celles prononcées, et j'y ai vu souvent qu'elles formaient un total de quinze, vingt, trente et jusqu'à cinquante punitions. Doit-on en conclure que l'administration est trop sévère? Non; car il est de ces femmes tellement vicieuses, organisées moralement d'une manière si funeste, que rien ne peut les corriger. La plupart de celles comprises fréquemment dans la liste des arrestations sont des espèces de brutes descendues au dernier degré d'abjection, ayant perdu tout sentiment humain et ne conservant que l'instinct du mal.

Quant aux filles atteintes de la syphilis, on les conduisait autrefois à l'hospice du Midi pour y être traitées par les médecins de cet établissement; mais elles y jouissaient d'une trop grande liberté, et en sortaient quelquefois furtivement avant d'être guéries pour reprendre leur infâme métier.

L'administration municipale a compris la nécessité de les soumettre à un régime et à une surveillance plus sévères pendant la durée de leur traitement. Le seul moyen consistait à les enfermer et à les faire soigner dans une prison : c'est aussi le parti qu'on adopta. On construisit en conséquence un petit hôpital dans les murs de Saint-Lazare; et comme une expérience favorable démontra l'efficacité des soins que les prostituées y recevaient, le préfet de la Seine, d'accord avec moi, ordonna de nouveaux agrandissemens, dont la construction permet de réunir dans cet hôpital toutes les filles malades.

Avant mon administration, la préfecture de police se bornait à délivrer aux filles inscrites une très-petite carte constatant leur inscription; souvent ces malheureuses ignoraient les choses qui étaient prescrites et défendues par l'autorité, de sorte qu'elles se mettaient en contravention sans le savoir. J'ai fait substituer aux anciennes cartes des bulletins, au *recto* desquels était imprimé tout ce qui est ordonné ou interdit aux prostituées; le *verso* fut réservé pour noter successivement les visites faites par le dispensaire, avec l'indication de leurs dates. L'on enjoignit aux maîtresses de maisons de donner fréquemment lecture de ces réglemens de police aux filles dont elles disposent ; par ce moyen celles-ci ne pouvaient plus prétexter cause d'ignorance quand elles se trouvaient en faute ; et, à la seule inspection de la carte, les agens pouvaient reconnaître si elles étaient en retard quant à la visite.

Ces précautions et une surveillance plus active ont changé en bien l'ancien état de choses. J'ai mis, en outre, une grande persistance à expulser les prostituées de certains endroits et de certaines rues, notamment des rues de la Bibliothèque, du Chantre, de Pierre-Lescot, etc., où leur présence causait tous les jours des scènes affreuses et des luttes parfois sanglantes, entre les vils suppôts de ces abjectes créatures. Les habitans de ces quartiers, alarmés chaque nuit par les vociférations, les orgies bruyantes, et témoins quelquefois de ces rixes brutales, me prièrent de les débarrasser d'un pareil voisinage. Je fis droit à leurs justes réclamations ; mais ce ne fut pas sans peine qu'on vint à bout d'exécuter mes ordres : il fallut tous les soirs, pendant un mois, envoyer sur les lieux de forts piquets de sergens de ville et de gardes municipaux, pour soumettre ces énergumènes féminins et leurs méprisables champions.

Malgré l'avenir affreux réservé à presque toutes

les prostituées, croirait-on qu'il y a de jeunes filles, ayant les moyens d'exercer une profession honnête, chez lesquelles un fatal esprit de vertige ou un penchant effréné pour l'indépendance, ou enfin la paresse, agissent avec une telle force, que, sans avoir eu de faute à se reprocher, elles veulent passionnément devenir filles publiques? On en a vu plusieurs, venant au dispensaire réclamer leur inscription, qui étaient encore pures de tout contact avec les hommes. Bien entendu qu'on refusait de les enregistrer, qu'on leur faisait toutes sortes d'observations propres à les ramener à de meilleurs sentimens, qu'en un mot on leur donnait des conseils paternels, sans rien dissimuler de tout ce qu'offrait de hideux la carrière où elles voulaient entrer : on ne parvenait pas à vaincre leur résolution; et, pour contraindre l'administration à leur délivrer une carte, il en est qui allèrent se prostituer en disant : Je veux être fille publique, et je vous forcerai bien à m'inscrire! On ne tardait pas, en effet, à les prendre en flagrant délit.

Citons un triste épisode qui viendra encore à l'appui de ces réflexions.

Un homme estimable, jouissant d'une aisance peu commune, avait une fille âgée de vingt-un ans, qu'il chérissait; elle travaillait dans un magasin de lingerie, et rentrait toujours un peu tard au domicile paternel. Ce père infortuné, revenant un soir chez lui par les boulevards, est accosté par une courtisane. Il se retourne au son de voix qui le frappe... un cri d'horreur et d'indignation s'échappe de sa poitrine : il n'eut que la force de monter en voiture et de s'éloigner rapidement.

Le lendemain, sa coupable fille fut trouvée morte asphyxiée; une lettre ainsi conçue en faisait connaître le motif.

« Ma chère Hortense, je viens de recevoir la plus
» affreuse humiliation! J'ai outragé un père ver-
» tueux; je me suis déshonorée à mes yeux : ma
» présence ne peut maintenant que faire rougir
» de honte celui qui m'a donné le jour. Je dois
» donc le débarrasser et me délivrer moi-même
» d'une vie qui ne peut qu'être odieuse à tous
» deux. »

Les cas que je viens de citer avant ce dernier fait ne sont heureusement que des exceptions rares; la dépravation des filles précède ordinairement la date de leur inscription à la police; combien même il en est qui n'attendent pas l'âge de la nubilité pour arriver aux derniers degrés de la corruption! On en trouve souvent qui ont à peine douze ou treize ans, dont la santé est déjà flétrie par la débauche publique. Dans ce cas, les agens de police les arrêtent : on les conduit à Saint-Lazare pour les guérir; elles y sont enfermées dans une section séparée de celle occupée par les femmes inscrites. Des dames charitables leur prodiguent tous les soins que réclame leur situation physique et morale, leur apprennent à lire, à écrire, les devoirs de la religion, et les occupent à des travaux d'aiguille. Pendant la durée de cette détention bienveillante, l'administration fait faire des démarches actives auprès de leurs familles, quand elles en ont, pour engager les parens à réclamer leur fille, à la surveiller avec plus de soin pour la préserver d'un abîme. Les instances de l'autorité sont presque toujours accueillies; mais il n'est pas rare que ces petites malheureuses s'échappent de nouveau d'auprès de leurs père et mère pour s'abandonner au libertinage. On les retrouve donc à Paris dans la même condition que la première fois, et l'on procède de la même manière. Enfin, lorsque trois ou quatre expériences ont démontré l'inutilité de tous ces efforts, l'administration se décide, dans l'intérêt de la santé publique, à inscrire ces prostituées si elles ont atteint l'âge de seize ans, ou à les enfermer, jusqu'à ce qu'elles soient parvenues à cet âge, au *séparé* de Saint-Lazare.

Il est malheureusement certain qu'une fois entrées dans cette voie de perdition, les filles publiques sont devenues moralement incurables : quoi qu'on fasse, on ne peut les ramener à une bonne conduite ; s'il est quelques exceptions à cette règle, elles se réduisent à une si faible proportion, qu'elles ne contredisent nullement la vérité de mon axiôme. Faut-il énumérer tout ce qu'ont fait, dans les temps anciens et modernes, des personnes charitables et pieuses pour réformer des penchans vicieux, et offrir à cette classe de femmes une retraite heureuse? Contentons-nous de rappeler qu'aux quinzième, seizième et dix-septième siècles, une foule d'établissemens, ouverts par la philanthropie aux *filles repenties*, n'ont jamais répondu à l'attente de leurs fondateurs. Telle fut la destination primitive de *Sainte-Pélagie*, qu'une dame de Miramion fit construire en 1665, tandis que beaucoup d'autres personnes opulentes consacraient à la même destination une partie de leur fortune.

Toutes ces institutions, qu'on a vainement essayé de renouveler à des époques plus rapprochées, n'ont corrigé qu'un bien petit nombre de femmes perverties; et ce qui se passe de nos jours prouve surabondamment qu'on ne peut ni extirper la prostitution, ni ramener aux bonnes mœurs les créatures qui s'y sont livrées : il existe un établissement appelé la maison du *Bon Pasteur*, où les filles repentantes peuvent se retirer, et d'où elles ont toujours la faculté de sortir : eh bien! depuis l'année 1821, date de sa fondation, moins de trois cents ont voulu profiter de ce bienfait; et je crois qu'il n'en reste pas une centaine à l'époque actuelle. Cependant on les traite avec ménagement : elles ne sont assujetties à aucun travail pénible, et ne manquent d'aucune des choses nécessaires à une existence modeste. Ce fait est bien de nature à décourager ceux que la religion ou l'humanité disposerait à faire de nouvelles tentatives.

D'ailleurs, si l'on veut envisager la question d'une manière plus sévère, on pourra demander si, en définitive, ces guérisons morales partielles remplissent le but qu'on se propose, si elles tendent à détruire la prostitution : de deux choses l'une, ou les maisons de refuge ne recevront qu'un petit nombre de filles retirées définitivement ou temporairement de leur honteuse profession, et, dans ce cas, elles ne laisseront qu'un vide insignifiant dans les rangs de leurs pareilles; ou bien les mêmes établissemens deviendront l'asile heureux de milliers de pécheresses corrigées qui s'y rendront en foule, et, dans cette dernière supposition, ne sera-ce pas offrir à la débauche une sorte de prime d'encouragement? les maisons dont il s'agit ne seront-elles pas, à l'égard des prostituées, ce que sont les Invalides pour nos vieux soldats?

Quoi qu'il en soit, ces fondations généreuses, dont je suis loin de nier le but philanthropique, n'extirperont pas la prostitution; elle est inévitable dans une ville populeuse : c'est une plaie qui ne se fermera point par des palliatifs ni par des moyens héroïques; elle résista aux lois draconiennes de la plupart de nos rois, notamment de saint Louis, et aux affreux dangers qu'elle présentait sous tous les rapports : s'il y a un moyen de la guérir, ce moyen est encore à trouver.

Sans vouloir discuter la question d'utilité ou de

nécessité; je demanderai comment les choses se passeraient à Paris si l'on y défendait absolument la prostitution. Paris renferme toujours plus de soixante mille hommes venus de nos départemens, comme ouvriers, ou qui y résident momentanément comme voyageurs; on y compte, en outre, de vingt-cinq à trente mille hommes de garnison, et plus de cinquante mille veufs ou célibataires: serait-il possible que l'honneur des femmes et des jeunes personnes ne fût pas exposé à quelques outrages, en présence de tant de passions qui n'auraient plus le moyen d'assouvir leur brutalité? Je le dis avec une conviction pénible, la corruption passerait de la rue dans l'intérieur des familles; on aurait comprimé, sans la guérir, une plaie sociale; elle ferait des ravages occultes, et la corruption s'étendrait jusqu'au point où tout remède deviendrait impossible.

Ce qu'on peut faire de mieux, suivant moi, c'est de continuer le système en vigueur, de ne jamais se départir d'une sévérité salutaire et d'une vigilance incessante, afin que le mal ne s'étende pas et ne change pas de nature. Ne faites pas la condition des filles plus misérable, parce qu'alors ce serait tomber dans un excès qui rend le vice plus effronté et plus ingénieux; notez bien que plus le vice agit dans l'ombre, moins il garde de mesure, et plus l'abjection est profonde, plus aussi l'immoralité parvient à ces dernières limites. Gardez-vous aussi de créer aux prostituées une position meilleure, de faire qu'elles soient moins méprisables, ni de leur préparer un avenir rassurant, car alors ce serait encourager la prostitution.

Enfin, ce qui fortifie mon opinion sur le danger d'innover et sur la bonté de l'organisation actuelle, c'est que des hommes d'État de presque tous les gouvernemens européens m'ont fait demander la collection des règlemens de police, en ce qui concernait les filles publiques, et une note explicative de toutes les mesures dont elles étaient l'objet. Comparant les désordres que les prostituées occasionnent dans leur pays avec l'état de discipline auquel on les a soumises dans notre capitale, ils trouvaient un grand avantage à suivre les erremens de mon administration.

Je terminerai cette partie de mon chapitre par une anecdote qui n'y est pas étrangère.

M. de ***, appartenant à l'une des grandes famille de l'empire, rencontra dans ses promenades équestres, une jeune personne charmante dont la vue fit sur lui une vive impression. Il apprit qu'elle habitait un pensionnat dans les environs de Belleville. Une orrespondance s'établit, et une liaison intime en fut bientôt la suite. La jeune personne, cédant aux instances du séducteur, quitte le pensionnat et vient occuper dans Paris un appartement qu'il avait fait disposer pour la recevoir. Elle y demeurait depuis six mois, et faisait, par sa modestie, son excellente tenue, ses actes de piété et ses bonnes œuvres, l'édification de tout le voisinage, de même qu'elle charmait par sa grâce et son esprit toutes les personnes qui lui parlaient, lorsque la mère du jeune homme découvrit par hasard la correspondance amoureuse. Elle y vit au milieu des phrases les plus passionnées, les plus délirantes, un projet d'union à peu près arrêté. Cependant l'instinct maternel et un tact parfait lui firent apercevoir dans le langage de la demoiselle quelque chose qui sentait l'intrigue; alarmée de la possibilité de voir son fils s'engager un peu légèrement, sous le prestige d'une vive passion, elle voulut au moins savoir quelle était la famille et quels étaient les antécédens de la demoiselle. Personne ne put l'éclairer à cet égard; on se borna à faire l'éloge de ses qualités apparentes et de sa conduite depuis qu'elle habitait Paris.

Madame de *** vint alors me voir et me confier la cause de ses inquiétudes, déclarant ne vouloir point contrarier l'inclination de son fils, dans le cas où la personne qu'il désirait épouser serait digne au moins par ses vertus de porter un beau nom. Elle me pria de faire faire quelques recherches pour connaître ce qu'il lui importait de savoir, et, d'après ma demande, revint quatre jours plus tard pour apprendre le résultat des investigations.

Les détails que je fus à même de lui soumettre étaient de telle nature, que madame de *** me demanda comme une grâce de les communiquer moi-même à son fils, sans qu'elle parût s'être mêlée de cette affaire.

Sur mon invitation le jeune homme se rendit dans mon cabinet : — Monsieur de ***, ne trouvez pas mauvais que j'aie pris la liberté de vous déranger pour vous parler d'une chose délicate, qui, à la rigueur, ne me regarde pas. Mais, en raison du respect que je professe pour votre famille, et du devoir que ma position me prescrit de prévenir autant que possible une action regrettable, j'ai dû réclamer de vous cet entretien particulier.

Vous êtes lié intimement avec une dame dont vous avez fait la connaissance à tel endroit et à telle époque. Cette dame, depuis votre liaison, se conduit d'une manière exemplaire, et vous avez l'intention de l'épouser. Si vous savez ce qu'elle a été, et que, néanmoins, vous persistiez à lui faire porter votre nom, je n'ai plus rien à vous dire. Mais dans le cas où une affection trop vive vous eût fait négliger le soin de vous éclairer, comme aussi dans le cas où l'on vous eût caché la vérité, je puis vous la faire connaître.

Après quelques mots qui peignaient son embarras et sa surprise de me voir instruit d'un projet qu'il croyait être ignoré de tout le monde, M. de *** m'avoua qu'il n'avait vu dans la jeune dame que les plus heureuses qualités et n'avait pas cherché à en savoir davantage, ajoutant qu'il serait bien aise d'entendre ce que je pouvais lui dire.

Alors je m'expliquai ainsi : Le véritable nom de la personne est Catherine P...; elle est arrivée de Metz à Paris il y a cinq ans. Déjà elle avait contracté l'habitude de la prostitution. Catherine a été inscrite à la police comme fille publique, sur sa demande ; voici son dossier. Peu de mois après, une punition méritée la conduisit pour quinze jours à Saint-Lazare ; elle était enceinte. Bientôt elle se fit guérir de la gale à l'hôpital Saint-Louis, où deux ans plus tard elle fut encore admise pour la même cause. Après sa guérison, elle continua son métier ; mais une ancienne prostituée, ayant quelques fonds, imagina vers cette époque d'ouvrir dans la banlieue une maison de plaisir sous une apparence tout-à-fait trompeuse. Elle avait décoré son établissement du titre de *maison d'éducation,* et se faisait appeler d'un nom fort respectable, qui a pu aussi contribuer à vous faire illusion.

Les prétendues pensionnaires de cette institutrice de nouvelle espèce étaient toutes de jeunes personnes fort jolies, que l'on formait ou perfectionnait dans l'art des courtisanes; mais la maison qu'elles occupaient n'était jamais le théâtre de leurs galanteries; là, au contraire, tout concourait à les faire assimiler aux demoiselles les plus innocentes; c'est à Paris que leur maîtresse les conduisait isolément pour les mettre à la disposition des hommes opulens séduits par leurs attraits..... C'est dans cette école de vice qu'habitait Catherine P.... lorsque vous l'avez connue. Jugez maintenant si une telle femme est digne d'entrer dans votre famille.

M. de *** ne pouvait en croire ni ses yeux ni ses oreilles,... l'illusion avait été si forte, il lui semblait si cruel d'y renoncer, qu'il me fallut lui répéter les mêmes détails et lui donner la preuve irrécusable de l'identité de Catherine P.... avec la rusée coquette dont il était épris.

Je n'ai pas besoin d'ajouter que dès ce moment tout fut rompu entre lui et l'indigne objet de son affection.

Quant au soi-disant pensionnat où l'adroite Phryné avait complété son éducation, les autorités le firent fermer, et la fondatrice alla s'associer avec quelque maîtresse de maison de tolérance à Paris.

CHAPITRE HUITIÈME.

VIII

Les voleurs. — Les assassins. — Combien y a-t-il de malfaiteurs à Paris. — Profession de foi d'un voleur. — Bastien et Robert. — Hippolyte Raynal. — *Mimi Lepreux*.

Mon intention est de parler exclusivement des malfaiteurs dans le présent chapitre ; mais je suis loin de vouloir lui donner le développement que comporterait une matière aussi féconde ; depuis une quinzaine d'années, les feuilles publiques ont fourni à leurs lecteurs tant de notions sur les ruses, les manœuvres et les exploits dont les incidens vont se dérouler devant la cour d'assises, que tout le monde aujourd'hui en sait presque autant que la police sur le compte des voleurs.

Je ne pourrais que présenter une narration froide et décolorée, en la comparant aux récits piquans et spirituels qu'on peut lire quotidiennement dans les journaux, et j'aurais encore le désavantage de ma position, qui m'oblige à me renfermer dans les limites de la vérité, presque toujours monotone, tandis que plusieurs hommes de talent, n'étant pas soumis à la même obligation, peuvent assaisonner leurs analyses d'une foule d'épisodes amusans, et joindre même quelquefois des fictions à la vérité, pour dissimuler l'aridité du sujet.

Ne voulant ni les copier, ni m'appesantir sur des choses connues, je ne toucherai qu'un petit nombre de points sur lesquels je croirai pouvoir hasarder quelques observations non encore faites pour raconter des incidens inconnus jusqu'à ce jour.

J'ai entendu souvent demander combien il y avait de voleurs dans Paris, et j'ai même entendu répondre à cette question : Il y en a dix mille ou quinze mille, etc., comme si on les avait comptés. J'avouerai franchement, quant à moi, que je n'en sais pas le nombre exact ; mais je crois avoir autant que tout autre des données qui me permettent de hasarder quelques appréciations.

Il faut d'abord s'entendre sur le sens propre du mot. Quand on parle des malfaiteurs qui sont à Paris, veut-on indiquer tous les individus sur lesquels ont pesé une ou plusieurs fois des accusations judiciaires pour des actes répréhensibles ? S'il en est ainsi, la masse en serait vraiment effrayante, car il est des milliers de personnes habituellement honnêtes qui peuvent avoir eu, par une circonstance fortuite, un tort quelconque à se reprocher. Essayons d'arriver par d'autres déductions à des définitions plus rationnelles, et pour rendre ma pensée clairement, présentons-la sous une forme différente.

Combien y a-t-il de gens capables d'oublier dans certains cas les règles de la probité et de faire une sorte de capitulation avec leur conscience? Je dirai qu'il y en a plus de trente mille. Voilà donc une forte partie de la population qu'il serait permis à la rigueur de classer dans la catégorie des malhonnêtes gens. Je crois, par exemple, qu'il existe à Paris au moins trente mille personnes qui, si elles trouvaient votre bourse sur la voie publique et avaient la certitude de n'être pas aperçues, la ramasseraient et la mettraient dans leur poche, quoique sachant qu'elle vous appartient.

Combien y en a-t-il qui la restitueraient si vous la réclamiez? Il y en a vingt mille; donc ces vingt mille, bien que disposés à profiter d'une occasion pour s'approprier le bien d'autrui, n'ont pas tout-à-fait rompu avec les principes de justice; il serait trop sévère de les considérer comme voleurs pour cette quasi-soustraction, pour ce quasi-délit. Mais les dix mille autres tâcheraient de conserver votre bourse, soit en niant de l'avoir ramassée, soit en la faisant passer dans d'autres mains pour qu'elle ne puisse être retrouvée en leur possession, soit en soutenant qu'elle leur appartient. Ce sont là de véritables fripons.

Maintenant, combien y en a-t-il dans ces dix

mille qui prendraient votre bourse sur un meuble, sur une banquette ou dans une loge de théâtre où vous l'auriez déposée? il y en a six mille.

Combien d'entre eux chercheraient-ils à la prendre dans votre poche? il y en a trois mille.

Combien, sur ces trois mille, en compterait-on qui, pour la voler, s'introduiraient en votre absence, et en crochetant vos portes, dans votre maison? Deux mille.

Combien de ces derniers iraient-ils jusqu'à s'introduire chez vous pendant la nuit, avec escalade et effraction? De mille à douze cents.

Enfin, à combien peut-on évaluer ceux qui seraient d'avance décidés à vous assassiner pour consommer le vol? Au moins à six cents.

Ces diverses catégories permettent d'apprécier par analogie le degré de perversité où sont parvenus les dix mille fripons dont j'ai parlé.

Ai-je besoin maintenant de faire remarquer qu'ils se subdivisent à l'infini, tant sous le rapport de l'immoralité que sous celui des moyens auxquels ils ont recours : ce sont ceux qui composent toute cette variété de chevaliers d'industrie, d'escrocs, de voleurs, de faussaires, d'assassins, dont les actions coupables ont reçu des appellations pratiques et spéciales, consignées dans quelques mémoires récens et dans les comptes-rendus des audiences de cours d'assises; aussi m'abstiendrai-je de mettre sous les yeux du lecteur ces triviales dénominations.

Je ne reproduirai pas non plus, quoiqu'ils ne soient pas dépourvus d'intérêt, beaucoup de détails particuliers sur les crimes commis en matière civile pendant la durée de mon administration, et qui ont péniblement occupé l'attention publique, tels que l'assassinat des époux Desgranges; l'assassinat par Benoît de son ami et de sa mère; celui du garçon de caisse Ramus, par Regès; les crimes de Lacenaire; l'assassinat d'une femme coupée en morceaux par Lhuissier; l'assassinat des époux Maës; celui d'un prêtre espagnol par un de ses compatriotes, nommé *Benito Periera*; ceux de Blard et de l'invalide David : le premier ayant assassiné une femme, et le second tué sa belle-sœur.

Je garderai également le silence sur les procès de Wattebeau, de Thevenot, de La Roncière, etc., comme aussi à l'égard des procès contre plusieurs bandes de voleurs, dont une amena quarante accusés devant le jury, et donna lieu à des débats qui durèrent dix-sept audiences. On entendit dans cette affaire trois cent cinquante-cinq témoins; les accusés avaient commis une immense quantité de vols, et le jury eut à statuer sur cinq cent vingt questions! Les peines appliquées à cette occasion formèrent un total de deux cent seize années de travaux forcés, et cinquante-cinq années de réclusion et d'emprisonnement.

Mais s'il me répugne de rappeler les souvenirs de tous ces drames hideux dont les feuilles publiques se sont complu à retracer les scènes douloureuses, je crois qu'on ne me saura pas mauvais gré de raconter quelques faits qui ne sont pas tombés complètement dans le domaine de la publicité.

Jusqu'au 3 février 1832, aucune exécution capitale n'avait eu lieu à Paris depuis la révolution de juillet; mais un nommé Desandrieux ayant été condamné à mort pour avoir assassiné sa femme avec des circonstances tellement atroces qu'elles ne permirent pas une commutation de peine, le procureur général m'annonça que l'arrêt prononcé contre ce malheureux serait exécuté. Ce fut dans cette circonstance que M. de Bondi, alors préfet de la Seine, et moi, nous pensâmes à changer l'ancien usage de faire les exécutions sur la place de Grève. Nous décidâmes ensemble que les arrêts criminels seraient à l'avenir subis sur la place Saint-Jacques. Le gouvernement se hâta d'adhérer à nos propositions, et une ordonnance royale décida la modification demandée.

Cette disposition permit un autre changement non moins nécessaire pour épargner aux habitans des émotions cruelles. Jusque alors les condamnés à mort étaient renfermés à la Conciergerie, où le fatal tombereau venait les chercher pour les conduire par les quais et les ponts jusqu'à la place de Grève. Le choix du nouvel emplacement permit de transférer à Bicêtre ces malheureux jusqu'au moment où la justice commande l'exécution de ses arrêts. Depuis lors les condamnés à mort sont amenés de Bicêtre à la place Saint-Jacques par les boulevards extérieurs.

C'est ici le cas d'expliquer que le préfet de police n'a heureusement rien à décider en pareille occasion; ses seuls devoirs sont de prendre les mesures nécessaires pour le maintien du bon ordre; l'exécuteur des hautes œuvres n'a de rapport qu'avec les magistrats du parquet.

Quelques personnes se rappellent peut-être qu'une pauvre femme, la veuve Houet, avait disparu le 13 septembre 1821, sans qu'on pût savoir ce qu'elle était devenue. Son gendre, nommé Robert, et un sieur Bastien, parurent en justice, en 1823, sous la prévention de l'avoir assassinée. Mais, faute de preuves suffisantes, on les relaxa sans jugement, ce qui conservait l'action publique pendant la période décennale. Ce terme était près d'expirer; la prescription allait être acquise à Robert et à Bastien, lorsqu'un indice bien léger vint fournir le moyen d'arriver à la découverte de la vérité.

La cupidité de Bastien en fut la cause : cet homme, pressé par le besoin, tourmentait sans cesse Robert pour en obtenir de l'argent. Ce dernier, qui en avait donné déjà beaucoup, voulant échapper à cette espèce de remords vivant qui le poursuivait dans la personne de son complice, s'était retiré à Bourbonne-les-Bains. Bastien, voyant approcher le jour de la prescription qui allait lui enlever tout moyen d'intimidation contre Robert, calcula qu'il fallait mettre à profit le peu de jours qui restaient à s'écouler, pour l'effrayer encore de ses menaces. Il chargea un sieur Gouvernant de se rendre auprès de Robert, avec mission d'en exiger une certaine somme, et, en cas de refus, de lui dire ces mots : *Rappelle-toi le 13 septembre 1821 !* Pour augmenter la terreur qu'ils devaient produire, l'émissaire fut autorisé à mettre sous les yeux de Robert un morceau de papier sur lequel étaient tracées quatre lignes formant un carré long, et portant à l'une des faces le nombre 81, et dans un angle de la partie opposée deux points. Gouvernant confia à l'un de ses amis le secret de sa mission; un de mes agens en eut connaissance, et, sur le compte qui m'en fut rendu, je signai un mandat de perquisition ayant pour objet de saisir les pièces suspectes dont cet homme était nanti.

A la simple inspection du carré de papier, et du dossier de Bastien et Robert, on ne douta point, en se rappelant les circonstances de l'accusation dirigée contre eux, que le n° 81, indiqué sur ce petit papier, ne signifiât le numéro de la maison, rue de Vaugirard, n° 81, occupée temporairement par Robert à l'époque de la disparition de la veuve Houet; que le carré long figuré par les quatre lignes ne représentât le jardin de cette maison, et que les deux points n'eussent pour but de rappeler la partie du terrain qui cachait les traces du crime.

J'ordonnai immédiatement l'arrestation de Robert et de Bastien, et des fouilles dans le jardin de la rue de Vaugirard : ces fouilles, pratiquées dans un espace et à des distances calculées sur les proportions du plan, firent découvrir la cavité où le squelette de la veuve Houet, ayant encore une corde au cou et un anneau au doigt, était gisant sous une couche de chaux que les assassins avaient négligé de détremper.

La procédure qui suivit cette découverte se termina par la condamnation de Bastien et Robert aux travaux forcés à perpétuité.

Passons maintenant à des anecdotes qui n'ont pas un caractère aussi sérieux.

Lors de la première visite de Sainte-Pélagie, que je fis au commencement de 1832, on me parla d'un jeune homme portant un nom historique, détenu depuis quelques années, par suite d'une condamnation pour vol ; l'on me fit part qu'il se conduisait bien, qu'il se montrait fort repentant, et qu'il avait encore cinq ans de prison à subir ; il s'appelait Hippolyte *Raynal*. Je me rendis dans la chambre qu'il occupait. Ce condamné me fit les observations les plus judicieuses sur la tenue de la maison, sur plusieurs réformes utiles, et me demanda une légère faveur que je m'empressai de lui accorder.

Poursuivi constamment par le souvenir de sa faute ; découragé en pensant que sa jeunesse se flétrissait sous les verroux, et que la société le repousserait quand il lui serait permis d'y rentrer, Raynal versait des larmes abondantes. Son émotion était si vive, l'expression de sa douleur si touchante, que je m'intéressai particulièrement à son malheur. Je lui offris quelques consolations; je l'engageai à espérer, et surtout à persister dans la résolution d'être honnête homme. Un mois plus tard, Raynal m'adressa, avec prière de la faire mettre sous les yeux du roi, la supplique en vers qu'on va lire. Je la transmis avec recommandation au ministre de l'intérieur; six semaines après le jeune poète était rendu à la liberté.

Supplique à S. M. Louis-Philippe, par Hippolyte Raynal, détenu à Sainte-Pélagie. — 6 avril 1832.

Prince, dans les états confiés à tes soins,
Il est un réduit sombre où le repentir pleure;
Où l'année est un siècle, et chaque instant une heure;
Où l'espoir entre peu, le repos encor moins.
Les flèches du remords y poursuivent le vice :
On voudrait fuir ses dards pressans comme l'éclair;
Mais la captivité, croisant ses bras de fer,
Devant le seuil étroit se montre et dit : Justice !...
Là ne court plus la vie à flots capricieux :
Une fois engouffrée en ce lit solitaire,
Elle y fermente, dort, se combine, s'altère,
Et plus tard se répand en sucs pernicieux.
Aux yeux découragés tout y peint la souffrance :
Ici, des noms en foule, au granit confiés,
Témoignent des malheurs par le sang expiés,
Et des adieux plaintifs jetés à l'espérance.
Plus loin, près d'un long banc caressé du soleil,

Et lentement creusé par des forces humaines,
On frémit en songeant combien eurent de peines
Ceux qui, là, tant de fois, ont cherché le sommeil.
On se prend à les voir la poitrine oppressée,
Haletant sous le poids d'un air chargé d'ennuis,
Et dans leurs visions troublés aux moindres bruits,
Comme un reptile affreux secouer leur pensée.
Peut-être ils se rêvaient sous un large horizon ;
Au vent qui la courbait la luzerne était blanche ;
D'un arbuste odorant ils cueillaient une branche ;
Et quand leurs yeux s'ouvraient... la prison ! la prison !
O que de la prairie une plante ignorée
Charmerait de regards en ce triste séjour !
Auprès d'elle, à genoux, on passerait le jour :
Une rose naissante y serait adorée.
Mais dans ce lieu fatal, la nature en courroux
Défendit au printemps de jamais rien produire;
A la verdure, aux fleurs, on croit l'entendre dire :
Ne brillez point ici, filles, que verriez-vous ?...
Le chancelant vieillard et l'enfant au pied leste
Y tombent, accablés d'un même désespoir.
Ainsi que des raisins foulés par le pressoir,
Quand on a tout pris d'eux, la terre prend le reste.
Hâves et décharnés sous de hideux lambeaux,
Ces fantômes vivans, entourés de ténèbres,
Quand la voix de minuit se perd en sons funèbres,
Semblent autant de morts couchés dans leurs tombeaux.
Non qu'ils dorment en paix ! Les sinistres alarmes
S'élancent du chevet où leur front s'est placé ;
Sommeillant on brûlait, on s'éveille glacé ;
Et l'œil reste hagard dans l'orbite sans larmes.
On souhaite le jour ; le jour vient, le voilà.
A peine il a paru, c'est demain qu'on implore.
Bien des jours sont passés, et l'on murmure encore :
Un autre va venir : si c'était celui-là !
Prince, de cet abîme où ma jeunesse expire,
Mes longs cris de douleur s'élèvent jusqu'à toi ;
Apparais comme un ange entre le sort et moi :
Brise à l'un son poignard, donne à l'autre un sourire.

On finit par céder à des maux trop cuisans.
Aventureux esquif repoussé de la plage,
Je m'attirai la foudre en fuyant dans l'orage :
Je fus coupable une heure, et j'ai souffert dix ans.
De mes jours malheureux que le voile se lève,
Tu verras un secret à te faire pitié,
Songe que des humains la plus belle moitié
Pour mon âme de feu ne fut toujours qu'un rêve.
Mais, femmes, qu'il fut beau ! vous n'avez rien perdu ;
J'ignore le bonheur qu'on goûte à vous connaître ;
Mais quoi que vous soyez, vous ne pouvez mieux être
Que l'image qui règne en mon cœur éperdu.
Autrefois j'enviai l'éclat de la richesse :
Mes désirs sont changés ; aujourd'hui j'aime mieux
Un petit toit bien bas près d'un chêne bien vieux,
Mon luth, et pour ma muse une tendre maîtresse ;
Car j'ai dans la campagne un ami qui m'attend.
Il m'écrit que *dans peu* l'herbe deviendra douce ;
Qu'ensemble, au fond des bois, nous ririons sur la mousse ;
S'il me voyait venir, il serait si content !
Fais ouvrir ma prison, Philippe, que je sorte ;
Qu'un Lazare nouveau surgisse du cercueil.
Dussé-je de ma joie expirer sur le seuil,
Que mon dernier soupir franchisse au moins la porte !
Peut-être mon cachot bientôt sera désert...
On dit que, fatiguant sa faux étincelante,
La mort devance au loin la nature trop lente,
Et moissonne en semant dans les plaines de l'air.
Du silence éternel sauve ma jeune lyre !
Déjà de ta bonté j'ai ressenti l'effet :
Achève ; tu sauras ce que peut un bienfait
Dans le cœur inspiré qui n'attend qu'un délire.

Je recevais fréquemment des lettres de prisonniers qui demandaient comme une grâce d'être conduits auprès de moi pour faire d'utiles communications. L'expérience m'avait appris que c'était presque toujours un prétexte, une ruse imaginée dans la vue de changer instantanément de localité, et de se créer une chance d'évasion. Ces sortes d'audiences n'étaient donc accordées que rarement; mais je chargeais un commissaire de police de se rendre auprès des solliciteurs pour recevoir leurs confidences, ou les engager à me les faire par écrit, s'offrant dans ce cas à m'apporter la lettre. Un condamné pour vol, enfermé à Bicêtre, placé dans la situation que je viens d'expliquer, refusa de s'ouvrir au commissaire, et déclara que les choses dont il avait besoin de m'entretenir étaient d'une nature si délicate, si grave, qu'il ne pouvait ni les écrire, ni les communiquer à d'autres que moi. Je le fis donc venir dans mon cabinet. Aux premières paroles et à son embarras, je reconnus aisément qu'il n'avait rien à dire qui pût être d'aucune valeur. Pressé de questions, Leblanc (c'était son nom) convint qu'il avait usé du subterfuge pour sortir de Bicêtre, où il mourait d'ennui. Il s'exprimait avec une certaine facilité, et semblait avoir environ vingt ans.

Il s'excusa dans les termes les plus respectueux du mensonge auquel il avait eu recours pour parvenir jusqu'à moi, et sollicita mon indulgence. Avant de le congédier, instruit des motifs de sa condamnation, je lui montrai mon étonnement de voir qu'un jeune homme, doué d'intelligence et paraissant avoir fait d'assez bonnes études, eût commis un larcin et mérité le châtiment honteux qu'il subissait.

Soit que Leblanc fût piqué de mes réflexions, soit qu'il voulût se dépouiller d'un masque hypocrite pour essayer la justification de ses penchans vicieux, il me pria de l'écouter un moment, pour m'expliquer sa théorie.

« Monsieur le préfet, dit-il, vous déplorez dans
» l'intérêt de la société et dans le mien l'acte que
» j'ai commis et que vous appelez une mauvaise
» action. Sachez, monsieur le préfet, que je n'ai
» pas agi d'une manière inconséquente ou irréflé-
» chie : ma conduite est tracée par un système lo-
» gique ; le vol insignifiant qui m'a fait condamner
» est le premier anneau d'une chaîne que j'espère
» bien voir se dérouler longuement. Si je n'étais
» pas voleur par vocation, je le serais par calcul ;
» c'est la meilleure profession. J'ai supputé les
» chances bonnes ou mauvaises de toutes les au-
» tres, et je me suis convaincu, par la comparaison,
» qu'il n'en est pas une plus favorable, plus indé-
» pendante que celle de voleur, et qui n'offre au
» moins une somme égale de dangers.

» Que serais-je devenu dans la société des hon-
» nêtes gens ? Enfant naturel, n'ayant personne
» pour me protéger, pour me recommander, je ne
» pouvais que choisir un métier pénible, me faire
» garçon de boutique ou, tout au plus, arriver à
» une misérable place d'expéditionnaire dans un

» bureau; et là, surnuméraire pendant plusieurs
» années, je serais mort de faim avant d'obtenir
» six cents francs d'appointemens. Ouvrier dans
» une classe quelconque, on s'épuise vite par les
» fatigues du travail pour gagner un chétif salaire
» et vivre au jour le jour; puis quand arrive un
» accident, une maladie, des infirmités; alors plus
» de ressource, il faut aller demander l'aumône ou
» mourir à l'hôpital.

» Prenez les hommes en masse, et vous verrez
» s'ils ne sont presque pas tous malheureux, hu-
» miliés, esclaves de ceux dont ils dépendent ou de
» vos lois absurdes! Convenez que dans la société,
» telle qu'on l'a faite, ce n'est ni le talent, ni la
» probité, ni le courage, qui obtiennent des suc-
» cès. On voit plus souvent prospérer l'intrigue que
» le mérite, et l'on trouve à peine un homme heu-
» reux sur dix mille qui maudissent leur sort.

» Dans notre état, nous ne dépendons que de
» nous-mêmes; et si nous acquérons de l'habileté
» et de l'expérience, du moins elles ne profitent
» qu'à nous. Je sais bien que nous avons des
» chances à courir; que la police et les tribunaux
» sont là, que la prison n'est pas loin; mais sur
» huit mille voleurs qui sont à Paris, vous n'en
» avez jamais que sept ou huit cents sous la main;
» ce n'est pas le dixième de la totalité; donc nous
» jouissons, terme moyen, de neuf années de li-
» berté contre une passée entre quatre murs. Eh

» bien! quel est l'ouvrier qui n'ait pas une morte
» saison? D'ailleurs, comment fait-il quand il est
» sans ouvrage? Il va porter ses effets au Mont-de-
» Piété; tandis que nous autres, si nous sommes
» libres, nous ne manquons de rien; notre exis-
» tence est une suite continuelle de bombance, de
» plaisirs; la crainte d'être arrêté, les prétendus
» remords dont on nous parle, sont des choses
» avec lesquelles on est bientôt familiarisé, et qui
» finissent même par nous causer d'agréables émo-
» tions. Enfin, si l'on nous arrête, nous ne man-
» geons pas du nôtre : on nous loge, on nous
» chauffe, on nous blanchit, on nous habille, on
» nous donne une assez bonne nourriture, et le
» tout aux frais de ceux que nous avons dépouillés!
» Je dirai plus, c'est que pendant qu'on nous tient
» au bagne ou dans une prison, nous perfection-
» nons nos talens et notre adresse, et nous nous
» préparons ainsi de nouveaux moyens de succès.
» Tenez, monsieur le préfet, je ne regrette qu'une
» chose, c'est de n'être condamné que pour un an!
» Si j'en avais pour cinq années, on m'eût envoyé
» dans une maison centrale. Au moins, là, j'aurais
» trouvé de vieux routiers, qui m'auraient ensei-
» gné quelque bon tour, et je serais revenu à Paris
» assez habile pour faire comme tant d'autres, qui
» n'ont plus besoin de travailler, qui sont à leur
» aise, et se promènent la canne à la main!
» On parle des voleurs comme s'ils étaient tou-

» jours dans la misère, et allaient tous finir leurs
» jours en prison; mais on raisonne d'après ce
» qu'on a sous les yeux, c'est-à-dire d'après l'état
» apparent de ceux qu'on arrête, et qu'on mène à
» la cour d'assises; l'on ne sait pas que beaucoup
» d'entre eux ont des ressources cachées, et qu'il
» en est un plus grand nombre d'assez adroits pour
» faire leur fortune sans avoir maille à partir avec
» la justice. »

L'extravagance monstrueuse de cette profession de foi ne mérite pas une réfutation, et l'on pense bien que je n'ai pas été engager un débat avec ce misérable. Je le fis reconduire à Bicêtre, et en définitive, je ne pus voir dans son langage que le désordre d'idées d'un insensé.

Quelques voleurs sont devenus fameux par leur audace et par leur adresse; ce sont eux qui commettent les vols importans. Ils passeront une année entière, s'il le faut, à combiner les moyens de dévaliser une riche boutique, de pénétrer dans un appartement pour forcer un secrétaire qu'ils savent contenir de l'argent; ils prendront à l'avance les plus minutieuses précautions, parviendront à faire la connaissance d'une personne de la maison ou du voisinage, qui leur donnera, sans le vouloir, des indications précieuses sur les choses qu'ils veulent apprendre. C'est avec une indifférence affectée qu'ils mettront la conversation sur ce chapitre, et entendront les détails auxquels ils attachent du prix. Quand ils connaîtront bien les habitudes des personnes logées dans les endroits qu'ils veulent dévaliser, ils choisiront le jour, le moment le plus opportun pour faire le coup, et s'arrangeront toujours de manière à n'avoir ni sur eux ni chez eux la moindre chose susceptible de les compromettre; bref, ils dépenseront plus d'intelligence et de génie pour consommer un crime qu'il ne leur en faudrait pour s'enrichir par des moyens honnêtes.

Il est peu de ces dangereux coquins dont je n'aie entendu parler dans quelque circonstance, et qui n'ait été arrêté d'après mes ordres. Malgré leur extrême habileté à ne pas se compromettre, c'est-à-dire malgré les milliers de ruses qu'ils emploient pour éviter d'être pris en flagrant délit, et pour qu'il n'y ait ni témoignages, ni pièces de conviction à leur opposer, la plupart d'entre eux ont subi des condamnations trop bien méritées.

Cependant j'en citerai un qui a toujours échappé aux accusations portées contre lui. On le désigne sous le nom de *Mimi Lepreux*. C'est le plus adroit voleur à la *tire* qu'il y ait à Paris; beaucoup d'agens de police le connaissent, le surveillent, et jamais on n'a pu constater légalement une seule des nombreuses filouteries dont il se rend coupable. Je me souviens d'un rapport où l'on racontait sur cet homme tant de choses curieuses, que je voulus interroger un officier de paix, instruit des faits et gestes de *Mimi Lepreux*.

L'officier de paix m'apprit que ce voleur avait au moins quinze mille francs de rente en propriétés acquises avec le produit de ses larcins; qu'il était fort libéral envers les pauvres, et plus encore envers les petits filous qui le servaient; qu'il en avait toujours une douzaine, dans les grandes occasions, chargés de veiller pour lui, de pénétrer dans la foule, de savoir comment telle personne cachait sa bourse, sa tabatière en or, son portefeuille, etc.; que ces auxiliaires n'exécutent rien par eux-mêmes, se bornant à dire à *Mimi Lepreux* ce qu'ils ont remarqué, après quoi leur patron se charge de mettre leurs découvertes à profit. Par exemple, un de ces apprentis voleurs arrive auprès de *Mimi Lepreux*, lui dit à l'oreille et en langage de convention : *Ce vieux monsieur, qui est à quinze pas sur notre droite, qui a les cheveux blancs, une canne à la main, a placé une grosse bourse dans la poche de son pantalon, à gauche.* — *C'est bien*, répond Mimi; *voilà dix sous pour toi : file.* Un quart d'heure après, la bourse est au pouvoir de Mimi; mais gardez-vous de croire qu'elle y reste deux secondes : des compères sont toujours là, prêts à recevoir l'objet volé, qui passe de main en main et disparaît en un clin-d'œil; aussi l'imperceptible mouvement du larron serait-il remarqué à l'instant du vol, et quand même le volé saisirait le bras du coupable, que rien ne pourrait constater le délit. En pareil cas, Mimi, avec un calme et un aplomb parfaits, s'étonne qu'on ose le supposer capable d'une soustraction, que l'on commette une si grossière méprise à l'égard d'un homme tel que lui; il en appelle au bon sens des personnes qui les entourent, il montre sa bourse richement garnie de pièces d'or, son portefeuille gonflé de billets de banque, où se trouve, comme par hasard, la dernière quittance de ses impositions, et demande si un père de famille, jouissant d'une telle aisance, n'est pas en droit de prendre en pitié une accusation de cette nature : « Je veux » bien croire, dit-il, que *monsieur* a parlé sans ré- » fléchir et sans une intention déloyale; je ne lui » garde pas rancune d'une chose qui heureuse- » ment ne peut pas m'offenser. » Il n'est pas rare de voir le *volé* se confondre en excuses auprès du voleur, et s'éloigner en traversant une foule qui murmure contre lui.

L'officier de paix, s'animant par degrés dans son récit, finit par me dire : Monsieur le préfet, cet homme est doué d'une adresse, d'une dextérité inouïe : c'est une *main d'or!*

Le jour où M. Rodde se présenta sur la place de la Bourse, pour exercer la profession de crieur public, Mimi Lepreux fut rencontré par le même officier de paix, au milieu d'une affluence extraordinaire de républicains et de curieux. — Que fais-tu ici? lui demanda d'un ton sévère l'agent de l'autorité. — Je fais comme tout le monde, je regarde, je me promène. — Tu sais bien que je te connais;

tu viens pour faire quelque mauvais coup. — Quand je vous dis que je ne fais rien; pourquoi donc me tourmentez-vous? Est-ce que le pavé n'appartient pas à tout le monde? — Allons, pas tant de raisons! va-t'en, ou je te fais ramasser; tu n'es pas ici sans avoir l'intention de voler; nous avons bien assez d'embarras, sans que tu viennes encore augmenter le trouble avec ta bande pour dépouiller les gens. Mimi Lepreux, impatienté, réplique avec humeur:
— Laissez-moi donc tranquille! vos républicains, ce n'est que de la canaille! *j'ai fouillé plus de cinq cents poches, et je n'y ai pas trouvé un sou!*

CHAPITRE NEUVIÈME.

IX

Les prisons. — Observations sur les réformes proposées. — Détails sur les prisons de Paris ; leur destination. — Nombre des arrestations annuelles.

Depuis la publication de l'ouvrage du philanthrope *Howard,* sur l'état des prisons et sur les réformes qu'il conseillait, de nombreux imitateurs ont exploré la carrière qu'il avait ouverte. On a vu successivement apparaitre beaucoup d'hommes de talent, animés d'intentions généreuses, au nombre desquels figurent avec distinction : MM. Julius, Mittermaier, Livingston, Lagarmitte, Arnim, Weveld, Zeller, Dumont, et nos compatriotes, MM. Appert, Lucas, de Beaumont, de Tocqueville, Delaville-Mirmont, Marquet-Vasselot, etc., qui tous se sont occupés d'améliorer la condition des prisonniers, de rechercher le régime le plus efficace pour opérer la guérison des maladies morales, et rendre à la société une grande partie de ces hommes pervertis, que leurs vices en ont exclus.

Je ne me permettrai pas de critiquer les vues de ces amis de l'humanité; j'applaudis aux intentions qui les ont guidés, et s'ils se sont quelquefois égarés dans leurs théories, c'est que, dans le désir de soulager des souffrances, ils perdaient momentanément de vue les garanties que réclame l'intérêt de la société. D'ailleurs, la réfutation de leurs systèmes entraînerait l'obligation d'analyser une centaine de volumes, et de répondre à chacun des argumens principaux. Ce serait une entreprise de très-longue haleine, et, sous tous les rapports, beaucoup au-dessus de mes forces. J'ajouterai qu'elle serait inutile; car la multiplicité de leurs combinaisons, souvent incompatibles les unes avec les autres, fait ressortir un choc d'idées et des contradictions qui équivalent à une réfutation victorieuse.

Je dirai seulement que, en général, ces philanthropes, comme tous les auteurs de systèmes, n'ont pas tenu compte autant qu'il le fallait des obstacles de plus d'un genre que devait rencontrer la réalisation de leurs projets. Presque tous ont perdu de vue la nécessité de concilier les réformes avec l'esprit de notre législation, avec le besoin d'établir un mode d'administration qui n'entrave point l'action judiciaire : il existe des prisons, et c'est le plus grand nombre, qui sont placées dans des conditions exceptionnelles, pour lesquelles il serait impossible d'admettre un système uniforme; et cependant on a raisonné comme si le même régime pouvait s'appliquer à toutes.

Je comprends qu'on puisse établir cette uniformité dans nos *dix-neuf maisons centrales*, qui contiennent *seize mille détenus*, et dans les *bagnes* qui en renferment environ *sept mille cinq cents*; mais comment pourrait-on l'exiger à l'égard des *trois cent quatre-vingt-cinq maisons de justice* et *de correction*, où *vingt-huit mille individus* sont incarcérés temporairement?

Ces vingt-huit mille prisonniers ne portent la *population moyenne* de ces maisons qu'à soixante-treize : or, comment serait-il possible de mettre en vigueur dans chacune d'elles un système dispendieux qui exigerait, pour première conséquence, la construction de trois cent quatre-vingt-cinq nouvelles prisons en remplacement des anciennes? Car aucune de celles-ci peut-être n'est disposée convenablement, sous le rapport architectural, pour rendre praticable un des plans quelconque dont on a préconisé le mérite. Ensuite, comment pourrait-on créer les subdivisions exigées, quand elles s'établiraient avec un nombre aussi restreint, et combien en coûterait-il pour organiser et conserver tout le personnel administratif, qui deviendrait indispensable par suite de ces modifications?

Sans pousser plus loin ces généralités, voyons quelles sont les prisons qui existent dans le département de la Seine, quelle en est la destination, quelles conditions elles doivent remplir. Peut-être que ce seul examen démontrera mieux que tous les raisonnemens l'impossibilité d'admettre les vues de nos réformateurs.

Il existe dans le département de la Seine onze prisons; savoir :

LE DÉPOT. — Petite prison située dans une des cours de la Préfecture de police, construite depuis quinze années en remplacement de l'ancienne salle Saint-Martin. C'est là que l'on dépose provisoirement les individus arrêtés pour une cause quelconque. Ils n'y restent jamais ou presque jamais plus de vingt-quatre heures, car, aux termes du Code d'instruction criminelle, ils sont mis, le jour même de leur entrée, à la disposition du procureur du roi, ou relaxés sur l'ordre du préfet de police.

A l'égard des filles publiques arrêtées, elles sont également amenées à ce dépôt, d'où elles sortent, d'après la décision du préfet, soit pour être mises en liberté, soit pour aller subir à Saint-Lazare la punition qu'elles ont méritée. Quant aux individus mis à la disposition du procureur du roi, ils sont interrogés dans les vingt-quatre heures et envoyés dans les *maisons d'arrêt*, s'ils ne sont pas relaxés sur l'ordre du juge d'instruction.

Le *dépôt* n'est donc véritablement qu'un lieu de passage, une espèce de salle d'attente où l'on amène les gens arrêtés, jusqu'après le premier examen des juges compétens.

Les individus qui, à la suite de l'interrogatoire, se trouvent placés par le juge d'instruction sous le coup d'un mandat d'arrêt, sont conduits comme *prévenus* dans une des maisons dont je vais parler.

LA FORCE. — Est la *maison d'arrêt* où, quand ils sortent du *dépôt*, l'on envoie les hommes prévenus d'un délit ou d'un crime étranger à la politique ; leur nombre est habituellement de mille à onze cents à la Force.

LA MAISON DES JEUNES DÉTENUS. — Est ce vaste bâtiment neuf, situé à l'ouest de la rue de la *Roquette*, non loin de la barrière qui conduit au *Père-Lachaise*. On y enferme les garçons âgés de moins de seize ans, prévenus d'un délit, et ceux qui ont été condamnés à plusieurs années de prison. C'est donc tout à la fois une *maison d'arrêt* pour les jeunes *prévenus* et une *prison* pour les jeunes *condamnés*. On peut même la considérer comme une *maison de correction*, puisque, dans bien des cas, les tribunaux de police correctionnelle de Paris ordonnent d'y détenir jusqu'à l'âge de seize ans des garçons qui annoncent une immoralité précoce, des penchans capables de les jeter dans la voie du crime.

Jusqu'en l'année 1831, les enfans étaient à peu près confondus avec les adultes dans les prisons de la Seine ; il en résultait des désordres affreux. On satisfit à la nécessité de les réunir dans une maison spéciale, et l'on appliqua d'abord à cette détention l'ancienne prison des *Madelonnettes*. On adopta à leur égard un mode d'administration tout nouveau. On créa des ateliers pour les occuper sans discontinuation, pendant les heures consacrées au travail. Une école fut ouverte dans l'intérieur des bâtimens où les enfans reçoivent tous les jours, pendant deux heures, des leçons de lecture, d'écriture et de calcul. On célèbre l'office divin dans une chapelle desservie par un aumônier qui leur enseigne le catéchisme et tous les devoirs de la religion. Il est interdit sévèrement aux enfans de parler entre eux, ailleurs que sur les préaux pendant la récréation. Un seul mot prononcé, même au réfectoire, motive une punition.

Des récompenses sont accordées à ceux qui se distinguent le plus par leur intelligence, leurs progrès dans les études et leur bonne conduite. On leur donne pour un temps déterminé, soit des médailles, soit des rubans ; on les nomme *moniteurs* de leurs camarades, et, comme ils sont divisés par escouades, commandés par des caporaux et des sergens, choisis parmi les meilleurs sujets, on voit une extrême émulation entre eux pour obtenir ces grades, qui donnent droit à un costume privilégié et à des exemptions.

Tous les commandemens pour le lever, pour le travail, pour

les repas, l'étude, la récréation, les prières, le coucher; se font par des roulemens de tambour, et les chefs même s'abstiennent autant que possible de parler à ces jeunes gens.

Tout cet ensemble de dispositions a produit les meilleurs effets ; et presque tous les enfans, à l'époque de leur libération, rentrent dans le monde avec un état, quelques économies et entièrement corrigés de leurs vicieux penchans. Il est vrai qu'une société de patronage, dont je ne saurais trop louer le zèle, s'occupe de leur avenir, leur assure du travail à leur sortie de prison et vient à leur secours quand ils en ont besoin. Espérons que les succès obtenus par l'administration et par la société de patronage préserveront de leur perte une foule de jeunes garçons qui, autrefois, n'avaient de ressources que dans la carrière du vice et du crime.

Quoique l'idée de cet établissement fût déjà répandue et appréciée depuis plusieurs années, ce fut sous l'administration de M. Baude que la Préfecture de police adopta le projet de le créer, et c'est au temps de M. Vivien, un mois avant mon arrivée à la Préfecture de police, que l'on ouvrit cette maison spéciale. Mais qu'il me soit permis de revendiquer une part assez large dans l'organisation des parties essentielles que je viens de signaler.

La nouvelle prison de la Roquette étant terminée en 1836, j'y fis transférer les jeunes détenus qui, jusque là, étaient restés aux Madelonnettes. Leur nombre s'élevait alors à près de quatre cents. Leur nouvelle prison est la seule à Paris qui soit construite sur un plan panoptique. Cet essai architectural ne me semble pas avoir répondu aux avantages qu'on en espérait ; au contraire, il a occasionné une dépense énorme pour la construction, et nécessité un personnel plus nombreux pour la surveillance et le service.

SAINTE-PÉLAGIE. — Était autrefois divisée en quatre sections ; l'une pour les *dettiers*, une seconde pour les *condamnés correctionnels*, et une autre pour les *enfans*, qui plus tard ont formé le noyau des jeunes détenus, et la quatrième pour les *prévenus* et *condamnés politiques*.

Cette dernière section est la seule qui subsiste maintenant à Sainte-Pélagie.

SAINT-LAZARE. — J'ai déjà fait connaître en partie sa destination, en rappelant que c'est là qu'on met les prostituées condamnées par le préfet de police. On sait qu'elles occupent deux divisions, l'une pour les filles qui n'ont pas atteint seize ans, et l'autre pour celles qui sont plus âgées. Il y en a ordinairement de cinq cent cinquante à six cents, faisant partie des trois mille huit cent inscrites à la police. Sous ce rapport Saint-Lazare est donc une *prison*. Deux autres sections, réservées aux femmes prévenues ou condamnées, ont une population aussi nombreuse que les deux premières. C'est assez dire que l'on garde à Saint-Lazare les femmes dont on instruit le procès, et celles qui ont subi une peine correctionnelle. Cette double destination fait de Saint-Lazare, comme de Sainte-Pélagie, une *maison d'arrêt* et une *prison*.

LA CONCIERGERIE. — Est la maison de justice de la cour royale pour les accusés qui passent ou vont passer en jugement. Elle est divisée en deux sections, l'une pour les femmes, l'autre pour les hommes. C'est donc à la Conciergerie qu'on amène les prévenus à l'époque de leur mise en jugement, et qui, jusque là, étaient enfermées à la Force, aux Jeunes Détenus, à Sainte-Pélagie et à Saint-Lazare, ainsi que je l'ai expliqué tout-à-l'heure. Ils sortent de la Conciergerie pour être rendus à la liberté si on les acquitte, ou pour être écroués dans les prisons et les bagnes, suivant la nature de la peine prononcée contre eux.

J'ai eu soin, dans les explications qui précèdent, de distinguer les *maisons d'arrêt* et de *justice* d'avec les *prisons*; voici pourquoi : les individus *en état de prévention et les accusés* sont à la disposition exclusive des magistrats de l'ordre judiciaire, *qui seuls ont le droit d'autoriser les communications avec eux, d'ordonner leur transfèrement ou leur mise en liberté.* Le préfet de police est simplement constitué leur gardien : il doit les détenir, pourvoir à leurs besoins, et empêcher leur évasion ; mais là s'arrête son pouvoir. Ces maisons dépendent donc tout à la fois des juges d'instruction, du procureur du roi, du procureur général et du préfet de police, chacun dans la sphère de ses attributions.

Il n'en est pas de même à l'égard des *prisons,* parce qu'elles ne contiennent que des condamnés ; ceux-ci ne dépendent plus que de l'autorité gouvernementale. Seulement, le procureur général intervient dans certains cas, notamment pour les exécutions capitales, pour les cas de grâce, de commutation de peine, et aussi pour faire transférer les condamnés d'un département dans un autre, avec l'approbation et les ordres ministériels.

Ces détails serviront de réponse à toutes les clameurs des républicains qui m'ont accusé mille fois d'actes arbitraires, de mesures vexatoires, de tortures physiques et morales qu'ils subissaient, disaient-ils, d'après mes ordres, dans une foule de cas où je n'avais pas même le droit d'approuver ou de blâmer ce qui se passait. Par exemple, les prévenus et les accusés me reprochaient avec emportement de ne point accorder des permissions pour les visiter à tels ou tels de leurs parens et amis ; ils me faisaient un crime de les garder au *secret*, parfois de les envoyer de Sainte-Pélagie à la Force ou à la la Conciergerie, et parfois aussi de refuser une maison de santé à ceux qui réclamaient cette faveur avant leur jugement. J'étais toujours, si nous en croyons leurs plaintes, un homme capricieux, cruel, barbare, etc., et je devais m'attendre à leurs terribles vengeances. Cependant je n'avais rien à dire, rien à statuer dans ces diverses circonstances. Ils allaient même plus loin, car l'un des plus instruits et des plus irritables d'entre eux, M. Raspail, condamné à quinze mois d'emprisonnement, ayant été à ce sujet écroué dans la prison de Versailles sur l'ordre du ministre de l'intérieur, et plus tard amené à Paris, à la requête du procureur général, pour figurer dans un autre procès, ce fut contre moi, qui étais complètement étranger à ces faits et qui même les ignorais, ce fut, dis-je, contre moi seul que M. Raspail exhala sa bile. Il publia sur ce texte deux immenses lettres dans lesquelles l'auteur avait amoncelé toutes les épithètes injurieuses, et m'en écrivit une directement dont le style était si grossier, qu'un homme bien élevé serait honteux de s'être oublié à ce point. M. Raspail ne respectait pas plus les formes que la vérité et déblatérait comme un furieux, à l'occasion des torts imaginaires qu'il lui plaisait de m'attribuer.

Puisque ces fameux tribuns avaient la prétention de composer un nouveau gouvernement, plus conforme, suivant eux, aux vœux de la France, plus juste et plus moral, ils auraient dû au moins prendre la peine de parler un langage tolérable, ne pas débiter de mensonges, et connaître un peu les rouages de l'administration et la division des pouvoirs. Il est assez étrange qu'ils voulussent enseigner la science de l'économie politique, sans même savoir comment on en peut faire l'application, et qu'ils parlassent toujours de vertus et de justice, quand ils en méconnaissent les premiers devoirs.

Les républicains ont donné des preuves semblables d'ignorance et de mauvaise foi, lors du transfèrement, au Mont-Saint-Michel, de leurs amis condamnés à la déportation.

Pendant un mois, ils ont vociféré contre le préfet de police, qu'ils accusaient d'avoir fait enchaîner, conduire sur des charrettes, et coucher dans des cachots infects, les condamnés politiques, pendant la durée du voyage; de leur avoir fait endurer les plus cruels traitemens avec une barbarie qu'on ne saurait trop flétrir; ils ajoutaient que la *méchanceté pusillanime de M. Gisquet* n'osait pas faire enchaîner les républicains en traversant Paris; mais qu'on les accouplait *par son ordre*, hors barrière. Le sieur Gervais, de Caen, dont j'ai déjà raconté les rêveries, s'est encore distingué dans cette circonstance par son acharnement à récriminer contre moi.

Tous ces bavardages malveillans reposaient sur des erreurs matérielles. D'abord il est faux que l'on n'ait pas eu, pour les déportés, les ménagemens dus au malheur. M. d'Argout a donné à cet égard, à la Chambre des députés, des explications satisfaisantes et un démenti catégorique aux allégations des feuilles hostiles. Au surplus, ce n'est pas là ce qui me préoccupe en ce moment; je ne m'arrête qu'à une chose essentielle : c'est que j'étais tout-à-fait étranger aux actes, vrais ou faux, dont il est question; et si les républicains eussent été plus consciencieux et plus soigneux de s'éclairer sur les questions qu'ils discutaient à tort et à travers, ils auraient su que le préfet de police n'a pas à se mêler de ces sortes de mutations; que la gendarmerie reçoit directement du ministre les ordres et les instructions qui s'y rattachent, et que dans aucun cas, même pour les translations de prisonniers dans l'intérieur de Paris, le préfet de police n'a aucun droit de donner une consigne aux agens de la force publique; à plus forte raison en est-il ainsi quand il s'agit de transférer dans un autre département. Qu'on juge alors si l'on était fondé à me faire des reproches quelconques, à l'occasion des mesures qui viennent d'être mentionnées.

LE NOUVEAU BICÊTRE. — Est une prison départementale, où les condamnés correctionnels en matière civile, dont la peine n'excède pas une année, vont subir leur jugement. On y dépose provisoirement ceux que les tribunaux ont frappés plus sévèrement, tels que les condamnés à la détention, à la réclusion, aux travaux forcés et à la déportation, jusqu'au moment où on les dirige sur les maisons centrales ou les bagnes. On y dépose aussi les condamnés à mort en attendant leur exécution. Cette prison a long-temps existé dans les bâtimens du vieux château de Bicêtre. On lui a conservé ce nom en la transférant rue de la Roquette, dans un nouveau bâtiment construit en face de la prison des jeunes détenus, sur un plan et dans des proportions adoptés par moi; je crois pouvoir dire qu'aucune prison n'offre plus de sûreté que celle-là, et n'est mieux appropriée à sa destination.

On dirigeait autrefois sur Bicêtre, de toutes les maisons de justice de France, les hommes destinés pour les bagnes; on en formait ce qui s'appelait *une chaîne* qui partait ensuite pour Brest, Rochefort ou Toulon. Ce système est changé depuis la mise en activité des voitures cellulaires; chaque département envoie ses forçats directement à leur destination; de telle sorte que Bicêtre ne contient plus que ceux condamnés par la cour d'assises de la Seine. Dans l'état actuel, sa population ne doit guère excéder deux cent cinquante individus.

PRISON DE SAINT-DENIS. — On y renferme les vagabonds pendant la durée de leur peine, et pendant la période de leur détention supplémentaire, telle qu'elle est fixée administrativement en vertu des articles 271 et 274 du Code pénal. Pour ne pas rendre à la société des hommes dangereux, privés de tous moyens d'existence, on est dans l'usage d'attendre qu'ils aient acquis, par leur travail, une masse de réserve d'au moins cent francs. Cette prison contient, terme moyen, quatre cents détenus, la plupart âgés et infirmes.

DÉPOT DE MENDICITÉ, à Villers-Cotterets. — Cet établissement, quoique situé dans le département de l'Aisne, appartient au département de la Seine. Il a la même destination pour les mendians que le dépôt de Saint-Denis pour les vagabonds. Les mendians s'y trouvent assez bien pour que la plupart ne désirent pas en sortir, excepté dans la belle saison. La moitié, au moins, y sont admis sans jugement et sur leur demande, à titre d'hospitalité. On y compte en temps ordinaire de quatre à cinq cents individus des deux sexes, presque tous fort âgés. Cette maison est un véritable appendice des hospices de la Seine, quoique assimilée aux prisons.

LA CORRECTION PATERNELLE. — Est une petite prison située rue des Grès, où le président du tribunal de première instance fait renfermer, à la demande des parens, pour un temps déterminé par eux, les enfans mineurs dont la conduite inspire des craintes, ou excite le mécontentement des familles. Le préfet de police n'a presque rien à faire à l'égard de cette maison.

PRISON DE LA DETTE. — Elle existait, comme je l'ai dit, dans les bâtimens de *Sainte-Pélagie* ; ce fut en janvier 1834 que je la fis transférer dans le nouvel édifice élevé rue de Clichy. Les cent soixante à deux cents prisonniers qui s'y trouvent (arrêtés tous, sur l'ordre de leurs créanciers, par les gardes du commerce) sont confiés à la surveillance de l'administration, dont les devoirs se bornent à les loger, et à empêcher leur évasion. Quant à leur nourriture et à toutes leurs dépenses, personne n'ignore que c'est aux détenus à y pourvoir, soit avec leurs propres moyens, soit à l'aide des 30 francs que les incarcérateurs doivent payer d'avance tous les mois.

Cette maison n'a presque rien de commun avec une prison, car, sauf la liberté qui leur manque, les dettiers qui ont des ressources y jouissent de toutes les commodités de la vie ; et s'il en est dont le dénuement doit inspirer une juste compassion, il en est aussi qui consacrent à des plaisirs, à des frivolités, des sommes plus que suffisantes pour se libérer envers leurs créanciers s'ils le voulaient bien.

A présent que l'on connaît les prisons de la Seine et leurs spécialités, chacun peut comprendre l'impossibilité de faire à chacune d'elles l'application des réformes conseillées par les philanthropes. Il ne faut pas de grandes connaissances pratiques pour voir que la nécessité de communications, faciles et très-nombreuses, entre les juges d'instruction et les détenus en état de prévention, est un premier obstacle rationnel. Comment pourrait-on soumettre les prévenus à un régime pénitentiaire qui serait commun à des hommes condamnés, par exemple, à dix ou quinze années de prison ?

Une seconde difficulté non moins saillante, c'est l'extrême mobilité de la population, qui se renouvelle plusieurs fois par année ; car elle se compose principalement d'individus écroués pour des motifs peu graves, qui, après quelques semaines de détention préventive, sont ou relaxés, ou condamnés à une peine légère. Serait-il possible, dans un court intervalle, de les assujettir à des obligations rigoureuses, et à la condition d'apprendre un métier, pour être propres aux travaux permis dans l'intérieur des prisons ?

Il ne faut pas oublier, d'ailleurs, que leur situation de prévenus les met dans le cas d'aller presque tous les jours auprès d'un juge d'instruction, d'y passer une grande partie de leur temps, et qu'ils ont besoin de communiquer à des heures indéterminées avec leurs avocats ou leurs familles.

La troisième raison qui rend impraticables tous les modes proposés, c'est l'extrême variété que l'on a pu remarquer dans la population de chaque prison. En effet, dans l'une il ne se trouve que de jeunes enfans, dans l'autre que des femmes, divisées encore en cinq ou six catégories; dans une autre, que des prévenus ou des condamnés politiques; dans telles autres, que des vieillards maladifs, impotens, ou des condamnés qui n'y sont retenus qu'en attendant leur envoi dans d'autres départemens.

Quoique je n'aie pas étudié avec autant de soin que les auteurs de tant d'ouvrages remarquables les théories du régime pénitentiaire, l'expérience acquise pendant mon administration me permet d'exposer ma pensée. Je dirai donc nettement qu'il me paraît impossible de changer d'une manière notable, quant aux prisons de la Seine, la marche suivie jusqu'à nos jours. Toutes les améliorations praticables sont à peu près obtenues; le seul complément à désirer, c'est l'adoption du système cellulaire pour tous les détenus, afin de les séparer complétement pendant la nuit.

Je réduis à cette proposition tous les systèmes débattus, et j'ajoute qu'à l'égard du travail, pour ceux des prisonniers qu'il est possible de faire travailler, comme aussi à l'égard des repas et des promenades sur le préau, tout doit avoir lieu en commun ; l'isolement n'est raisonnable que pendant la nuit ; je trouverais inhumain un régime qui soumettrait jour et nuit les détenus à une solitude complète avec ou sans travail.

J'ajouterai, pour répondre aux adversaires de la centralisation, que je ne verrais aucune utilité, et que j'apercevrais au contraire de graves inconvéniens à détruire l'unité de pouvoir en ce qui concerne l'administration des prisons. Il faut que tout soit réuni dans la main de l'autorité ; que la discipline soit forte, pour que la subordination porte ses fruits.

Mon intention n'est pas de rendre pire la condition du prisonnier ; je voudrais que l'on conciliât toujours ce qui donne le plus de force à l'autorité, avec les ménagemens que l'humanité réclame ; je voudrais que les infractions aux réglemens fussent punis avec une juste sévérité, et qu'en même temps on se montrât libéral dans la distribution des encouragemens et des grâces ; je voudrais que le prisonnier fût convaincu qu'il ne peut attendre un changement favorable, dans sa position, que de sa bonne conduite ; je voudrais qu'il vît dans les dépositaires et les mandataires du pouvoir, non plus des ennemis inflexibles, des hommes méchans qui font le mal pour le plaisir de faire le mal; mais des tuteurs qui n'infligent qu'à regret un châtiment, dans la seule vue de corriger le coupable.

Il ne faut pas qu'une générosité mal entendue et une influence excentrique viennent détendre les ressorts de la discipline. Il est beaucoup de personnes bienfaisantes qui, avec l'espoir de ramener à la vertu les hommes égarés, ne font souvent que les encourager dans leurs inclinations perverses; dupes d'un bon cœur, elles prennent pour sincères un repentir simulé et les apparences d'un changement moral dont le seul but est d'extorquer des faveurs non méritées. Rien n'est plus propre, selon moi, à provoquer ces manifestations hypocrites, à empêcher les progrès réels dans la voie du bien et à encourager la résistance à l'action régulière du pouvoir, que l'intervention des hommes honorables qui n'agissent pas en vertu d'un mandat légal. Ainsi, je forme le vœu de voir les réformateurs officieux, et tous ces commis-voyageurs de la philanthropie, quoique mus par les plus louables intentions, donner une autre direction à leurs sentimens généreux.

Pour ne parler que des choses dont j'ai une connaissance exacte, qu'on me permette de mentionner les plaintes, les lamentations incessantes, dont les organes de l'opposition m'ont poursuivi, à propos du régime alimentaire et des mesures administratives en vigueur dans les prisons de la Seine. Peu de semaines se sont écoulées sans qu'on rajeunît les diatribes dont j'étais l'objet à cet égard. Cependant, la vérité est que jamais, dans aucun temps, dans aucun pays, les détenus n'ont été traités avec autant de sollicitude et d'égards; jamais on n'a montré une pareille tolérance, et jamais, sous le rapport de la nourriture, du logement, de la facilité des communications, etc., on n'a porté aussi loin la bienveillance et les soins; en un mot, jamais gouvernement n'a fait preuve au même degré de longanimité et de mansuétude.

Et qu'on ne s'imagine pas qu'il en soit résulté un bien; au contraire, la sévérité aurait mieux réussi : les prisonniers, et surtout les prisonniers politiques, prenaient toujours une concession pour un acte de faiblesse, et en devenaient plus exigeans; il eût été impossible d'aller plus loin dans les actes d'indulgence, sans créer un état de choses plus dangereux pour l'ordre établi, que ne le serait la mise en liberté de tous les détenus.

M. de Martignac a dit : « *Nos prisons punissent et ne corrigent pas.* » Mais s'il avait vu comment, depuis 1830, on a usé et abusé de la débonnaireté du pouvoir, il aurait dit : « *Nos prisons ne punissent pas plus qu'elles ne corrigent.* »

J'ai déjà cité plusieurs exemples qui prouvent avec quelle légèreté certains publicistes du parti démagogique discutaient les questions administratives et affirmaient des faits controuvés.

Au commencement du mois de mai 1833, les feuilles de ce parti assuraient que le nombre des arrestations à Paris, pendant l'année 1832, s'était élevé à 77,543 individus; décomposant ce chiffre, ils trouvaient que ces arrestations représentaient 1.725 par semaine et 347 par jour.

Remarquons d'abord que 1725 par semaine eussent produit un total de 90,194, et que 347 par jour porteraient ce total à 127,002. On voit que si ces messieurs avaient étudié le catéchisme républicain, ils n'étaient pas forts sur l'arithmétique.

Mais la plus grave erreur n'est pas dans les calculs proportionnels; elle existe dans l'énonciation du fait principal.

Les arrestations effectuées en 1832 n'ont pas excédé 24,000; c'est à peu près le chiffre normal annuel depuis quarante ans. Jamais il n'a été au delà de 25,000, ni au-dessous de 20,000.

Il importe de faire observer qu'une fraction essentielle de ce total ne constitue pas véritablement des arrestations; ainsi, on voit figurer environ 5,000 femmes prostituées, prises en contravention et amenées au dépôt de la Préfecture de police; et plus de 4,000 personnes ramassées par les rondes de nuit, et entrées seulement pour quelques heures dans le même dépôt. Ce sont, la plupart du temps, des hommes en état d'ivresse, des tapageurs nocturnes, des enfans égarés, des gens sans asile, sans papiers, et qui, dès le lendemain, de bonne heure, sont mis en liberté sur la réclamation de leurs parens, amis ou connaissances. En résumé, la totalité des individus mis à la disposition du procureur du roi est plutôt inférieure que supérieure au chiffre de 15,000. C'est là ce que l'on doit considérer comme des arrestations réelles.

On serait peut-être surpris qu'en parlant des prisons de Paris je ne donnasse pas quelques détails sur les scènes horribles qui s'y sont passées à l'époque de la terreur ; ma position particulière, pendant cinq années, m'a effectivement mis à même de connaître quelques faits intéressans ; mais presque tous sont déjà consignés dans un grand nombre d'ouvrages, notamment dans l'*Histoire de la Révolution française*, par M. Thiers. Un travail spécial, intitulé : *Les Prisons de la Seine,* par M. Maurice, est d'ailleurs publié en ce moment, et contient les renseignemens les plus étendus sur ce que j'aurais à dire, renseignemens qui ont été puisés en partie dans les archives de la Préfecture de police. Je dois donc être excessivement bref sur ce sujet.

Les massacres du 2 septembre 1792 ont eu lieu à la prison de l'Abbaye, qui n'est pas sous l'administration du préfet de police ; à la Force et à Bicêtre. Le nombre des victimes, dans cette dernière prison, fut d'environ deux cent dix, dont une quarantaine d'enfans, et d'un peu moins de huit cents à la Force. Les anciens registres de ces deux maisons ayant presque tous disparu, il m'a été impossible de consulter avec fruit les vestiges qui en sont restés. Mais j'ai eu long-temps sous les yeux les registres de la Conciergerie, pour les années 1793 et 1794. Ils contiennent entre autres écrous remarquables celui de Marie-Antoinette, entrée à la Conciergerie le 22 septembre 1793, exécutée le 16 octobre suivant ; cet acte la qualifie ainsi : « La » nommée Marie-Antoinette, dite de Loraine d'Au- » triche, veuve de Louis Capet, etc. ; » ceux du général Custine, de madame Rolland, du duc d'Orléans, de Bailly, de madame Dubarry, de Hébert, d'Anacharsis Clotz ; ceux de Fabre d'Églantine, Chabot, Camille Desmoulins, Danton, Bazire, Philippeaux, Hérault de Séchelles, Lacroix et Delaunay (d'Angers), tous les neuf députés à la Convention nationale, et exécutés le même jour ; de madame Élisabeth, sœur de Louis XVI, d'André Chénier, etc.

La rédaction de ces écrous dénote un défaut d'intelligence et d'instruction bien en harmonie avec la sauvage brutalité de cette époque, non pas seulement dans les agens subalternes, mais encore dans les hommes revêtus d'un caractère officiel, tels que les huissiers du tribunal révolutionnaire. Croirait-on qu'on ne trouve aucun écrou exempt de fautes d'orthographe les plus grossières ? Ces huissiers, quoique copiant toujours la même formule, ne sont jamais parvenus à la reproduire d'une manière à peu près claire et correcte, et souvent même l'absurdité de la pensée le dispute à la niaiserie de l'expression. Je choisirai, pour en donner un exemple, l'écrou du vénérable Bailly, et je préviens que c'est un de ceux rédigés avec le plus de soin, ce qui permettra de juger des autres; je copie l'orthographe textuellement :

« Du 12 frimaire l'an 2.me de la république une et indivisible, le nommé Bailly a été constitué prisonnier, en cette maison ayant été transféré de la maison d'arrêt *ditte* de la Force, en vertu d'un mandat d'arrêt contre lui décerné par le citoyen accusateur public du tribunal révolutionnaire, en *datte* de ce *jourd'huy* duement signé Fouquier, et à la requête du citoyen accusateur public du dit tribunal, qui fait élection de domicile au greffe du dit tribunal, pour par le dit Bailly rester en cette maison jusqu'à ce qu'il en ait été autrement ordonné, comme prévenu d'avoir depuis la révolution conspiré contre la liberté et la sûreté du peuple français et notamment d'avoir fait massacrer des patriotes au champ de Mars, en conséquence et au moyen de *quoy* l'avons *laisé* à la charge et garde du citoyen Bault *consierge* de la *ditte* maison qui a promis *d'ant* faire la représentation quand il en sera *légallement,* et avons au dit Bailly en parlant à sa personne entre les deux guichets comme lieu de liberté, laissé ainsi qu'au citoyen Bault *consierge* copie du dit mandat *d'arrets* et du présent.

» Signé HERVÉ. »

En marge est écrit :

« L'an deuxième de la république française, le 21 brumaire en vertu d'un jugement rendu ce *jourd'huy* par le tribunal révolutionnaire en *datte* de ce *jourd'huy* et à la requête de l'accusateur public du dit tribunal, lequel fait élection de domicile en son parquet le nommé Bailly, *cy* contre écroué,

» a été par moi huissier au dit tribunal soussigné extrait de
» la maison de justice de la Conciergerie et remis entre les mains
» de l'exécuteur des jugemens criminels et de la gendarmerie,
» pour être conduit au champ de la Fédération pour y subir
» la peine de mort, en exécution du jugement sus *daté*, CE QUI
» A ÉTÉ EXÉCUTÉ LE LENDEMAIN, SUR LE BORD DE LA
» SEINE, au moyen de quoi le citoyen Richard en demeure dé-
» charge. »

CHAPITRE DIXIÈME.

X

Ma retraite.—Lettre de M. Montalivet.— Comment j'ai agi envers mon successeur.— Projets d'améliorations que je lui ai laissé l'honneur de faire réaliser. — Balayage général. —Urinoirs. — Gardiens de nuit. —Visites au roi.

La marche à suivre par notre gouvernement à l'égard de l'Espagne fut la cause d'un dissentiment qui amena la dissolution du ministère du 22 février 1835, présidé par M. Thiers. Cet événement et la retraite des hommes d'État avec lesquels j'étais habitué à entretenir depuis long-temps des rapports agréables pour moi, me fournirent tout naturellement l'occasion de rentrer dans la vie privée.

M. Montalivet occupait alors le ministère de l'intérieur. Après avoir été d'accord avec ses collègues sur la nécessité de coopérer à la pacification de l'Espagne; après avoir promis de ne point séparer sa cause de la leur, il crut devoir changer d'avis, et tandis que MM. Thiers, d'Argout, le maréchal

Maison, l'amiral Duperré, Pelet de la Lozère, Sauzet et Passy, se disposaient à quitter le ministère, M. Montalivet se décidait à y rester. Mais lorsque M. Molé fut chargé de composer un nouveau cabinet, M. Guizot ne consentit à y entrer qu'à la condition de diriger les élections, et d'avoir même, si je ne me trompe, une sorte d'initiative dans le choix des préfets. M. Guizot, homme supérieur, sous le rapport du talent, à ses nouveaux collègues, ne refusait pas d'accepter le modeste portefeuille de l'instruction publique, mais il comprenait que son concours était principalement utile pour soutenir auprès des chambres les actes du gouvernement, et exercer dans les limites constitutionnelles son influence sur les mandataires du pays. Pour atteindre le but plus sûrement, M. Guizot voulait que toutes les mesures relatives aux élections fussent soumises à son assentiment. Il se rendit auprès de M. Montalivet pour lui annoncer que telle était la commune intention des principaux candidats au futur ministère.

Cette ouverture blessa vivement M. Montalivet, qui se voyait dépouiller d'une importante attribution; il refusa l'espèce de capitulation qu'on lui proposait. En me racontant le lendemain cette conversation, M. Montalivet m'annonça que décidément il quittait le ministère, et dès lors il approuva la détermination que j'avais prise également de quitter la préfecture. J'écrivis sur-le-champ pour donner ma démission ; voici la réponse qu'il m'adressa le lendemain :

« Paris, 6 septembre 1836.

» Monsieur le préfet,

» J'ai reçu la lettre que vous m'avez fait l'honneur
» de m'écrire le 5 septembre, pour me prier de met-
» tre votre démission sous les yeux de sa majesté.
» Tous les amis du roi regretteront, monsieur le
» préfet, une détermination qui le prive de votre
» zèle et de votre dévouement. Mieux que personne
» j'ai été à même d'apprécier tous les services que
» vous avez rendus dans les circonstances les plus
» graves et les plus difficiles ; et au moment de quit-
» ter l'administration moi-même, j'éprouve le be-
» soin de vous exprimer de nouveau combien j'ai
» eu à me louer de votre concours et de votre co-
» opération.

» Agréez, monsieur le préfet, l'assurance de ma
» considération la plus distinguée, *et de mon sin-*
» *cère attachement.*

» Le pair de France, ministre de l'intérieur,

» MONTALIVET. »

« *Il est bien entendu, mon cher ancien préfet, que*
» *votre démission est acceptée.* »

Les mots en italique sont de la main de M. Montalivet, et le *post-scriptum* fut ajouté, à ma demande, parce que la lettre ci-dessus ne s'expliquait pas catégoriquement sur l'acceptation de ma démission.

Avant cette date, M. Molé avait pris la peine de venir deux fois à la préfecture de police; j'allai à mon tour le voir à son hôtel. Il insista aussi long-temps que possible pour que je restasse à la préfecture de police, ajoutant que mon départ serait pour lui et ses collègues un motif de vifs regrets et d'inquiétude. « *Je rentre aux affaires, me dit-il, d'après la volonté du roi, et sans connaître exactement la situation du pays. S'il faut joindre à mes préoccupations les difficultés de votre remplacement, elles augmenteront encore mes embarras. Enfin, monsieur Gisquet, votre départ nous causerait à tous un véritable chagrin.* »

Je rappelle ces paroles de M. Molé parce que, en 1838, un journal, que l'on regardait comme son organe, s'est permis de dire que l'un des premiers actes de M. Molé avait été de me remplacer; et il le rapportait en termes qui tendaient à faire croire qu'en cela M. Molé avait agi de son propre mouvement.

Je ne pense pas commettre d'irrévérence en rappelant que le roi lui-même voulut bien me faire mander aux Tuileries. Ce fut M. Montalivet qui se chargea de me transmettre les ordres de sa majesté. Voici en substance les réflexions que je communiquai à M. Montalivet : « Je présume, monsieur le comte, que le roi, si je me rendais auprès de lui, aurait la bonté, comme il a bien voulu le faire déjà dans d'autres circonstances, de m'engager à conserver le poste où sa confiance m'avait placé; et comme ma résolution de le quitter est irrévocable, je me verrais dans la douloureuse nécessité de ne pas obéir aux injonctions du roi. Dans le cas où sa majesté daignerait me les exprimer elle-même, je craindrais que ma persistance à quitter la préfecture ne parût irrespectueuse. Je vous prie, monsieur le comte, de soumettre au roi le scrupule qui me retient; et si, après avoir entendu ces raisons, sa majesté insiste, alors j'irai lui exposer verbalement les motifs de ma détermination. »

Le lendemain, M. Montalivet m'assura que le roi appréciait ma respectueuse réserve et qu'il ne m'en savait pas mauvais gré, tout en regrettant de me voir quitter les affaires.

De même que les ministres démissionnaires restaient à leur poste en attendant leurs successeurs, de même aussi je restai à la Préfecture jusqu'à l'arrivée de M. Delessert, appelé à me remplacer. Après son installation, je lui donnai avec complaisance tous les renseignemens dont il avait besoin sur l'organisation des services, et sur la situation de Paris; puis je le mis en rapport avec ceux de mes agens secrets qui consentirent à continuer les relations qu'ils avaient eues avec moi; je lui en laissai une liste complète, avec des indications particulières sur leurs moyens et leur véracité.

Lorsque j'eus terminé mes explications sur toutes les matières administratives et politiques, je portai à la connaissance du nouveau préfet de police trois projets que j'avais formés et mûris.

Une commission, composée de membres du conseil municipal et de membres du conseil de salubrité, commission dont je me souviens que MM. Boulay de la Meurthe et Arago faisaient partie, les avait étudiés conjointement avec moi ; et j'ai lieu de croire qu'au point où en étaient les choses, le conseil municipal aurait accordé sans regret les fonds nécessaires pour les réaliser. Je vais dire en quoi ils consistaient.

1° *Le balayage général de Paris.*

Vivement contrarié de la malpropreté habituelle des rues de la capitale, et convaincu par expérience que le mode actuel de les balayer est extrêmement défectueux, je voulais y substituer un système tout nouveau.

Le balayage des rues se fait actuellement par les habitans ; celui des carrefours, des places publiques, des boulevards, des quais, des ponts, et autres emplacemens qui ne sont pas bordés à une distance rapprochée par des maisons riveraines, est à la charge de la ville de Paris ; la Préfecture de police le fait exécuter par entreprise.

Les réglemens de police n'ont pas pu astreindre les habitans à balayer simultanément le devant de leurs maisons; on a laissé un intervalle facultatif de deux ou trois heures pendant lequel le balayage doit être accompli. Il en résulte que les uns font ce travail à cinq heures du matin, d'autres à six, à sept ou à huit; de sorte qu'une partie de la voie publique, nettoyée de bonne heure, est déjà salie, surtout dans les temps humides, tandis qu'on s'occupe d'approprier l'autre. Il en résulte aussi que les immondices, entassées au coin des bornes, y restent souvent toute la matinée avant que les tombereaux ne viennent les enlever; ce retard a pour conséquence la dispersion sur le pavé de ces mêmes immondices qu'il faudrait balayer de nouveau. C'est à ce vicieux système que l'on doit attribuer la saleté de Paris.

Une autre irrégularité en dérive : sur qui pèse l'obligation de balayer le devant des maisons? En équité, ce devrait être sur le propriétaire, ce devrait être une charge de la propriété; et pourtant, en fait, ce sont les boutiquiers et autres locataires demeurant au rez-de-chaussée et sur la rue qui supportent presque généralement cette espèce d'impôt municipal; c'est contre eux qu'on dresse des procès-verbaux, quand il y a lieu de verbaliser. Cependant une maison peut avoir cinquante autres locataires, non moins intéressés que ceux du rez-de-chaussée à la propreté de la voie publique; il y a donc injustice à faire peser sur eux seuls une charge qui devrait être commune à tous.

Pour faire disparaître cette anomalie, et plus encore pour assurer un meilleur nettoiement de Paris, je voulais que l'administration se chargeât de faire faire par entreprise la totalité du balayage, et, conséquemment, d'exonérer la population de ce soin désagréable.

D'après l'économie de mon plan, on aurait divisé Paris en soixante ou quatre-vingts petits quartiers, et affecté à chacune de ces divisions une brigade de trente à quarante balayeurs, sous l'inspection d'un préposé; ces balayeurs eussent nettoyé une rue dans toute sa longueur en peu de temps, et avant de commencer le balayage d'une autre, pour ne pas morceler le travail. Les tombereaux auraient marché immédiatement derrière eux pour enlever les immondices, à mesure qu'on eût formé les tas, et l'on se serait servi de l'eau des bornes-fontaines pour laver le pavé consécutivement. Une semblable opération, conduite en même temps sur tous les points de la ville, ne pouvait manquer de rendre les rues aussi nettes qu'elles le sont dans les beaux jours.

La supputation de la dépense ne la portait pas au-delà d'un million, ce qui ne faisait qu'une augmentation de huit cent cinquante mille francs par année, puisque l'administration paie déjà cent cinquante mille francs pour le balayage actuel. Je proposais de couvrir cet excédant de dépense au moyen d'une contribution à la charge des propriétaires, ce qui n'aurait pas excédé vingt francs par année pour un immeuble ayant vingt mètres de façade.

Afin de rendre d'autant plus facile la mise en œuvre de cette combinaison et d'accélérer le balayage, j'avais fait construire des modèles de machines qui auraient pu être mises en mouvement soit à bras d'hommes, soit par un cheval, et dont une seule eût fait la besogne de trente balayeurs. Ces machines, variées dans leur forme pour être appropriées à la configuration du sol, l'étaient également selon les époques où l'on devait en faire usage : ainsi, les unes auraient fonctionné lors des temps de neige, d'autres pendant les temps pluvieux, d'autres enfin devaient servir dans les chaleurs pour balayer la poussière.

Je ne mets pas en doute qu'on fût arrivé par ces moyens à un état de propreté fort remarquable.

J'avais déjà présenté une demande au conseil municipal pour obtenir le crédit mentionné.

2° *Urinoirs et latrines publics.*

L'une des choses qui inspirent le plus de dégoût, particulièrement aux étrangers qui viennent dans notre capitale, c'est le sale usage d'uriner sur la voie publique. Cet usage, adopté par toutes les classes d'hommes, n'est pas moins contraire à la propreté, à la salubrité, qu'il n'est blessant pour la décence ; on ne respecte rien, ni les promenades fréquentées, ni les édifices consacrés au culte, ni les monumens qui rappellent des souvenirs glorieux; tout ce qui concourt à l'agrément, à l'embellissement de Paris, tout ce qui est l'objet de la vénération des fidèles, tout ce qui fait palpiter les cœurs généreux, en rappelant les grands souvenirs de l'histoire, tout, depuis la plus humble échoppe jusqu'aux murailles du Louvre, porte l'empreinte de cette habitude vandale, de ces ignobles profanations.

Voyez si dans les rues de Londres vous trouverez aucune trace de ces incongruités qui se renouvellent chaque jour par milliers dans toutes les rues de Paris!

Ces observations, quelque justes qu'elles soient, ne détruiront pas, je le sais, cette vilaine coutume. Aussi étais-je persuadé que toutes les ordonnances, les prohibitions, les invitations de l'autorité, n'auraient amené aucun changement remarquable à ce honteux état de choses. Je voulais recourir à un expédient plus efficace en établissant dans Paris quinze cents urinoirs publics. J'en avais fait désigner les emplacemens, qui n'auraient gêné en aucune manière la circulation. Les urinoirs eussent été construits de telle sorte qu'un homme s'y serait trouvé à couvert, qu'un filet d'eau eût toujours coulé pour laver la cuvette, et que des tuyaux auraient communiqué avec les égouts, ou, à défaut, avec le ruisseau voisin, en passant sous le trottoir.

Comme annexes indispensables à ces petits réduits, j'aurais fait construire deux cents latrines publiques et gratuites, sur des points également désignés comme les plus convenables. On y eût joint des cabinets privés où le public n'aurait été admis qu'au moyen d'une légère rétribution. Le produit de ces cabinets eût suffi pour couvrir les frais d'entretien des latrines gratuites.

La dépense de premier établissement des urinoirs et des latrines pouvait approcher de quatre cent mille francs, et le service municipal absorber une somme de cinquante mille francs par année. Mais je ne crois pas que la ville de Paris puisse faire souvent un usage plus utile de ses finances.

L'exécution de ce projet permettait à l'autorité municipale de sévir avec rigueur contre les hommes pris en flagrant délit de ces sortes d'incongruités. L'excuse n'était plus admissible, du moment qu'il eût existé un moyen simple de ne pas contrevenir aux réglemens de police; tout le monde eût applaudi à la juste sévérité de l'administration, et peu de temps aurait suffi pour corriger, sous ce rapport, une habitude choquante et immorale.

3° *Gardiens de nuit.*

J'avais également médité un moyen de prévenir les événemens fâcheux, les accidens de toute nature qui ont lieu la nuit dans la capitale.

L'insuffisance des rondes de nuit et des patrouilles est démontrée par trop de faits, pour qu'il soit besoin d'en produire de nouvelles preuves. La presque généralité des malheurs qui affligent la population arrivent entre dix heures du soir et quatre heures du matin. De ce nombre sont les rixes sanglantes, les enfans qui s'égarent, les personnes qui tombent sur le pavé par suite d'ivresse, de besoin, de froid ou de maladie, et qui sont quelquefois mutilées ou écrasées par les voitures dans l'obscurité[1]; les vols par effraction ou par escalade, les attaques dans les rues, les meurtres, les assassinats, les noyades volontaires, celles par accident ou par violence criminelle, les incendies, etc.

Aucun changement partiel dans le service maintenant en activité ne peut remédier au mal d'une manière notable : il fallait, suivant moi, en organiser un tout différent pour garantir Paris de tant de calamités.

Ce fut en cherchant à satisfaire à tout ce qu'exige la sûreté des habitans et des propriétés que je m'arrêtai au projet d'établir de douze à quinze cents *gardiens de nuit*, lesquels eussent été répartis dans les rues, places, quais, ponts et boulevards, de manière à ne laisser entre eux qu'un intervalle de

---

[1] Indépendamment des équipages de luxe, des fiacres, des cabriolets qui circulent la nuit à l'issue des spectacles, à l'occasion des fêtes, des soirées, bals, etc., et indépendamment aussi des diligences et des voitures de poste qui arrivent ou qui partent à toute heure, des voitures de vidange, etc., il entre chaque nuit dans Paris plus de *six mille* charrettes destinées à l'approvisionnement des halles et marchés, sans compter les charrettes des neuf cents laitières.

cent à cent cinquante mètres; chacun d'eux aurait donc circulé dans un espace déterminé et de fort peu d'étendue, sans jamais s'en écarter, excepté dans le cas où ses camarades l'eussent appelé pour porter secours sur un autre point.

Les *gardiens de nuit* auraient eu pour consigne de faire, dans toutes les circonstances et dans tous les cas possibles, ce qui est exigé de la part des agens de la force publique. Je leur aurais donné le titre et la carte d'inspecteur de police, pour les revêtir d'un caractère légal. On les eût armés d'un sabre et munis d'un sifflet d'appel ou d'un cornet pour donner le signal convenu. Chacun d'eux, suivant l'emplacement de sa station, aurait connu par un bulletin spécial l'adresse du commissaire de police de l'arrondissement, l'indication des corps de garde les plus voisins, la demeure des médecins, pharmaciens et des postes médicaux, afin d'y recourir au besoin dans l'intérêt du public.

Un certain nombre de contrôleurs ou d'inspecteurs en chef eussent exploré les arrondissemens pour vérifier si chacun était à son poste. Bien entendu que les patrouilles militaires auraient circulé comme à l'ordinaire et porté main-forte à l'occasion.

Le simple exposé de ce plan doit en faire saisir les avantages. Il en serait résulté une sécurité complète pour tout le monde, et les faits déplorables que je viens d'énoncer seraient devenus excessivement rares.

Sous un autre rapport encore, la nouvelle institution pouvait rendre de grands services : ceci fait allusion aux affaires politiques. Qu'on se figure toute la force d'action qu'aurait acquise la police contre les anarchistes si elle avait eu constamment sur tous les points de la cité douze ou quinze cents hommes armés veillant au salut de tous.

Les mêmes hommes ne pouvant pas consacrer toutes leurs nuits à une pareille surveillance, j'aurais composé une liste de quatre mille auxiliaires, parmi lesquels on eût pris tous les jours, à tour de rôle, le nombre requis. Leur solde eût été de deux francs par nuit pendant la belle saison, et de trois francs en hiver, pour les hommes de service seulement. La charge annuelle aurait donc formé une somme d'environ 1,200,000 fr. C'était beaucoup sans doute ; mais si l'on veut réfléchir à tout le bien qui en serait résulté, on conviendra que ce n'eût pas été payer trop cher la sécurité générale.

Après avoir déroulé sous les yeux de mon successeur ces combinaisons : « Je vous laisse, lui dis-je, l'honneur de réaliser ce que j'étais au moment de mettre en œuvre ; vous en aurez tout le mérite, et je ne doute pas que la population ne vous en sache gré. Une seule chose affaiblit la satisfaction que j'éprouve à recouvrer ma liberté, c'est le regret de ne pas attacher mon nom à des mesures qui seront d'une immense utilité pour la capitale, et qui m'auraient obtenu de la part de mes administrés un souvenir reconnaissant. »

J'accompagnai M. Delessert à Neuilly dans une visite faite à sa majesté; je fus bien aise de constater par cette démarche la bonne harmonie qui régnait entre mon successeur et moi. Deux jours après, j'allai prendre congé du roi, qui voulut bien m'accueillir d'une manière gracieuse, me faire asseoir à côté de lui sur un canapé, s'entretenir avec moi pendant une demi-heure des affaires du pays, et m'exprimer de nouveau le regret de me voir partir.

CHAPITRE ONZIÈME.

XI

Le ministère du 15 avril me garde rancune. — Mon élection. — Discussion du budget et des fonds secrets. — *Le Messager.* — Je le fais poursuivre. — Conduite déloyale du gérant. — Procès. — Conduite révoltante du sieur Plougoulm et du président Ferey. — Partialité des journaux. — Condamnation du *Messager.*

A peine avais-je quitté la préfecture de police, que des intrigans, dont quelques-uns font partie des bureaux intérieurs de l'administration, et dont ma fermeté avait contrarié les vues cupides, ainsi que des hommes expulsés par moi, les uns pour cause d'inconduite, d'inaptitude ou d'infidélité, les autres parce qu'ils professaient des opinions hostiles au gouvernement de juillet, enfin quelques misérables agens secrets, repoussés comme imposteurs ou fripons, travaillèrent dans l'ombre à me décrier à qui mieux mieux, soit en écrivant contre moi des rapports secrets tissus de faussetés, soit en saisissant toutes les occasions de ravaler mes actes administratifs et le mérite des services rendus. Tous ces bateleurs hypocrites, qu'on voyait ramper quand ils me craignaient ou qu'ils espéraient de moi quelque faveur, ont pensé que le meilleur moyen de faire leur cour au pouvoir, c'était de dénigrer, de calomnier sans mesure celui qui n'en faisait plus partie.

Il en est à peu près ainsi dans les administrations publiques, et surtout à l'égard des fonctionnaires qui n'ont pas été dupes des ruses employées pour les tromper. Plus les fonctionnaires ont su faire la part du mérite modeste et de l'incapacité présomptueuse, plus aussi les ressentimens sont profonds et peu difficiles dans le choix des moyens de se satisfaire. Mais on conçoit qu'à la préfecture de police, plus qu'ailleurs, il doit se rencontrer, surtout parmi les agens secrets, des gens sans pudeur, sans conscience, qui spéculent sur la délation mensongère.

Je ne tardai pas à m'apercevoir que le ministère Molé était malveillant à mon égard. Cette malveillance venait-elle de la rancune qu'avait inspirée mon refus de rester aux affaires avec ce cabinet, ou de l'effet produit par la tactique infâme dont je viens de parler? C'est ce qui ne m'est pas possible de décider.

Quoi qu'il en soit, lorsqu'une année après ma retraite, des amis voulurent bien me proposer la candidature de l'arrondissement de Saint-Denis, tandis que des électeurs de l'arrondissement de

Bar-sur-Aube se montraient également disposés à m'accorder leurs suffrages, je crus devoir, par déférence, faire une démarche auprès de M. Montalivet, rentré depuis quatre mois au ministère de l'intérieur, afin de prouver au gouvernement que mes intentions n'étaient pas changées. M. Montalivet, autrefois si affectueux, me reçut avec un certain embarras, qui décelait son mauvais vouloir à mon égard; et dans nos conversations, il m'avoua lui-même que *l'on me gardait rancune à cause de ma retraite.* Il prétendit que je n'avais aucune chance de succès dans les deux arrondissemens électoraux, et ajouta que, s'il ne faisait rien en faveur de mon élection, il ne me serait pas hostile. Dès le lendemain, cependant, des instructions ministérielles étaient envoyées aux autorités locales pour me faire écarter à tout prix : il est telle commune à laquelle on promettait des fonds pour construire une route ou un établissement d'utilité publique; il est tel fonctionnaire à qui l'on faisait espérer de l'avancement ou redouter une disgrâce, suivant la conduite qu'il tiendrait à mon égard; il est même des électeurs auxquels on faisait entrevoir la décoration dans le cas où le candidat ministériel serait élu. Malgré toutes les manœuvres, je fus envoyé à la chambre par les électeurs de l'arrondissement de Saint-Denis, à une majorité des deux tiers des voix, et mon concurrent ne l'emporta que d'une seule voix sur moi à Bar-sur-Aube.

Bientôt les députés (session de 1838) se livrèrent dans leurs bureaux à l'examen du budget : je pris une part active à ce travail préparatoire, et mon expérience en matière d'administration me permit de réclamer des améliorations ou des réformes qui me paraissaient faciles. Dès cette époque, mon indépendance comme député, et la critique faite par moi de certains actes des ministres du 15 avril, m'aliénèrent tout-à-fait leur esprit; leur aversion contre moi devint d'autant plus acerbe, d'autant plus malveillante, que tous les mauvais procédés étaient de leur côté, et que mes convictions, aussi bien que mes affections, m'avaient associé au *tiers-parti*. Ce tiers-parti leur portait plus d'ombrage, leur inspirait plus de haine que l'opposition radicale elle-même, parce que c'était lui qu'ils voyaient près de les remplacer au pouvoir. Moi, simple soldat dans cette phalange de députés éminens, je n'avais rien à prétendre, et je ne désirais rien; mais mon vote avait sa valeur numérique comme celui de mes collègues. Tôt ou tard M. Thiers devait être leur successeur; j'étais partisan de M. Thiers, et conséquemment, dans leur logique étroite, les hommes du 15 avril croyaient faire preuve d'habileté en frappant sur un député obscur dont la voix pouvait contribuer à renverser leur pouvoir.

Les ministres ne tardèrent pas à demander à la chambre un crédit supplémentaire de *fonds secrets*, qui portait à *trois millions deux cent mille francs* la somme consacrée à cette destination. Je contestai la nécessité d'une allocation aussi forte; je rappelai que dans les années calamiteuses de 1832, 1833 et suivantes, le gouvernement avait fait face à tous les besoins de ce genre avec un fonds de 2,400,000 fr. La différence énorme entre ces deux chiffres ne me semblait justifiée par aucun accroissement d'embarras ni de service. J'ai dit franchement ma pensée à la tribune; mais tout le monde comprendra que j'aurais pu aller beaucoup plus loin dans mes explications et dans mes critiques. Ma discussion ne porta que sur des points de comptabilité et sur des économies dont la réalisation était aisée et désirable.

En cherchant à me répondre, M. Montalivet fut saisi d'une indisposition subite assez grave pour le forcer à quitter la tribune; cet événement me fut imputé à crime, comme si j'avais été le meurtrier d'un ministre, et l'inimitié des partisans du 15 avril fut dès lors portée jusqu'à la violence.

Un homme, dont le nom importe peu au lecteur, et qui m'avait voué, sans aucun motif, une haine aussi violente qu'absurde, alla communiquer à un ministre une lettre tombée en son pouvoir, et *que tous les journaux ont publiée;* lettre dans laquelle je confiais à une personne amie le secret de quelques chagrins domestiques. Il paraît qu'on encouragea la méchanceté satanique de cet individu, et qu'on chargea d'agir dans le même sens une douzaine de clabaudeurs, dont quelques-uns avaient le masque du républicanisme, d'autres celui de la légitimité. Tous ces hommes, ensemble ou séparément, et peut-être même sans se connaître, se mirent à inventer et à colporter sur mon compte les plus grossières impostures. Les bruits qu'ils répandaient, les calomnies odieuses qu'ils s'efforçaient d'accréditer, furent accueillis par le journal *le Messager*, qui, le 12 septembre 1838, ne recula point devant l'impudeur de leur publication.

Je compris la portée de cette attaque injurieuse; je ne doutai pas que tous mes adversaires politiques, tous les pamphlétaires, tous les journalistes, républicains, légitimistes et ministériels, allaient saisir l'occasion de me déchirer, de me diffamer. Les ressentimens des partis et des hommes dont j'avais déjoué les mauvais desseins étaient encore vivans, et cette fois ils avaient comme alliés les dépositaires du pouvoir, de ce même pouvoir qui, dans mes mains, a servi tant de fois à combattre les ennemis de la paix publique, et qui, dans cette occasion, s'associait à leurs vengeances et allait les soudoyer.

Ne pouvant pas discuter avec tous les publicistes des départemens et de la capitale, je n'eus d'autre parti à prendre que de porter plainte contre *le Messager*; attendu que dans son article, au milieu d'outrages que j'avais le droit de mépriser, il se trouvait une phrase qui m'accusait d'avoir commis des exactions dans l'exercice de mon pouvoir.

Impatient de repousser la calomnie, je fis inviter par des amis communs le gérant du *Messager* à s'expliquer clairement, et à désigner ceux de mes actes qui lui paraissaient reprochables, afin de pouvoir, de mon côté, administrer immédiatement la preuve de l'injustice de son accusation. Les démarches et les instances faites dans ce but n'eurent aucun succès. Cependant les diffamations publiées se répétaient sur tous les points de la France par les mille organes de la presse, et pénétraient dans toutes les classes de la société. Jamais l'injure et le mensonge n'ont circulé avec une rapidité aussi effrayante; jamais l'honnête homme n'a vu surgir autant d'ennemis empressés à reproduire, à colporter de lâches impostures; jamais enfin la calomnie n'a pris une forme plus variée. Le vague des accusations du *Messager* prêtait malheureusement aux commentaires; aussi, que de suppositions, que d'allégations absurdes contre moi! Partout des hommes malveillans ou mal éclairés se hâtaient de donner de la consistance aux dires du journaliste, et de composer à leur tour quelque histoire odieuse, pour expliquer le sens d'une imputation obscure.

Ainsi le mal se propageait sans que je pusse l'arrêter dans sa marche en éclairant mes concitoyens. Je voyais le poison de la calomnie se répandre dans toutes les parties du corps social; je me voyais signalé à la haine de toutes les classes, et je ne pouvais faire entendre que le cri impuissant d'une conscience pure! ma situation était affreuse; et les méchans qui m'assassinaient jouissaient paisiblement de leur succès immoral; ils riaient de mon indignation, de mon désespoir, et répétaient avec une froide cruauté *qu'ils avaient des preuves......*

Pour sortir de cette douloureuse position, je tentai encore quelques efforts : une lettre écrite par moi en réponse à un article du *Constitutionnel*, et publiée dans ce même journal, fit un appel aux sentimens de justice que je n'ai pas rencontrés dans mon adversaire. Je le suppliais et je le défiais tout à la fois de citer un seul de mes actes à l'appui de sa diffamation. *Le Messager* ne répondit pas; mais il osa répéter de nouveau qu'il avait des preuves et qu'il les produirait.

Le gérant, mandé devant le juge d'instruction, refusa de répondre. Un acte que je lui fis signifier, conformément à la loi du 26 mai 1819, ne produisit non plus aucun effet.

Ce n'est pas tout : mon adversaire laissa expirer le délai sans me notifier ses pièces; il tomba en déchéance, et fit défaut, le 23 novembre 1838, devant la cour d'assises, afin de laisser subsister un mois de plus les conséquences de ses calomnies.

Relevé de la déchéance par son opposition à l'arrêt par défaut, le gérant attendit *la dernière minute du délai fixé par la même loi* pour me faire signifier la copie de ses pièces et la liste de ses témoins. J'espérais enfin trouver dans cet acte le terme d'une réticence si long-temps prolongée, et je me consolais en pensant que j'allais connaître et pouvoir démentir les faits d'exaction qu'on m'avait méchamment imputés; mais je me trompais encore : le délai fatal arriva sans que mon adversaire se fût expliqué, et même le jour de l'ouverture des débats, sommé par moi de dire en quoi consistaient les prétendues exactions dont il avait affirmé tenir les preuves, il ne voulut encore faire aucune énonciation précise !

Comment ne pas s'indigner en présence de telles manœuvres? Mais je ne veux pas céder à l'irritation de mes souvenirs; je m'en rapporte à la sagacité de tous les hommes impartiaux; ils peuvent juger si la conduite de mes adversaires n'était pas calculée, depuis le commencement jusqu'à la fin, pour que le poison de la calomnie produisît tout son effet corrosif, et pour m'empêcher d'y opposer le contre-poison. S'ils s'étaient expliqués dans ce long intervalle de trois mois et demi, j'aurais constaté sur-le-champ la diffamation, en apportant, soit des preuves, soit des témoignages irrécusables; et si, même aux premières audiences, ils avaient agi comme la loi l'exigeait, abordé franchement la question, dit sur quoi les débats devaient porter, j'aurais pu au moins, quelques heures d'avance, en recueillant mes souvenirs, en faisant intervenir quelques personnes avec lesquelles j'avais eu des rapports, ou, enfin, en faisant judiciairement compulser les archives de la préfecture, rendre impossible toute discussion et le scandale qu'on voulait produire. Des explications claires, précises, auraient convaincu les auditeurs les plus mal disposés envers moi.

Ceci ne faisait, à ce qu'il paraît, ni le compte du journaliste et de ceux qui le poussaient, ni le compte des hommes du pouvoir, ni celui de l'avocat général Plougoulm.

Ce n'était pas leur compte, car le gérant du *Messager* n'a jamais voulu ou n'a jamais pu s'expliquer catégoriquement ; les débats ne roulaient que sur des incidens soulevés à l'audience ; de sorte qu'il fallait, à l'instant même, trouver dans ma pensée des souvenirs assez fidèles pour réfuter les arguties de mes adversaires, pour réduire à rien des faits insignifians qu'on s'efforçait de dénaturer, et dont il eût été fort possible qu'il ne restât aucune trace dans ma mémoire.

A l'égard des trois conseillers composant la cour d'assises, je dois présumer que ce n'était pas leur compte non plus, car ils débutèrent par relever mon adversaire de la déchéance formelle, évidente, qu'il avait encourue. L'arrêt qu'ils ne craignirent pas de rendre à cet égard restera comme un monument d'ignorance, et comme un acte manifestement contraire au texte de la loi. Un second arrêt incidentel n'était pas moins insolite et non moins entaché, suivant moi, d'un esprit de vertige : il m'eût été facile de les faire casser l'un et l'autre par la cour suprême; mais j'étais pressé de faire juger mon diffamateur, et je ne voulais pas donner un prétexte de renvoyer encore le fond du procès à une session éloignée.

Et quant aux hommes du pouvoir, ai-je besoin de dire tout l'acharnement qu'ils mettaient à me nuire, et de quels moyens vils et lâches ils se sont servis! des centaines de leurs stipendiés avaient tous les jours la mission de rajeunir et d'accréditer les assertions mensongères, et de mettre en œuvre tout ce qui pouvait servir leurs passions haineuses! Rappellerai-je que plusieurs dossiers, apportés des bureaux de la Préfecture de police à l'audience par un commis supérieur, étaient dépouillés de leurs pièces essentielles? Il en existait un, entre autres, extrêmement volumineux, relatif *au bain du quai de l'École*, et qui ne contenait plus qu'une seule pièce; qu'une seule, bien étonnée sans doute de la subite disparition des cent autres qui l'accompagnaient... Je laisse à la raison publique le soin de qualifier la conduite qu'ont tenue dans cette circonstance les hommes qui dirigent mon ancienne administration.

Parlerai-je aussi de la manière incroyable, inouïe dont le président *Ferrey* a résumé les débats? Il était vraiment curieux de l'entendre, faisant avec une facilité loquace, une précipitation extrême et d'une voix monotone et sourde, le résumé de mes observations; et il n'était pas moins curieux de l'entendre ensuite, rappelant d'une voix ferme, sonore, bien accentuée, et d'un ton lentement solennel, les argumens produits par l'accusé pour sa justification. Je ne crois pas que jamais cour d'assises ait offert le spectacle d'un contraste aussi frappant.

Mais de tous ces hommes, celui dont le langage a été le plus lâchement injurieux pour moi, dont la conduite a été la plus révoltante, la plus inconcevable, c'est le sieur *Plougoulm* : c'est lui qui, ressassant et amplifiant au-delà de toute mesure les subtilités délayées par la défense, a eu l'impudeur de se constituer l'écho de la diffamation, de renchérir sur le caractère calomnieux de l'article incriminé, et de m'adresser d'insolentes observations, abusant ainsi de l'irresponsabilité dont sa robe de magistrat le couvrait, pour déverser l'outrage sur l'homme en butte à l'implacable animosité de ses patrons. C'est lui qui, travestissant les rôles avec un rare cynisme, semblait vouloir mettre à la place du coupable l'offensé qui venait demander justice! Pourtant le devoir de cet homme était de réclamer au nom des lois la punition du diffamateur; son devoir était de soutenir l'accusation, de faire ressortir la réalité et la haute gravité du délit..... et loin de là, il a eu le honteux courage de déserter la cause de la raison et de la justice, pour se faire l'ignoble plagiaire de mes plus acharnés calomniateurs !

Lorsque j'ai parlé, dans un précédent chapitre, du bain établi au quai de l'École, et de quatre lignes de voitures modifiées ou autorisées par moi, j'ai donné toutes les explications qui démontrent l'opportunité, l'utilité de ces mesures et la loyauté qui a présidé à tous les actes qui s'y rattachent. Eh bien ! ce sont pourtant ces actes d'une bonne administration qui sont devenus le prétexte des sales et grossières critiques du sophiste Plougoulm. Il a cherché à torturer le sens, à dénaturer l'esprit de tout ce qui était émané de mon autorité, et de tout ce qui s'est fait à l'occasion de ces entreprises.

Il fallait voir avec quel ton patelin, avec quels mots caressans cet orateur caméléon cherchait à faire sa cour à l'accusé, rêvant peut-être déjà les éloges des journalistes ; et comme quoi, par un changement instantané, sa physionomie prenait un caractère farouche quand il se permettait de m'adresser une impertinente mercuriale. La présomption du sieur Plougoulm, son ignorance dans les matières d'administration et l'absurdité de son langage, eussent fait lever les épaules de pitié si une juste indignation n'eût pas prévalu.

Pour en finir avec les argumentations du sieur Plougoulm, je lui dirai : De deux choses l'une, ou vous aviez la conviction que j'avais commis des exactions administratives, et alors votre devoir était de provoquer une instruction judiciaire contre moi; ou bien vous aviez l'opinion contraire, et alors vous avez agi avec lâcheté, avec bassesse, en vous associant à mes calomniateurs. Dans les deux cas, c'était mentir à votre conscience et trahir vos devoirs. Du reste je sais que M. Barthe, auprès de qui M. Plougoulm s'était rendu la veille de la dernière audience, lui avait recommandé très-chaudement la cause du *Messager*. Il faut à tout prix le faire acquitter, avait-il dit; un résultat contraire nous mécontenterait vivement. L'on aurait cru que c'était une question de vie ou de mort pour les hommes du 15 avril... M. Plougoulm n'eut garde de manquer une si bonne occasion de leur être agréable et d'obtenir l'avancement qu'il ambitionnait.

Je ne saurais oublier non plus la partialité sans exemple avec laquelle les feuilles publiques de toutes les couleurs ont rendu compte de ces débats. Tous les faits ont été tronqués, empoisonnés; on m'a prêté quelquefois un langage timide ou burlesque; on a supprimé la plupart de mes explications les plus catégoriques; on a parsemé ces comptes-rendus, ces narrations infidèles, d'une multitude d'incidens imaginaires, pour donner aux débats un aspect en harmonie avec les passions des rédacteurs. Tantôt c'était de prétendus murmures dans l'auditoire, à la suite de mes paroles, tantôt des applaudissemens significatifs donnés à mes adversaires;

les signes d'*attention*, d'*intérêt*, d'*incrédulité*, de *dédain*, de *sympathie*, ont été prodigués *dans les journaux* selon le bon plaisir de leurs opinions, et toujours à mes dépens comme aux dépens de la vérité. Toutes les feuilles, empruntant leurs récits à la rédaction de deux ou trois sténographes républicains, ont présenté l'analyse la plus mensongère de ce qui s'est passé à l'audience. Il est impossible en les lisant d'avoir la moindre notion exacte de ce procès; on en a fait une ignoble parodie, et, pour couronner le tout, un sieur *Pagnère*, gérant d'un obscur journal démagogique intitulé le *Populaire*, a compilé les journaux les plus malveillans, pour en composer une brochure qu'il vendit comme étant le *compte-rendu du procès de M. Gisquet contre* le Messager.

D'après tout ce qu'on a vu dans le cours de cet ouvrage, on ne sera pas surpris que les journaux de parti aient continué leur système de dénigrement à mon égard. C'était une habitude trop ancienne pour être abandonnée dans une pareille occasion. Que leur importait d'être vrais, d'être justes? l'essentiel pour eux n'était-il pas de donner un libre cours à leur acrimonie? Non contens d'égarer l'opinion publique dans la capitale, des hommes méchamment vindicatifs envoyèrent le mot d'ordre à toutes les feuilles des départemens :
« Il faut perdre l'ancien préfet de police, disaient-
» ils ; c'est l'ennemi commun. Ne vous inquiétez

» pas des chances d'un procès en diffamation qui
» pourrait vous être intenté; ne vous arrêtez pas à
» la question d'équité ou de justice, attaquez har-
» diment et par tous les moyens possibles, et ar-
» rangez-vous pour que la publicité le rende
» odieux. »

J'ai reçu des lettres de provinces où l'on avoue naïvement que telles sont les instructions envoyées de Paris. Il serait surabondant d'ajouter une seule réflexion à l'exposé de ce fait.

Quant aux feuilles ministérielles, on a vu pourquoi, interprètes dociles des haines de leurs patrons, elles ne le cédaient en rien, sous le rapport de la véhémence et de la partialité, aux journaux des factions. Le *Journal des Débats*, seul entre tous, fit preuve d'une honorable impartialité dans le compte-rendu du procès.

J'étais donc seul en présence de toutes les passions déchaînées, sans avoir aucun moyen de faire parvenir la vérité aux oreilles de mes concitoyens; quelle feuille eût voulu tenir compte de mes réclamations, eût consenti à reproduire, sans les falsifier, mes actes, mes paroles, et tout ce qui pouvait dissiper les erreurs et les préventions? Il aurait fallu enter procès sur procès pour forcer le plus grand nombre des journaux à être véridiques en ce qui me concernait, et leur fournir, jusqu'à l'issue définitive de toutes ces procédures, un texte quotidien à leurs violentes et injustes récriminations. J'ai dû me résigner et attendre que l'action du temps calmât toutes ces passions furieuses.

Malgré tant de moyens frauduleux, malgré tant de duplicité et de déloyales intrigues, quoique l'avocat du *Messager* et M. Plougoulm lui-même, forcés de convenir qu'il n'y avait pas un seul de mes actes qui fût légalement reprochable, eussent présenté comme excuse, en faveur de mon adversaire, de prétendues apparences assez fortes, disaient-ils, pour lui donner une conviction morale, d'où ils concluaient que dans tous les cas il était excusable; enfin malgré tant d'efforts, d'influence et de manœuvres, le jury déclara le gérant du *Messager coupable de diffamation* à mon égard. C'était sans contredit le succès judiciaire le plus honorable; c'était ratifier mes actes administratifs; c'était constater l'impuissance et la défaite de toute cette formidable coalition de gens qui conspiraient ma perte. Ils avaient tout à leur disposition, pouvoir, argent, faveurs, disgrâces; ils avaient les archives de mon administration, où ils ont fouillé pendant trois mois pour chercher une seule pièce qui pût au moins me compromettre; ils avaient à leurs gages des milliers d'instrumens de toutes les classes; ils avaient enfin la presse de toutes les nuances; je n'avais, moi, que la conscience d'un honnête homme, que la force de mon bon droit, et cependant, la justice du pays les a flétris du nom de calomniateurs!

Je ne me glorifie pas d'un succès qui ne pouvait être douteux; mais je demande si, parmi tous ces hommes qui s'excitaient mutuellement à me vilipender, il en est un seul qui eût pu subir une pareille épreuve, qui eût pu sans frémir mettre à nu sous les yeux du pays sa vie tout entière? Mon intention n'est pas de profiter des avantages de ma position actuelle pour arracher le masque à des roués qu'entoure encore une réputation usurpée, à des hommes tels qu'un *Plougoulm* et tant d'autres, dont les *prouesses* me sont connues. Des matériaux précieux me fourniraient le moyen de les faire rougir, d'imprimer sur leur front une marque indélébile; que de gens sont dans le même cas, de combien de secrets ne suis-je pas dépositaire, dont la révélation ferait leur désespoir? Mais mon ouvrage n'est point destiné à faire du scandale; je me défends, je justifie ma carrière publique, et je n'attaque pas.

CHAPITRE DOUZIÈME.

XII

Vengeance odieuse des ministres.—Ils m'enlèvent le titre de conseiller d'État. — Ils destituent mon gendre, mon frère, etc. — Espionnage organisé autour de moi.

On devait penser que les ministres auraient été les premiers à regretter le mal que de si indignes manœuvres avaient fait à un honnête homme, la douleur qu'elles avaient causée à une famille estimable... Il en a été autrement.

Le lendemain de la condamnation du *Messager*, c'est-à-dire le 3 janvier 1839, *le Moniteur* contenait deux ordonnances : l'une destituait mon gendre, alors receveur général de l'Aube, et l'autre m'enlevait le titre honorifique de conseiller d'État.

C'est ainsi que les hommes du 15 avril, se vengeaient sur moi et sur les miens ! Leur aveuglement a été si loin, qu'ils n'ont pas compris que ces actes iniques étaient un outrage à la justice du pays. Quant à l'ingratitude qui en ressortait pour des services rendus avec un dévouement invariable, ils n'ont pas aperçu tout ce qu'elle avait d'immoral et d'impolitique.

Peu de jours après, la persécution est descendue jusque sur mon frère, jusque sur de pauvres employés de la Préfecture de police, dont le seul tort était d'avoir conservé pour moi un attachement fondé sur la reconnaissance.

M. Delessert, pour faire sa cour au ministère, s'est associé à sa haine stupide et à ses vengeances; et, pour faire pendant à ces ignominieuses destitutions, on a eu l'effronterie de nommer le sieur Plougoulm procureur général!

Il existait pourtant un motif à peu près logique, qui me semble expliquer, sous le rapport politique, ces mesures de persécution : on se souvient qu'à l'époque du 3 janvier 1839, la Chambre des députés discutait le projet d'adresse en réponse au discours de la couronne; on se souvient que les opinions étaient partagées d'une manière tellement égale entre l'opposition et les amis du ministère, que deux ou trois voix pouvaient décider de la majorité et renverser le cabinet. Tout le monde sait qu'il existait à la chambre plus de cent soixante députés fonctionnaires, indépendamment de ceux qui avaient dans les emplois publics des fils, des frères, des gendres, etc. Or, on voulut les intimider; on voulut, par un exemple saillant, les frapper de la crainte d'être atteints à leur tour. Si la masse de ces hommes honorables était trop pénétrée de ses devoirs pour s'arrêter à des considérations d'intérêt personnel, le cabinet du 15 avril espérait du moins en détacher quelques-uns en faisant de la terreur au petit pied. C'est la seule explication logique que l'on puisse donner pour rendre compte de la persécution inique dont j'ai été l'objet, si toutefois il est possible d'en chercher la cause ailleurs que dans la haine profonde que ces hommes m'avaient vouée depuis la discussion des fonds secrets.

Malgré ces intrigues, la majorité de la Chambre se dessina de manière à rendre nécessaire une dissolution immédiate ou la retraite du cabinet. Les ministres, dans leur ténacité à conserver le pouvoir, adoptèrent le dangereux parti de dissoudre la chambre ; mais les élections nouvelles ayant donné à l'opposition une force irrésistible, le ministère Molé se vit enfin obligé à la retraite.

Au mois de mai 1839 la France en fut délivrée. Avant cette époque j'eus encore à éprouver les effets de leur aversion. Un espionnage continu s'attacha à tous mes pas, à toutes mes démarches. On poussa même l'attention jusqu'à me faire suivre dans ma retraite par une brigade d'éclaireurs. C'est au point que je m'interrogeais moi-même pour savoir si je n'étais pas devenu, sans m'en douter, un homme dangereux pour l'État; on me faisait l'honneur de me traiter comme un chef de parti, et même j'ai pu m'apercevoir que les explorations fréquentes dont on m'entourait n'avaient pas cessé à la chute des ministres du 15 avril. Craignait-on que je misse trop peu de retenue dans mes publications?..... Croyait-on m'intimider ou comptait-on sur l'adresse des espions pour surprendre les secrets de ma pensée, comme on a cherché, pendant le ministère du 15 avril, à surprendre les secrets de ma correspondance? Toutes ces questions ne peuvent pas être résolues; mais quels que soient les patrons des observateurs envoyés auprès de moi, je les préviens que les impertinences, les menaces, et tous les autres expédiens mis en usage ne peuvent m'inspirer que du mépris. Je signale surtout comme ayant fort mal gagné son salaire l'un des individus qui sont venus me visiter; tout récemment encore il s'est permis de m'écrire une lettre dans laquelle il me donne un avant-goût des moyens méprisables que l'on se propose d'employer pour atténuer l'effet de ces Mémoires. Il me dit, entre autres choses, qu'on pourra rajeunir de vieilles histoires galantes, que l'habileté de certains critiques a mille ressources pour décrier un livre aussi bien que l'auteur, sans donner prise à une action en calomnie. Il ajoute, ce conseiller bénévole, qu'on sait bien que mon ouvrage n'est pas de moi; j'en ai seulement fourni les matériaux, dit-il, et *un autre leur a donné le costume.*

Je suis bien aise de trouver une occasion d'adresser un démenti à cet émissaire de la police et à tous ceux qui pourraient tenir le même langage.

Mon livre est de moi, de *moi seul*. Il n'est pas une phrase, pas une expression qui ne m'appartienne; j'ai bien peur qu'on en soit trop convaincu en le lisant; mais du moins je n'en dois pas décliner la responsabilité, et laisser peser sur qui que ce soit le soupçon d'avoir coopéré à une œuvre médiocre. La lettre où se trouve cette réflexion en contient une foule d'autres non moins saugrenues, et si l'auteur persistait à me fatiguer de ses importunités, je prendrais le parti de faire imprimer ses missives avec son nom et son adresse; on y verrait ce que d'avance mes ennemis, ceux qui redoutent la publicité de mon ouvrage, se proposent de dire et de faire pour se venger; on y verrait une seconde édition des manœuvres infâmes employées avant et pendant mon procès contre *le Messager*..... On serait probablement surpris d'y trouver le texte des articles qui paraîtront dans certains journaux après la publication de mes Mémoires.

On conçoit que, pour trouver le repos qui m'était nécessaire pour recueillir mes idées et entreprendre le travail que je vais terminer, j'ai dû chercher à la campagne une retraite temporaire. Cette détermination était indispensable encore sous un autre rapport : je voulais échapper aux suggestions des hommes de parti, légitimistes et républicains, qui cherchaient déjà à exploiter mon ressentiment et à m'associer à leurs manœuvres.

Eh bien! cette détermination convenable a fourni

un nouveau thème d'insinuations malveillantes; il est des gens qui ne se lassent jamais de poursuivre l'objet de leur haine, et malheureusement la crédulité publique accueille toujours avec empressement tout ce qui porte le cachet de la méchanceté.

CONCLUSION.

Les personnes qui auront eu la patience de lire ces quatre volumes, étonnées de voir que j'aie tour à tour combattu les hommes de toutes les opinions, et que parfois je n'aie pas plus ménagé ceux qui passent pour les amis de la monarchie que les partisans de la démagogie et de la légitimité, me demanderont peut-être quels sont mes principes politiques.

Ma réponse est facile :

Je n'appartiens à aucune faction, à aucun parti, à aucune coterie. Si j'ai dit franchement et sans ménagement ma pensée sur les hommes et les choses, c'est que je ne sais point dissimuler; j'ai une aversion instinctive pour tout ce qui est faux; et toutes les fois que j'ai rencontré l'erreur, l'intrigue, l'hypocrisie, la méchanceté, je les ai combattues, sans égard pour la bannière sous laquelle elles se produisaient.

Je ne veux ni des commotions ni des excès populaires d'un gouvernement républicain ; je ne veux pas non plus de ce droit divin qui revendique la France comme son patrimoine, et qui veut étouffer les progrès de la raison pour y substituer le joug de l'aristocratie et de l'absolutisme ; et je ne veux pas davantage d'un système politique qui ressemblerait même de loin au régime du bon plaisir, et tendrait à nous en rendre les abus. Mon drapeau, à moi, c'est le drapeau national ; mon parti, c'est la France. Je veux tout ce qui peut assurer sa grandeur, sa prospérité, sa gloire.

Sorti des rangs du peuple, et confondu maintenant dans la classe la plus modeste de la bourgeoisie, je crains tout ce qui nous préparerait de nouvelles perturbations. Je désire la paix publique, le développement de l'intelligence et de l'instruction des masses ; car ces deux conditions sont nécessaires au bonheur de mes concitoyens.

Je suis partisan déclaré du gouvernement représentatif franchement constitutionnel, où la gestion des intérêts nationaux ne soit confiée qu'à des mains pures et habiles. Dans ma rudesse populaire, je n'estime les hommes qu'en raison de leur mérite et de leur probité.

Je désire la perpétuité de notre monarchie de juillet, et je forme des vœux sincères pour que son règne, sagement libéral, toujours en harmonie avec les besoins du pays, avec la marche des idées, ne soit pas plus compromis par les séductions courtisanesques, que par les envahissemens d'une démagogie sans frein. Je désire enfin que, s'associant à tous les intérêts du peuple, cette monarchie repose sur des bases inébranlables !

FIN DES MÉMOIRES DE M. GISQUET.

ANNEXES

AU TOME QUATRIÈME.

Ordonnance *concernant les bateaux à vapeur.* — *Paris, le 9 novembre 1835.*

Nous, Conseiller d'État, Préfet de police,

Vu 1° les ordonnances royales des 2 avril et 29 octobre 1823, 7 et 25 mai 1828, concernant les bateaux à vapeur;

2° Les instructions ministérielles, et notamment celle du 27 mai 1830 relative aux mesures de précaution auxquelles la navigation des bateaux à vapeur doit être assujettie, dans l'intérêt de la sûreté publique ;

3° L'arrêté du gouvernement du 12 messidor an VIII, et celui du 3 brumaire an IX ;

ORDONNONS ce qui suit :

Article premier. Aucun bateau à vapeur ne pourra être admis à naviguer dans le ressort de la Préfecture de police, qu'après qu'il aura été visité par la commission de surveillance instituée à cet effet, et que nous aurons fait aux propriétaires la notification exigée par l'article 2 de l'ordonnance royale du 2 avril 1823.

Le propriétaire devra, dans la demande qu'il nous adressera pour réclamer cette visite, indiquer :

Les dimensions du bateau, le service auquel il est destiné, la force de l'appareil moteur évaluée en chevaux, et la pression sous laquelle il fonctionnera.

Art. II. En nous adressant le procès-verbal de sa visite, la commission nous proposera les conditions spéciales qu'elle jugerait devoi être imposées, tant pour la sûreté des passagers, dans le cas où le bateau serait destiné au transport des voyageurs, que dans l'intérêt de la liberté de la navigation et de la conservation des établissemens ou des travaux d'art en rivière.

Art. III. Indépendamment de ces conditions spéciales, sur lesquelles nous nous réservons de statuer, les bateaux à vapeur sont, en outre, assujettis aux conditions générales de sûreté suivantes.

Art. IV. Il y aura à bord de chaque bateau destiné à recevoir des passagers un mécanicien agréé par notre administration, chargé de surveiller continuellement la machine, et ayant les connaissances nécessaires, pour l'entretenir constamment en bon état, s'assurer qu'elle fonctionne bien, et, au besoin, la réparer.

Les fonctions attribuées à ce mécanicien ne pourront être confiées au chauffeur; mais l'un et l'autre devront, chacun en ce qui le concerne, observer toutes les mesures de précaution prescrites par l'instruction ministérielle du 19 mars 1824, et, à cet effet, cette instruction sera affichée dans le local de la machine à vapeur.

Art. V. Les soupapes de sûreté prescrites par les ordonnances devront être constamment en bon état, de manière à ce qu'elles puissent toujours jouer librement.

Il est défendu de se servir de rondelles métalliques dont les degrés de fusibilité seraient différens de ceux qu'indique le réglement, et aussi de chercher, par un moyen quelconque, à empêcher la fusion de ces mêmes rondelles. On devra toujours avoir dans chaque bateau des rondelles métalliques de rechange, afin de pouvoir remplacer celles qui viendraient à se fondre.

Le *manomètre* sera entretenu en bon état, et l'on prendra les précautions nécessaires pour préserver cet instrument de tout accident; néanmoins, il devra toujours y avoir dans le bateau un *manomètre* de rechange.

Art. VI. Il est expressément défendu d'admettre dans chaque bateau un nombre de passagers supérieur à celui qui sera fixé dans le permis de navigation; la charge totale sera réglée de manière que la ligne de flottaison ne puisse être submergée.

Cette ligne de flottaison sera tracée sur les flancs du bateau par les soins et aux frais du propriétaire, et d'après les instructions de la commission de surveillance des bateaux à vapeur.

Art. VII. Il est expressément défendu aux propriétaires de bateau à vapeur d'en faire fonctionner la machine sous une pression supérieure à celle qui est indiquée dans son permis de navigation, notamment pour chercher à gagner de vitesse à l'approche d'un autre bateau.

Art. VIII. Chaque bateau à vapeur devra avoir au moins un canot, dont la dimension sera déterminée par l'administration, pour pouvoir au besoin porter secours aux voyageurs pendant la navigation.

Art. IX. Tout propriétaire de bateau à vapeur sera tenu de faire arrêter l'appareil moteur et le bateau toutes les fois qu'il aura des voyageurs à prendre ou à laisser en route.

Art. X. Il devra déclarer aux autorités locales, à chaque voyage, tous les faits parvenus à sa connaissance qui pourraient intéresser la sûreté de la navigation, afin qu'il y soit pourvu, s'il y a lieu.

Art. XI. Il sera tenu d'avoir à bord un registre dont toutes les pages seront cotées et paraphées par l'autorité locale, et sur lequel les passagers auront la faculté de consigner leurs observations en ce qui concerne la marche du bateau et les avaries ou accidens quelconques.

Art. XII. Au moment du départ et de l'arrivée des bateaux à vapeur, l'inspecteur du port se fera représenter le registre prescrit par l'article précédent, et le visera. En outre, il s'assurera de la présence à bord du chauffeur et du mécanicien; enfin il reconnaîtra si le bateau n'est pas surchargé de manière à faire plonger la ligne de flottaison au-dessous de la surface de l'eau.

Art. XIII. Dans chaque salle où se tiennent les passagers il sera placé un tableau indiquant :

1° La durée moyenne des voyages, tant en montant qu'en descendant, et en ayant égard à la hauteur des eaux ;

2° Le temps que le bateau devra stationner aux différens lieux déterminés pour les embarquemens ;

3° Le nombre *maximum* des passagers qui pourront être reçus dans le bateau ;

4° La faculté qu'ont les passagers de consigner leurs observations sur le registre prescrit par l'article XI.

Art. XIV. Le permis de navigation sera aussi affiché dans les salles où se tiennent les passagers, ainsi que la présente ordonnance.

Art. XV. Tout propriétaire de bateau à vapeur devra, lorsqu'il en sera requis par nous, suspendre son service pour que la commission de surveillance fasse les visites trimestrielles prescrites par l'ordonnance royale du 2 avril 1823, ou toute autre visite que nous croirions devoir ordonner dans l'intérêt de la sûreté publique.

Art. XVI. Le capitaine et le pilote devront justifier de leur capacité pour bien faire le service dont ils seront chargés à bord.

Art. XVII. Aucun propriétaire de bateau à vapeur ne pourra se prévaloir du permis de navigation que nous lui aurons accordé, pour se refuser à se conformer aux mesures de sûreté que les autorités des autres départemens jugeraient utile de lui prescrire, pour compléter le régime des précautions à prendre sur toute la ligne de navigation.

Art. XVIII. Tout bateau à vapeur venant d'un autre département, avec un permis de navigation, sera néanmoins soumis aux visites de la commission de surveillance du département de la Seine, laquelle s'assurera si toutes les conditions imposées par le permis de navigation sont exécutées, et proposera, de plus, toutes celles qu'elle jugerait nécessaires.

Art. XIX. Toute contravention aux dispositions de la présente ordonnance sera constatée et poursuivie par les voies ordinaires.

La navigation d'un bateau à vapeur pourra, en outre, être suspendue pendant un laps de temps plus ou moins long, dans le cas où la contravention serait de nature à compromettre la sûreté publique, sans que le propriétaire puisse prétendre à aucune indemnité, le tout sans préjudice de l'application des articles 319 et 320 du Code pénal, à raison des accidens qu'il aurait occasionnés et des dommages-intérêts auxquels il pourrait être condamné au profit de tiers.

L'inspecteur général de la navigation, les maires du ressort de la préfecture de police, la commission de surveillance des bateaux à vapeur du département de la Seine, les commissaires de police et les autres préposés de la préfecture de police, sont chargés, chacun en ce qui le concerne, de l'exécution de la présente ordonnance, qui sera publiée et affichée.

Le Conseiller d'État, Préfet de police,

GISQUET.

Ordonnance *concernant le pastillage, les liqueurs et sucreries coloriées.* — *Paris, le 11 août 1832.*

Nous, Conseiller d'État, Préfet de police,

Considérant qu'il se fait dans Paris un débit considérable de liqueurs, bonbons, dragées et pastillage coloriés :

Que pour colorier ces marchandises on emploie fréquemment des substances minérales qui sont vénéneuses, et que cette imprudence a donné lieu à des accidens graves ;

Que les mêmes accidens sont résultés de la succion des papiers blancs lissés ou coloriés avec des substances minérales dans lesquels les sucreries sont enveloppées ou coulées ;

Vu 1° les rapports du conseil de salubrité ;
2° L'ordonnance de police du 10 octobre 1742 ;
3° La loi du 16—24 août 1790, et celle du 22 juillet 1791 ;
4° Le Code du 3 brumaire an IV ;
5° Les articles 319, 320, 471 § 15, 475 § 14 et 477 du Code pénal ;
6° L'ordonnance de police du 10 décembre 1830 :
ORDONNONS ce qui suit :
Article premier. Il est expressément défendu de se servir d'aucune

substance minérale pour colorier les liqueurs, bonbons, dragées, pastillage et toute espèce de sucreries ou pâtisseries.

On ne devra employer pour colorier les liqueurs, bonbons, etc., que des substances végétales, à l'exception de la gomme gutte et de l'orseille.

Art. II. Il est défendu d'envelopper directement ou de couler des sucreries dans des papiers blancs lissés ou coloriés avec des substances minérales.

Ces papiers ne pourront être employés que pour former une enveloppe extérieure.

Art. III. Les confiseurs, épiciers ou autres marchands qui vendent des liqueurs, bonbons ou pastillage coloriés, devront les livrer enveloppés dans du papier qui portera des étiquettes indiquant leurs nom, profession et demeure.

Art. IV. Les fabricans et marchands seront personnellement responsables des accidens occasionnés par les liqueurs, bonbons et autres sucreries qu'ils auront fabriqués ou vendus.

Art. V. Il sera fait des visites chez les fabricans et détaillans à l'effet de constater si les dispositions prescrites par la présente ordonnance sont observées.

Art. VI. Les contraventions seront poursuivies, conformément à la loi, devant les tribunaux compétens.

Art. VII. La présente ordonnance sera imprimée, publiée et affichée, tant à Paris que dans les communes rurales du département de la Seine, et dans celles de Saint-Cloud, Sèvres et Meudon.

Le chef de la police municipale, les commissaires de police, les inspecteurs et le commissaire-inspecteur-général des halles et marchés sont chargés de son exécution.

Les sous-préfets de Sceaux et Saint-Denis, les maires et les commissaires de police des communes rurales sont spécialement chargés de veiller à son exécution dans leurs communes respectives.

Le Conseiller d'État, Préfet de police,

GISQUET.

Avis *sur les substances colorantes que peuvent employer les confiseurs ou distillateurs pour les bonbons, pastillage, dragées ou liqueurs.*

Couleurs bleues. — L'indigo que l'on dissout fréquemment par de l'acide sulfurique ou huile de vitriol.

Le bleu de Prusse ou de Berlin.

Ces couleurs se mêlent facilement avec toutes les autres, et peuvent donner toutes les teintes composées dont le bleu est l'un des élémens.

Couleurs rouges. — La cochenille, le carmin, la laque carminée, la laque de Brésil.

Couleurs jaunes. — Le safran, la graine d'Avignon, la graine de Perse, le quercitron, le fustet, les laques *alumineuses* de ces substances.

Les jaunes que l'on obtient avec plusieurs des matières désignées, et surtout avec les graines d'Avignon et de Perse, sont plus brillans et moins mats que ceux que donne le jaune de chrôme, dont l'usage est dangereux.

Couleurs composées. — *Vert.* — On peut produire cette couleur avec le mélange du bleu et des diverses couleurs jaunes; mais l'un des plus beaux est celui que l'on obtient avec le bleu de Prusse ou de Berlin et la graine de Perse; il ne le cède en rien pour le brillant au vert de Schweinfurt, qui est un violent poison.

Violet. — Le bois d'Inde, le bleu de Berlin.

Par des mélanges convenables, on obtient toutes les teintes désirables.

Pensée. — Le carmin, le bleu de Prusse ou de Berlin.

Ce mélange donne des teintes très-brillantes.

Toutes les autres couleurs composées peuvent être préparées par des mélanges que le confiseur ou le distillateur sauront approprier à leurs besoins.

Liqueurs. — Le liquoriste peut faire usage de toutes les couleurs précédentes, mais quelques autres lui sont nécessaires : il peut préparer avec les substances suivantes diverses couleurs particulières.

Pour le curaçao d'Hollande. — Le bois de campêche.

Pour les liqueurs bleues. — L'indigo dissous dans l'alcool (1).

Pour l'absinthe. — Le safran.

Substances *dont il est défendu de faire usage pour colorier les bonbons, pastillages, dragées et liqueurs.*

Toutes les substances minérales, le bleu de Prusse excepté, et particulièrement :

Le *jaune de chrôme* connu en chimie sous le nom de chromate de plomb, et qui est formé de deux substances vénéneuses.

Le *vert de Schweinfurt* ou le *vert de Schêcle*, violent poison qui contient du cuivre et de l'arsenic.

Le *blanc de plomb*, connu sous les noms de *céruse* ou de *blanc d'argent*.

Les confiseurs ne doivent employer non plus pour mettre dans leurs liqueurs que des feuilles d'or ou d'argent fin : on bat actuellement du

---

(1) On obtient cette dissolution en traitant l'indigo par l'acide sulfurique et versant dans la liqueur de l'alcool qui se charge de la substance colorante et donne une belle liqueur bleue.

chrysocalque presque au même degré de ténuité de l'or; cette substance contenant du cuivre ne peut être employée par le liquoriste.

Quelques distillateurs se servent d'acétate de plomb ou sucre de Saturne pour clarifier leurs liqueurs; ce procédé est susceptible de donner lieu à des accidens graves, cette matière étant un violent poison.

Papiers *servant à envelopper les bonbons.*

Il est important d'apporter beaucoup de soins dans le choix du papier colorié et du papier blanc qui servent à envelopper les bonbons. Les papiers lissés, blancs ou coloriés, sont ordinairement préparés avec des substances minérales très-dangereuses.

Ils ne doivent pas servir à envelopper directement les bonbons ou sucreries qui pourraient en s'humectant s'attacher au papier et donner lieu à des accidens.

Le papier colorié avec des laques végétales peut être employé sans inconvéniens.

Comme il arrive fréquemment aux enfans de mettre dans leur bouche les papiers qui ont servi à envelopper les bonbons, il est nécessaire de les en empêcher pour prévenir des accidens graves.

Ordonnance *concernant les amphithéâtres d'anatomie et de chirurgie.* — *Paris, le 25 novembre 1834.*

Nous, Conseiller d'État, Préfet de police,

Considérant qu'il importe de renouveler les dispositions de l'ordonnance de police du 11 janvier 1815, concernant les amphithéâtres d'anatomie et de chirurgie, et d'y apporter quelques changemens reconnus nécessaires, dans le double intérêt des études anatomiques et de la salubrité;

Vu le rapport du conseil de salubrité, en date du 21 de ce mois;

En vertu de l'arrêté du gouvernement du 12 messidor an VIII;

ORDONNONS ce qui suit :

Article premier. Il est défendu d'ouvrir dans Paris aucun amphithéâtre particulier, soit pour professer l'anatomie ou la médecine opératoire, soit pour faire disséquer ou manœuvrer sur le cadavre les opérations chirurgicales.

Art. II. Il est également défendu de disséquer et de manœuvrer les opérations sur le cadavre dans les hôpitaux, hospices, maisons de santé, infirmeries, maisons de détention, et en quelque autre localité que ce soit.

Les amphithéâtres actuellement existant dans les hôpitaux et hospices sont supprimés.

Art. III. Les dissections et exercices sur l'anatomie et la chirurgie ne pourront être faits que dans les pavillons de la faculté de médecine et dans l'amphithéâtre des hôpitaux établi sur l'emplacement de l'ancien cimetière de Clamart.

Art. IV. Il ne pourra être pris aucun cadavre dans les cimetières.

Art. V. Les cadavres provenant des hôpitaux et hospices sont seuls affectés au service des amphithéâtres d'anatomie.

Toutefois les familles peuvent réclamer, pour les faire enterrer à leurs frais, les corps de leurs parens décédés dans les hôpitaux et hospices.

Art. VI. La distribution des cadavres entre l'amphithéâtre des hôpitaux et les pavillons de la faculté de médecine aura lieu conformément aux dispositions d'administration intérieure approuvées par nous.

Art. VII. Les cadavres ne pourront être enlevés des hôpitaux et hospices que vingt-quatre heures après que le décès aura été régulièrement constaté.

Art. VIII. Les débris de cadavres seront portés soigneusement au cimetière du Mont-Parnasse pour y être enterrés dans la partie affectée aux hospices.

Art. IX. Il est enjoint à ceux qui sont chargés d'enlever les cadavres pour les transporter soit aux amphithéâtres ci-dessus désignés, soit au cimetière, d'observer la décence convenable.

Art. X. Les cadavres seront portés aux amphithéâtres dans des voitures couvertes et *pendant la nuit seulement.*

Art. XI. Il est expressément défendu d'emporter hors des amphithéâtres d'anatomie des cadavres ou des portions de cadavre.

Art. XII. Les dissections devront être suspendues depuis le 1er mai jusqu'au 1er novembre.

Art. XIII. Les amphithéâtres d'anatomie devront constamment être tenus dans le plus grand état de propreté.

Art. XIV. Les contraventions seront constatées par des procès-verbaux qui nous seront adressés.

Art. XV. Il sera pris envers les contrevenans telles mesures de police administrative qu'il appartiendra, sans préjudice des poursuites à exercer contre eux devant les tribunaux, conformément aux lois et aux réglemens de police.

Art. XVI. La présente ordonnance sera imprimée et affichée.

Ampliation en sera adressée à M. le préfet de la Seine, au conseil général d'administration des hospices civils de Paris, au doyen de la faculté de médecine, et à chacun de MM. les chirurgiens de service près des hospices ou hôpitaux.

Les commissaires de police, les officiers de paix, et le directeur de la salubrité, sont chargés de tenir la main à son exécution.

Le Conseiller d'État, Préfet de police,
GISQUET.

Avis *aux employés de la préfecture de police.*

Depuis quelques années le nombre des demandes d'emplois s'est prodigieusement accru. Elles affluent comme s'il était de règle de changer chaque jour le personnel des bureaux et celui des divers services.

Les fonctions pénibles dont je suis chargé m'offrent moins de fatigues et d'embarras que je n'en trouve dans le devoir imposé au chef d'une administration d'entendre et de repousser cette innombrable quantité de solliciteurs qui, non seulement par leurs démarches personnelles, mais encore par une multiplicité de protecteurs honorables, me font perdre une grande partie du temps que je voudrais pouvoir consacrer à des affaires d'intérêt public.

Mais si le sacrifice de mon temps et de ma santé est une conséquence inévitable de mes fonctions, j'ai au moins le droit de demander que les employés de l'administration ne viennent pas augmenter encore la somme des charges et des ennuis qui pèsent sur moi.

Il est naturel que pour obtenir un emploi l'on sollicite et que l'on fasse solliciter, et je comprends qu'alors les protections et recommandations soient indispensables, puisqu'elles font connaître les antécédens, la moralité et la capacité du candidat.

Mais il n'en est pas de même à l'égard des personnes qui sont déjà attachées à l'administration : celles-ci n'ont plus besoin que de leur propre mérite, de leur zèle, de leur dévouement et des preuves qu'elles en ont données pour acquérir des titres à l'avancement; rechercher l'appui de quelques protecteurs, c'est prouver en pareil cas l'insuffisance des droits du protégé : c'est vouloir obtenir et en quelque sorte arracher par l'obsession une faveur que d'autres ont méritée comme récompense, et c'est placer le chef d'une administration dans l'alternative de commettre une injustice, en accordant à l'un ce qui appartient à un autre, ou de repousser par un refus désobligeant les instances des protecteurs.

L'expérience a d'ailleurs suffisamment démontré que ce sont presque toujours les employés les moins zélés, les moins capables, qui ont l'art de s'appuyer d'un plus grand nombre de recommandations.

En définitive, les employés de l'administration ne peuvent avoir de droits à l'avancement que par le zèle, la capacité, la bonne conduite, combinés avec l'ancienneté des services.

Or, pour apprécier ces titres, les chefs immédiats et les employés supérieurs sont les meilleurs juges et les seuls qui peuvent avoir de l'influence sur mes décisions.

J'invite tous les employés de l'administration à méditer cet avis et à s'y conformer.

Le Conseiller d'État, Préfet de police,
Paris, le 5 mars 1835. GISQUET.

FIN DES ANNEXES AU TOME QUATRIÈME.

www.ingramcontent.com/pod-product-compliance
Lightning Source LLC
Chambersburg PA
CBHW052336230426
43664CB00041B/1814